世界史图书馆

The Dark History of Coffee

咖啡秘史

黑金

BLACK GOLD

[英] 安东尼·怀尔德（Antony Wild） 著
赵轶峰 译

北京大学出版社
PEKING UNIVERSITY PRESS

著作权合同登记号　图字：01-2018-5976

图书在版编目（CIP）数据

黑金：咖啡秘史 /（英）安东尼·怀尔德著；赵轶峰译. —北京：北京大学出版社，2022.4

（世界史图书馆）

ISBN 978-7-301-32934-4

Ⅰ. ①黑⋯　Ⅱ. ①安⋯ ②赵⋯　Ⅲ. ①咖啡 – 贸易史 – 世界　Ⅳ. ① F746.82

中国版本图书馆 CIP 数据核字（2022）第 042988 号

BLACK GOLD: THE DARK HISTORY OF COFFEE By ANTONY WILD
Copyright: © ANTONY WILD, 2005
This edition arranged with AITKEN ALEXANDER ASSOCIATES LTD through BIG APPLE AGENCY, INC., LABUAN, MALAYSIA.
Simplified Chinese edition copyright:
2022 PEKING UNIVERSITY PRESS
All rights reserved

书　　　名	黑金：咖啡秘史 HEIJIN: KAFEI MISHI
著作责任者	[英] 安东尼·怀尔德（Antony Wild）著　赵轶峰 译
责任编辑	修 毅　李学宜
标准书号	ISBN 978-7-301-32934-4
出版发行	北京大学出版社
地　　　址	北京市海淀区成府路 205 号　100871
网　　　址	http://www.pup.cn　新浪微博 @ 北京大学出版社
电子邮箱	编辑部 wsz@pup.cn　总编室 zpup@pup.cn
电　　　话	邮购部 010-62752015　发行部 010-62750672 编辑部 010-62752025
印 刷 者	三河市北燕印装有限公司
经 销 者	新华书店 880 毫米 × 1230 毫米　A5　10.5 印张　239 千字 2022 年 4 月第 1 版　2023 年 11 月第 3 次印刷
定　　　价	68.00 元

未经许可，不得以任何方式复制或抄袭本书之部分或全部内容。

版权所有，侵权必究

举报电话：010-62752024　电子邮箱：fd@pup.cn

图书如有印装质量问题，请与出版部联系，电话：010-62756370

目 录

引　语　　　　　　　　　　　　　　　　I

序　　　　　　　　　　　　　　　　　　III

第一章　我们今天的生活方式　　　　　　001

第二章　起　源　　　　　　　　　　　　018

第三章　中国的启示　　　　　　　　　　036

第四章　穆哈港的贸易　　　　　　　　　068

第五章　咖啡与社会　　　　　　　　　　088

第六章　穆哈港的衰落　　　　　　　　　102

第七章　奴隶制与咖啡殖民地　　　　　　123

第八章　大陆体系与拿破仑的咖啡替代品　147

第九章　拿破仑和圣赫勒拿岛　　　　　　155

第十章　奴隶制、巴西和咖啡　　　　　　177

第十一章	万国工业博览会	184
第十二章	哈勒尔与兰波：摇篮和炼狱	192
第十三章	现　代	202
第十四章	咖啡、科学、历史	222
第十五章	半球之战：古老茶叶帝国面对新兴咖啡帝国	237
第十六章	公平贸易	269
第十七章	香浓咖啡：咖啡世界语	283
第十八章	黑暗的中心	298

尾　声	312
附录：库什的考古发现	322
参考读物	324
译后记	327

引　语

　　隐秘的历史被揭开了面纱。要完成这项繁难的工作，离不开许多不希望面纱被揭开的人的帮助。我先前从事咖啡贸易业，结识的许多朋友和同事为这本书贡献了时间、观点和专业知识，但是他们的名字不便和这本讲述不光彩故事的书联系在一起。因此，虽然我对这些人心怀感激，但还是不在这里对他们指名致谢了。著书如同建筑一座大厦，为了建构起这座大厦，大批的材料从其他地方辛苦采集而来，本书涉及广泛的话题，所以参考了许多相关的著作。一些在本书中没有指出姓名却实际对此书有所贡献的人们并没有意识到，他们的作品会被我用来说明我自己的观点，他们的名字之所以不被提起，是因为不谎称他们对这整座大厦的总体结构设计做出了贡献，就无法对他们就某一块具体的砖石所做的贡献表示谢意。

　　关于注释，或者是关于本书没有注释，需要做一个说明。扪心而论，本书中的每一个事实、数字和日期都可以得到核实——如果有人愿意去核实的话。我决定不在书中加上注释或者引用文献目录，很大程度上是出于风格角度的考虑：一部披露秘章的历史一旦被置于客观性的光照之下，就变得乏味了。

　　有一个人是必须要感谢的。在一次与当时在第四种财富出版社[1]担任责任编辑的克莱夫·普里德尔于泰晤士河边的哈姆斯密共进午餐的时候,我表示想要写一本关于咖啡历史的黑暗面的书。他玩笑一样随口说出了这本书的题目,却把我字里行间的所有看法都表达了出来。

安东尼·怀尔德

2003年10月,于诺曼底

---

[1] 第四种财富(fourth estate)意指新闻媒体。近代欧洲人把教士、贵族、平民视为运行国家权力的三个基本成分,而把新闻媒体视为第四个基本成分,主张新闻媒体为国家权力体系中一个特殊又不可缺少的独立成分。该出版社以"第四种财富"为名。——译者注

序

　　1502年5月21日，若昂·达·诺瓦（João da Nova）船长指挥的一支葡萄牙舰队正从好望角出发，通过广漠无垠的南大西洋水面向北行驶，眼前意外地出现了一片陆地。船队沿着一个有淡水的小湾靠岸，这是一个从前无人知晓、四面都是悬崖峭壁的47平方英里大小的岛屿上唯一的海滩。达·诺瓦把这个新发现的地方命名为圣赫勒拿岛——那是君士坦丁大帝母亲的命名日的名字。水手们对这个岛屿进行了简单的搜索，发现这是一个无人居住、没有任何大型食肉动物和有毒昆虫的伊甸园。陡峭的山峦上覆盖着厚厚的火山灰土，长满了黑檀、橡胶树和果树。按照当时航海者的习惯做法，他们在离开那里返回祖国之前，在岸边留下了一些山羊，以便将来的来访者可以受用。

　　大约于同一年，在南阿拉伯的也门，出现了一种用原产自埃塞俄比亚的植物的果实制作的新饮料，这就是咖啡。咖啡随后迅速在伊斯兰世界流行开来。就当时的标准来说，咖啡的消费数量已经很大，1511年在麦加曾围绕咖啡发生了一场剧烈的冲突。到16世纪末，欧洲商人和旅行者小心翼翼地开启了到奥斯曼帝国境内的探

险，关于这种"阿拉伯酒"的报告传到了西方。不久，欧洲人也开始饮用咖啡。到17世纪，咖啡在欧洲，尤其是在英国、法国和荷兰，已经非常流行。欧洲的海上列强懂得，如果他们在自己新的热带殖民地开始种植咖啡，就可以削弱也门穆哈港对咖啡贸易的垄断。于是，首先是荷兰人，随后是法国人，设法在也门获取咖啡的幼苗。英国东印度公司不甘其后，也设法从穆哈弄到一些种子，并于1732年将之带到了圣赫勒拿岛。这些种子在那里无人照管地生长起来，直到晚近才被重新发现。

到18世纪中叶，欧洲殖民地主导了世界咖啡贸易，用通常是在奴隶劳作或者近似奴隶劳作条件下经营的种植园产品来满足本国急切的咖啡消费需求。与此同时，圣赫勒拿岛这个世界上最偏僻的岛屿在英国维持其东方霸权的努力中发挥了巨大的战略作用。由于地处遥远，许多从印度殖民地和其他地方返回欧洲的重要人物都到过这个岛屿，这个岛还被英国政府看中，成了于1815年在滑铁卢战败的拿破仑被放逐的最合适的地点。

今天，世界上最稀少也最昂贵的咖啡之一就来自圣赫勒拿岛，这种咖啡产自1732年东印度公司带往那里的树种。这个岛屿至今仍旧是一块英国的海外领土，是已经衰落的"日不落帝国"的一个不合时宜的遗存。圣赫勒拿岛的咖啡得到了品鉴专家们的赞赏，但是这个岛屿的自然环境却在它被人们发现以后每况愈下。达·诺瓦留下的山羊踩踏了那里的树木，当地的黑檀差不多已经绝迹，其他人为的灾害剥光了岛上厚厚的表层土壤，把嶙峋错落的火山岩暴露在光天化日之下，构成了岛屿绝大部分的外表。在苏伊士运河开通以后,这个岛屿失去了它的战略重要性——那里没有飞机场,同一时刻只能驶入一条重甲装备的船。

圣赫勒拿岛黑灰色的玄武石见证了世界历史上许多重大事件和重要人物的神秘故事,要破解那岩石间隐藏的信息,就要找到这个岛屿与当时那个更大的世界上的重大现象之间隐藏的关联。站在岩石上远远望去,仿佛可以看到:达·诺瓦的舰队正在从印度返回,而葡萄牙人正开始在印度建立起一个将要在后来的一个世纪中垄断印度洋的贸易帝国;1659 年,当东印度公司拥有了这个岛屿的时候,它威胁要把那个贸易帝国夺为己有;荷兰人和法国人在咖啡种植上的成功使得东印度公司相形见绌,东印度公司的那些被忽略的咖啡树苗遭受了南方季风的摧残;拿破仑搞"大陆体系"的时候,曾经把菊苣作为咖啡的替代物介绍到欧洲,在被流放到圣赫勒拿岛的时候,他还在自己的花园里种了一棵咖啡树,那棵树后来同样在肆虐的南方季风中命归黄泉,这个岛屿成了废除奴隶贸易之后被捕获的奴隶贸易船的避风港,其中的一艘船当时正在驶往巴西,而奴隶制正是那个国家咖啡工业的基石。

圣赫勒拿岛有 5000 人口,它最近成了想要研究不久前才被引进到那里的电视之影响力的社会学家的分析样本——他们想研究电视对从犯罪率到女子协会成员身份的所有事情究竟产生了哪些影响。[1] 在这本书中,这个岛屿也要被用作一个分析样本,我们将不断地提

---

[1] 女子协会(Girl Guide)是一种少女和年轻妇女的协会性组织,为参加者提供生活、教育、就业等方面的指导、协助。——译者注

起它,以便研究咖啡的历史与殖民主义的历史是怎样在过去的500年间纠结演变,造就了一个至今尚存的,为了西方咖啡消费者的利益而牺牲生产咖啡的第三世界国家——通常是那些前殖民地国家——的人民的利益乃至这个星球本身利益的并不神圣的同盟。

第一章　我们今天的生活方式

> 我知道我是苦涩的，但试问若无苦涩，谁人会写下这样的事情？
>
> ——穆尔塔图利（Multatuli）：《马克思·哈维拉，或荷兰贸易公司的咖啡拍卖》（1860年）

目前付给咖啡生产者的灾难性的低价正在导致一场历史上规模最大、最具有强制性的全球性工人失业。不过，对于究竟有多少人在依赖种植咖啡而生存，人们却令人惊异地缺乏一致的看法。据通常在报道商业信息时不事夸张的《华尔街日报》（Wall Street Journal）估计，在2002年有1.25亿人依赖咖啡生活。《行动扶助》（Action Aid）声称有6000万人，《公平贸易》（Fair Trade）说有1亿人。根据世界银行的统计，在发展中国家有2500万小生产者以生产咖啡为唯一收入来源，而每个这样的小生产者平均养活5个家庭成员。这个数字相当于世界上第8人口大国日本全国的人口总数。世界银行进一步估计，全球有多达5亿人直接或者间接地卷入咖啡贸易中。道琼斯商品服务机构关于咖啡对发达国家的重要性的判断与世界银行的估计相互呼应，前者指出：仅仅意大利的

11万咖啡馆就容纳了30万人在工作,他们单日销售的香浓咖啡就达7000万杯。

美国咖啡市场每年的经营总额为190亿美元,涉及15万全时或者半时的工作者直接为1.61亿消费者提供服务。美国专业协会(Specialty Association of America)估计:如果把从咖啡机生产者到泡沫聚苯乙烯咖啡杯制造者都计算在内的话,卷入咖啡业的人数就会升至1500万。日本的一家主要咖啡加工企业声称,在日本有超过300万人的工作直接或者间接与咖啡业有关——这占日本劳动大军总额的4.5%。咖啡业热衷于强调咖啡的重要性可能只是为了引起执政者们对正在影响咖啡业的各种问题加以重视,而人们对于咖啡业一定程度的依赖的确是一种国际性的现实。

只要咖啡在世界市场上出售的价格仍旧低于其生产价格,小咖啡业主和农场主就必须补贴消费者。他们不可能长久地这样做。结果就是失业和咖啡业雇佣劳动者失去生活来源。世界银行估计,在2000年到2002年间,仅仅中美洲地区就有大约60万咖啡业工人失去了工作,这相当于整个布里斯托尔市的人口全部失业。没有任何确切的迹象显示咖啡价格会回升,因而失业危机还在迅速加剧并有向全球蔓延之势。这种情况已经开始在那些原本经济不稳定和脆弱的国家引起前所未有的政治和社会混乱、贫困与短缺。咖啡贸易提供给人们的利益份额也已经发生了根本性的变化。1991年,全球咖啡市场销售总价值是300亿美元,其中咖啡生产国得到120亿,即40%。目前的统计显示,全球咖啡销售带来的年总收入额在550亿上下,其中只有70亿(13%)归于咖啡生产国。咖啡是世界上价值仅次于石油的贸易品，咖啡生产者在咖啡贸易中得到的份额却在 10 年间下降了 2/3，而跨国咖啡公司却因购买咖啡所需价格的低廉而大发横财。付给咖啡生产者的国际平均价格已经从 1997 年的高点下降了 80%，而美国的主要品牌咖啡的平均零售价格降低为每磅 2.75 美元，仅仅比先前的高点降低了 27%。占全球速溶咖啡市场 85% 份额的英国速溶咖啡在同一时期仅仅下降了微不足道的 5 %。控制了世界咖啡贸易的 4 大跨国咖啡加工企业，宝洁（Procter & Gamble）、雀巢（Nestlé）、莎莉（Sara Lee）以及菲利普·莫里斯（Phillip Morris）——它们共占有国际咖啡贸易份额的 40%——则宣称它们实现了历史最高销售额和利润额。除了莎莉公布说它从其咖啡和茶业部门获利 4.95 亿美元以外，其他公司都小心谨慎地不肯吐露它们的收益中究竟有多大份额是来自其咖啡业部门。雀巢公司则把它 2003 年 8 月以前半年销售额净增 5% 的原因归于其速溶咖啡和瓶装净水业，说那是该公司的"明星部门"。

星巴克这个国际咖啡贸易中姗姗来迟的新角色，也在获取巨大的利益。它在 2003 年获利 19%，在世界范围内已经有 6000 多家咖啡店，而且这个数字每天都在增加。它的生意被看作一个稀有物种，一个"口味创造者"，是一个成功地开创了新市场的公司。星巴克把咖啡重新定义为"消费得起的奢侈品"，并且为沉迷于其中的人们提供了一种相当芳醇的环境。该公司主席兼首席全球战略设计师霍华德·舒尔茨（Howard Schultz）是一个被股票分析师和媒体追捧的大公司巨头，这个身形瘦削的人是那本颇受注目的新时代圣

徒自传《倾心于它》（Pour Your Heart into It）所谓的"作者"。他在这本书中写道："我最终的目的……是保证人们拥有坚持的勇气，即使受别人嘲笑，仍旧我行我素。不要被说'不'的人吓倒。"不过，舒尔茨的这种煽情的说教对危地马拉那些宁可毫无保障地在城市棚户区讨生活也不愿再待在咖啡种植园的小业主们来说，大概不会带来什么慰藉。危地马拉小业主生产的咖啡在设于发达国家的品牌咖啡店中被售以很高的价格，那种价格清晰地显示着不平衡和不平等。星巴克通常采购比其他许多公司更好的咖啡，并且一直支付较高的价格，它的公共关系部门就靠这个建立起优秀咖啡店的品牌形象。但是这个公司成为反全球化运动的主要攻击目标绝不是偶然的。它通过将现代积极进取型市场手段和与其各自为战的竞争对手摩擦的战略相结合，成了毫无节制的资本主义的令人作呕的形象代表。在反全球化运动者眼里，更为关键的是，星巴克的主要产品是从第三世界的农场主的艰辛中抽取红利。

在全球化经济体系中，咖啡贸易中日益增强的不平等冷峻地展现出拥有者与一无所有者之间不断扩大的鸿沟。而且，正如富裕的西方国家的政客们在闪烁其词地回应民众对第三世界贫穷问题的关切时所说的那样，从当前咖啡危机中受益的大公司除了自我炫耀以外，显然缺乏做出任何实际举动的诚意。生产福爵（Folgers）的宝洁公司声称它为墨西哥、巴西和委内瑞拉的社区项目捐出了1000万美元。根据雀巢的一个发言人的说法，卡夫（Kraft）、莎莉和雀巢都曾声称他们对小咖啡生产者出手相助，以"保证他们的收成实现全部价值"。但是这种言论是被特意设计出来的，目的是向心怀疑虑的消费者们担保：跨国公司们并没有用枪逼着人家以攫取咖啡。

世界上咖啡种植者的贫穷与统计所显示的咖啡贸易商的富有形成鲜明的对比。这类统计数字绝大多数是从伦敦牛津大街北边不远处的伯纳斯街区一栋 20 世纪 60 年代建造的不起眼的办公楼中发布出来的。在那里，可以找到曾经在全球声势显赫的国际咖啡组织（简称 ICO）萧索的旧址。由咖啡生产国（无一例外都是热带发展中国家）和咖啡消费国（通常是西方发达国家）创建的国际咖啡组织，在鼎盛的时候虽然毫无疑问地也有瑕疵，但毕竟是世界咖啡贸易业为缓和咖啡价格剧烈波动带来的影响而做出的一种实际努力。这些波动是由咖啡供应过量和周期性的巴西咖啡歉收造成的。虽然建立国际咖啡组织的动机主要是商业性的而不是慈善性质的——因为长期的市场波动对于商业是不利的——其最终作用还是制约了咖啡贸易中贫穷与特权之间沟壑的加深。根据由联合国主持签署的《国际咖啡协议》（ICA），国际咖啡组织对该协议进行宣传，制定具体规则，并通过一个复杂的配额体系监督和管理其实施。这个配额体系根据先前议定的条款对咖啡供给提供许可和限制，以保持价格处于一定的范围之内。但是，国际咖啡组织只有依赖于拥有世界上 25% 咖啡消费者的美国的积极参与，才能发挥全面功能。当产咖啡的中美洲国家出现共产主义发展的迹象时，支持世界咖啡组织来化解其后院的社会动荡符合美国的最大利益。但是随着苏联的解体，这种牵制因素消失了，意识形态驱动的自由资本主义占据了统治地位。一个国际性的商品价格控制协议在这种新自由主义经济舞台上没有任何地位。美国在20世纪80年代末撤销了对《国际咖啡协议》的支持，并在6年以后退出了国际咖啡组织。伯纳斯大街上的国际咖啡组织总部的重要性于是顿然消失。那些研究实验室、讲演厅和其他设施关闭，用于宣传的预算也被削减了。这个组织仍旧主持其成员参加会议，仍旧以令人赞赏的热情汇聚统计资料，但它现在不过是昔日世界咖啡组织的影子了。

由于美国撤出《国际咖啡协议》而形成的完全自由化的市场所导致的问题被世界银行及其类似机构如亚洲发展银行加剧了。20世纪90年代以来，这两个机构都为了鼓励低成本生产和结束市场不景气而大规模地给越南提供贷款。曾经在越南战争期间用"橙剂"[1]使这个国家一片凋零的美国，通过由它控股的世界银行来推动用低劣的罗巴斯塔咖啡树[2]使越南恢复绿化的工程。这项工程给其他依赖咖啡业的第三世界国家带来了毁灭性的影响。到2000年，先前仅仅生产极少量咖啡的越南已经变成了仅逊于巴西的第二大咖啡生产大国，每年出口900万袋60千克装的低品质咖啡。和巴西一样，越南使用机械生产咖啡，其劳动成本只相当于许多其他生产较高质量罗巴斯塔咖啡国家的1/3。

---

[1] 橙剂（Agent Orange）是一种能杀死植物的化学制剂，美国于1973年在越南空投了上百万加仑这种制剂，以使运用丛林游击战术的越南人失去藏身之处，这曾激起对于美国违反国际法的指控。参看本书第十八章。——译者注

[2] 罗巴斯塔（Robusta）是3个主要咖啡树种中的一种，只生长于东半球，其他两种是阿拉比卡咖啡树、利比里亚咖啡树，两个半球都有生长。——译者注

第一章　我们今天的生活方式

越南咖啡扩张的结果是咖啡价格灾难性地下跌以及国际范围内精加工咖啡品质明显下滑。罗巴斯塔是出产粗糙口味咖啡的咖啡树品种，但比起阿拉比卡咖啡来，抗病力更强。虽然价格低廉且品质低下，但罗巴斯塔咖啡为精加工者提供了利润空间。越南罗巴斯塔咖啡涌入咖啡市场，压低了其他品种的价格。其他地方经营高质量阿拉比卡咖啡种植的小业主们发现他们的利润被残酷地挤压了。优良咖啡的生产成本高昂，很多生产者无法在市场上找到合适的价格。局势之严峻使得通常保守的咖啡贸易杂志刊登出忧心忡忡的评论："越南成了第二大咖啡生产国，它为所有人提供充足的罗巴斯塔，但是咖啡精加工业者却在宣称自己的品牌中不含有或者只含有极少的罗巴斯塔。那么，究竟是什么人在购买罗巴斯塔呢？是月球人不成？"那些"月球人"化身成德国、意大利、波兰的咖啡贸易者，发明了一种用汽蒸来去除罗巴斯塔强烈而粗糙的口味的新方法，使咖啡精加工业者可以在他们的品牌中掺进更多的罗巴斯塔。垃圾零售商以最低价向低端消费者出售垃圾咖啡。而世界银行对此则毫无悔意，它的首席经济学家唐·米切尔（Don Mitchell）宣称："越南已经成了一个成功的咖啡生产国。总体上说，我们把这看作是一个巨大的成功。"但是，正如许多国际非政府组织和援助组织就"底线竞争"（为了第三世界产品出口市场而迁移到任何拥有最廉价劳动力国家的倾向）而做的可怕预言所说的，越南成功的最近受害者之一正是越南自己。咖啡价格大幅下跌以后，越南的农场主也开始把刚刚进入丰产期的咖啡树铲除，原因是他们也无法支付生产成本了。根据尚未经证实的说

法，拥有众多低工资劳动者的中国正在雀巢的协助下加速创立一个巨大的咖啡企业，这可能意味着越南咖啡将被进一步从市场上排挤出去，这个国家短暂的阳光明媚的时代即将成为过去。

当咖啡生产国为了咖啡消费国餐桌上落下的日益减少的锱铢小利而争夺的时候，咖啡期货正在伦敦和纽约兴盛起来。咖啡期货最初是一个为帮助咖啡贸易者对抗由咖啡价格随时波动而造成的盈亏大起大落而设计的财政工具。期货市场的创立依赖于一套可接受的足以作为合同基础单位的咖啡标准的存在。纽约期货交易市场使用"其他温和咖啡"（包括哥伦比亚、肯尼亚、坦桑尼亚所产的阿拉比卡咖啡）合同为标准。[1] 伦敦期货市场使用罗巴斯塔咖啡合同为标准。创立这些标准之所以是可能的，是因为咖啡生产相对可预测的性质。茶，作为一种年份、季节、天气、采摘时间都会影响其品质的商品，还没有可能使交易者找到一个代表平均状态的品种作为合同的单位，更不要提达成一致意见了。

咖啡期货市场是一个现在已经很大程度上从实际咖啡交易中抽象出来的自具生命力的财经工具。投机者和投资者在市场上进行交易，从来无意于看到任何一粒咖啡豆到货。非常具有讽刺意味的是，当咖啡种植业主为生存而挣扎的时候，建立在同一种商品基础上的资本主义机构繁荣起来，而且，毫不奇怪，当从前坐落在世界贸易中心的巨大的纽约咖啡、糖与可乐期货市场在 2001 年 9 月 11

---

[1] 在西半球，阿拉比卡咖啡被分为两大类，巴西咖啡和温和咖啡。巴西咖啡根据出口口岸名称再区分类别，温和咖啡则依据产地而区分为更具体的品种。——译者注

日被摧毁的时候，它几乎并无间歇地在备用场地重新开始了交易，那个场地是在 1993 年世界贸易中心遭到炸弹袭击后就准备好的，每年要花费 35 万美元来维持。与此同时，第三世界却既没有财政资源，也没有政治设施来针对它们面临的危机做出有效反应。唯一的国际性咖啡种植者组织，咖啡生产国协会（the Association of Coffee Producing Countries），在 2002 年 1 月关闭。这个组织虽然是世界上 70% 的咖啡产量的代言人，但它不能使其成员国达成一致意见，更不要说该组织以外的国家了。哥伦比亚的咖啡种植者联盟，一个在过去 75 年间成功地帮助其小规模咖啡种植者化解全球性咖啡价格波动的主要咖啡购买和销售组织，现在正由于该国不断加剧的暴力和动荡不安而收缩。处于绝望境地的一些成员转向了非法的古柯种植。该联盟的秘书长报告说："哥伦比亚正面临着很大程度上与毒品和咖啡局势有关的深刻内部危机。"由于世界银行和国际货币基金组织（IMF）[1] 坚持对所有对自由市场实行限制的国家施行严厉政策，其他咖啡生产国中与此类似的推销组织在过去的 10 年中都瓦解了。例如，尼加拉瓜政府就在国际货币基金组织和中美洲银行的强大压力下，不得不撤销推迟剥夺咖啡种植者贷款抵押品赎回权的计划。

由咖啡业的濒临崩溃引起的贫困和生计无着导致了持续增强

---

[1] 国际货币基金组织（International Monetary Fund）是联合国的一个专门机构，于 1947 年开始运作。其任务是通过倡导国际性货币协作来促进国际贸易，对所有独立国家开放。——译者注

的大规模社会动荡。据报道,新几内亚高地居民正在放弃他们的种植园;印度和非洲的小业主把他们毫无价值的咖啡树连根拔去;尼加拉瓜咖啡工人在马那瓜举行游行;而来自墨西哥饱尝压抑的恰帕斯州的14名咖啡工人在亚利桑那州沙漠因饥饿和脱水而死,他们被拿了他们的钱却要把他们非法送入美国的人抛弃在那里。到2001年,牛津饥荒救济委员会的报告指出,按实际价格计算,"咖啡价格比任何时候都低",应该建立1磅咖啡不低于1美元的价格保障机制,这比流行的价格大约高了1倍。主要咖啡精加工业主最近成立的英国咖啡协会反对牛津饥荒救济委员会的报告,说那是"过分短视的",而他们自己却又漫不经心地回避拿出有远见的选择方案。

虽然有证据表明,"公平贸易"的咖啡对少数消费者产生了明显的影响,但主导世界咖啡贸易的4个跨国咖啡加工企业和6个控制着世界40%咖啡出口贸易的多国出口公司不大可能一夜之间转变为追求社会改良的联合体。公平贸易咖啡的核心概念——购买咖啡的价格要使咖啡种植者得到足以维持生活的工资,对于削价的零售商和讨价还价的消费者也照旧只有微不足道的吸引力。与此相似,"增强遮光"和"无伤鸟类"咖啡——以更关注环境的方式培植并有助于保护地方生态系统与候鸟生存的咖啡品种,也进入了美国的货架,但是咖啡业总体上说,在继续支持使咖啡价格降低的技术而基本无视社会或者环境代价。

最近关于发展新的转基因咖啡的说法进一步表明了这种倾向。据称,转基因咖啡将允许用化学方式来催促咖啡树上的咖啡豆成熟，避免由于咖啡树上有不同成色的花朵、成熟程度不等的浆果而花费大量劳动力来反复采摘。通过降低劳动力需求，新的转基因技术主要威胁高品质阿拉比卡咖啡生产者的生存条件。在巴西，那里的质量标准要求不高，庞大的一次完成式咖啡收获机械已经被用于收获一半以上的咖啡。高质量阿拉比卡咖啡的生产者正是在咖啡业目前的危机中蒙受最多苦难的人群，所以，转基因咖啡的前景会使他们雪上加霜。那些支持转基因技术的人说，这种技术将使贫穷的咖啡农场主控制收获的时机，并使他们能够种植其他作物。而批评者则指出，转基因技术也会使咖啡农场主成为使用特殊而且价格昂贵的专利种子与化学制剂的奴隶，同时他们的咖啡是否会得到更高的价格却毫无保障。

转基因咖啡可能在5年之内被投入市场，这种咖啡的发展之所以可能，是因为咖啡是各类食品中唯一得到最充分科学审视的一种。咖啡科学部分意义上是为了研究和发展，部分意义上是咖啡业为了回击医务工作者对咖啡，尤其是咖啡中最活跃的成分咖啡因的攻击而做出的协同努力。那些表面上由独立科研机构每年4期的发布会刊鼓吹咖啡的健康成分，而其资金，很大程度上来自跨国公司。反对咖啡因的科学家与活动家顽强地要求通过立法来控制这种毒品广泛流行而毫无规范的状态，这不仅涉及咖啡中的咖啡因，还包括软饮料和"能量"饮料中日益增多的这类成分。

这个世界每年消耗相当于12万吨的纯咖啡因毒品，其中一半以上来自咖啡。咖啡因本身是一种带有浓重苦味的白色生物碱，这种口味使去咖啡因的咖啡很容易被识别。一个人可能会因为服食大

约10克以上的咖啡因而死去,在短时间内喝下100杯咖啡同样可以使一个成年人死亡。所以像巴尔扎克那样每天喝60杯咖啡是绝对危险的。不到3.5克的咖啡因对于儿童就会是致命的。较早的研究表明,相当于一粒米的1/67大小的咖啡因就会杀死一只个头不大的青蛙,如果你恰好有这样大小的一只失宠的青蛙的话,你就可以试一试。吸烟加速咖啡因在身体中的代谢速度(吸烟者因而受咖啡因影响较小),而饮酒则降低咖啡因的代谢速度。咖啡因并不能像人们想象的那样能抵消酒精使人虚弱无力的作用。在美国的《精神失常诊断与统计手册》中,咖啡因上瘾被专门列为一条。诊断的标准是假定在最近服食了超过250毫克(比推荐的每日安全服用量少50毫克)的咖啡因,并出现一般的肠胃不适、肌肉酸痛、思想和言语混乱、心动过速,或者心律不齐、精神兴奋等。上述症状中不包括在其他地方的诊所里已经注意到的"双足热痛"(bilateral burning feet)和"不宁腿综合症"(restless leg)。咖啡因上瘾可以导致咖啡因精神症状,造成幻觉:报道中说美国的卡车司机常看到白色亮球逼近,这显示出,咖啡因精神症状可能是那个国家普遍相信"不明飞行物"(UFO)的原因。也有人声称,咖啡因的确"能够破坏心理健康"——虽然其中涉及个人敏感程度的差别,"焦虑的病人可能觉得咖啡因的常规性作用使其感到压抑,而无焦虑症状的人觉得咖啡因使自己舒适和兴奋"。长期饮用咖啡因成瘾的人,即咖啡因迷恋者,患心理疾病的更普遍,因为他们比其他人群消费了更多咖啡。咖啡因被证明会引起老年人尿失禁,并且被发现于新生儿的泌尿系统中,而新生儿并不能产生必需的肝酶来代谢咖啡因。而且，存在证据表明，咖啡因会加速身体中钙的流失，从而会引起骨质疏松症。从好处来说，咖啡因可被用来治疗婴儿窒息和增强精子活力。

值得注意的是，在对这种猛烈的药品会对我们产生什么影响所知如此贫乏的情况下，人们自愿地把它纳入身体系统。当咖啡生产国面临崩溃的时候，反对西方的人声称，西方已经变成了一个危险的咖啡因中毒的社会。正在把世界咖啡价格拖下水的廉价、口味粗劣的罗巴斯塔咖啡含有两倍于高品质阿拉比卡咖啡的咖啡因。现在出现了将这些罗巴斯塔咖啡越来越多地掺入咖啡产品的迹象，它正在使咖啡消费迟缓下来，因为喝咖啡的人自觉或者不自觉地感受到了更强烈咖啡因对他们通常饮用的咖啡的改变，因而正在减少咖啡饮用量。健康和质量问题对咖啡消费的冲击，可能对已经处于混乱状态的咖啡贸易带来另外一个角度的问题。

由美国引领的"特殊口味"咖啡市场的爆炸性增长，可能代表着少数幸运的农场主未来生存的唯一可能。这个市场能保持其上升势头，主要靠的是咖啡精加工业的采买人在咖啡原产地国家选择出杰出的高质量咖啡生产者。由于商品性咖啡的价格在如此长的时间中处于如此低的价格，即使高品质阿拉比卡咖啡生产者很可能也会无法继续在这个行业中立足。然而，少数咖啡可能从原来的等级被提升，成为特殊口味咖啡，它们的历史和由咖啡采买者培育起来的口味质量使得它们有可能卖出使行业可持续发展的价格。许多咖啡受到关注，但很少最终被选择出来。结果，特殊口味咖啡采买者愿

意为这样的咖啡出的价格与那些普通咖啡的价格的差异正在扩大。业内的许多人担心,这种局面将会迅速导致一种生产者和消费者一分为二的咖啡市场,其中庞大的主流咖啡是低质量的,可能是巴西或者越南产的,用有诱惑力的价格出售给对价格敏感的普通消费者;另外少量咖啡则作为精细、奢侈的产品销售给真正的行家。这种两极化将对高品质但不一定是极品阿拉比卡咖啡的生产者产生巨大的压力。来自诸如洪都拉斯、埃塞俄比亚或者萨尔瓦多的主流阿拉比卡咖啡从而很大程度上被特殊口味咖啡市场所忽略,因为它们在口味或品种谱系上缺少辨识度,结果,它们就被迫去和巴西和越南咖啡竞争。

咖啡在历史上一直与殖民主义携手并行。它曾经以"阿拉伯酒"闻名,而咖啡贸易是16世纪奥斯曼帝国建立和稳定的重要因素。它最初于15世纪后期在也门苏菲派中作为一种神圣礼仪用品而开始被消费。从那以后,咖啡消费迅速在穆斯林中传播。在伊斯兰教中,尽管最初有一些反对意见,咖啡仍被看作一种可以接受的刺激物,因为和遭到指责的酒不同,它从来没有使饮用者"不能区分一个男人和一个女人,或者不能区分天地"。开罗和君士坦丁堡受欢迎的咖啡馆吸引了首批来到东方的欧洲访问者,结果咖啡后来也在欧洲绝大多数地区出现,那正是欧洲大陆的商人、水手和冒险家主要通过先进的武器和技术开始建立自己羽翼未丰的贸易帝国的时候。咖啡是他们要在东方寻求的价值高、值得追求的货物之一,但是其供给却处于奥斯曼帝国的垄断控制之下。到18世纪初,荷兰人、法国人以及英国人设法弄到咖啡树苗,把它们栽种到他们自己的热带殖民地,在使用奴隶或者近似奴隶的劳工的种植园中栽培。凄惨的奴隶制在许多殖民地作为首选的方式被延续下来,后来才被废除。迟至 1888 年当巴西废除奴隶制的时候,咖啡已经成了彻底全球化的商品。殖民地种植业体系的所谓好处主要是这些欧洲帝国内的消费者才能体验到的,他们对先前一直是一种难得的奢侈品的咖啡因价格走低变得唾手可得感到惬意得很。

咖啡在欧洲国家和美国被普遍消费,其中大多是在商界、政界、文化界男人们聚会的咖啡馆中。与当时仅有的其他公共聚会场所酒馆和教堂不同,咖啡因本身的作用保证了咖啡馆中多半会有活跃、大信息量的争论和热烈、新颖的交流。咖啡馆在许多财经机构的创建中扮演了关键性的角色,而这些机构又最早支持了那些引领咖啡消费增长的扩张成性的贸易帝国。伦敦劳埃德海务保险公司就是聚集到劳埃德咖啡馆来谈论关于船只动向的新闻和传闻的顾客们建立起来的。咖啡是从遥远的地方运来的重要商品,因而,在劳埃德新兴的保险业一定程度上为减轻咖啡贸易的风险提供了经济保障。这个由咖啡因促成的反馈因果环支持了资本主义戏剧性的崛起及其最成功的产物——全球化。咖啡在我们的时代居于自由市场经济成功的核心,它现在正因为同一种时代精神而饱尝苦果,这是讽刺性的,又是极其自然的。

随着前欧洲帝国主义的没落以及美国对西半球霸权的日益增强,许多中美洲和南美洲咖啡生产国落入了美国新殖民主义的掌控之中。许多这类国家严重依赖咖啡出口来换取外汇,并且由于他们北边的邻居消费了世界上 25% 的咖啡并要从其南边的邻居那里购

买其需求量的75%，咖啡不可避免地成了西半球地缘政治中的一个重要因素。历史上依赖咖啡的经济体系已经创立起一种基本规则，根据这种规则，占统治地位的寡头可以将自己的意志强加于没有发言权的大众。诸多中美洲和加勒比地区的血汗工厂经济依赖于政治精英对媒体和军事武装的控制，而咖啡贸易体制为之提供了运作模式。例如，萨尔瓦多不久以前还有50%以上的出口收入依赖咖啡业，现在该国的出口收入中则有57%来自"裙装工业"了。有理由认为，处于美国主导下的咖啡贸易正与整个世界经济一道，已经恢复到一种范式，比起西方民族国家结成的保护主义体系，更接近欧洲殖民主义鼎盛时期的模式。《国际咖啡协议》的废止恰好与柏林墙的倒塌同时发生，这一事实，绝不是一种巧合。美国已经打败了它最重要的竞争者，再也不需要迁就其更信奉自由主义的同盟者了。

咖啡馆文化推动了金融和文化机构的诞生，这些机构又促进了西方资本主义的发展，这种催化作用是不应该被低估的。伦敦市的咖啡馆是类似股票交易所和劳埃德保险公司那样的全球性机构的孕育者，而考文特花园和圣詹姆斯的咖啡馆是皇家协会和启蒙运动的温床。在英国，咖啡逐渐地让位给茶，但是对美洲殖民地强征茶税的做法促成了波士顿茶党的诞生，也促成了对茶在观念上和行动意义上的抵制，以及咖啡在美洲的胜利。咖啡馆在美洲成了商人、政客和企业家最重要的聚会场所。《美国独立宣言》是在宾夕法尼亚的商人咖啡馆前首次公开宣读的。当选总统乔治·华盛顿在纽约商人咖啡馆前受到了礼节隆重的欢迎，而就是同一所咖啡馆，在华盛顿就职前一个星期曾经主办奴隶拍卖和其他类似的事情。华盛顿如果能在几个世纪以后从那个咖啡馆所在的地方前行几百码，他就会走进咖啡、糖、可可、期货四合一的交易市场——世界贸易中心。该中心在由奥萨玛·本·拉登（Osama bin Laden）策划的"9·11"袭击中被摧毁。而本·拉登的先祖来自也门，那里是咖啡贸易的故乡。据说世界贸易中心遭到攻击的原因之一就是因为那两个塔楼是西方金融机构的象征。西方金融机构被指责在摧毁传统的伊斯兰教：咖啡在西方世界和伊斯兰世界的演变中都扮演了重要的角色。

现在，曾经在全球化的兴起中扮演了重要角色的咖啡成了全球化的牺牲品。

第二章 起　源

> 所有理论都是灰暗的，只有生命之树常青。
>
> ——歌德

尽管世界人口中有相当大比例的人群每天在享受着咖啡，但人们对于咖啡的起源却所知甚少。虽然咖啡贸易带来许多关于咖啡的传说，以保持人们对它的好奇，但是确凿的事实却很少被介绍给公众。要想形成关于16世纪咖啡突然登上历史舞台之前所发生的事情的差强人意的画面，需要将人类学、考古学，甚至神学方面支离破碎的线索拼接到一起。实际上，如果要寻找咖啡的起源，我们要回溯到人类自身的起源。

1974年，古生物学家在埃塞俄比亚北部阿尔法沙漠中的黑达发掘出了一些人类已知的最古老的祖先——阿法南方古猿的化石。尽管更早的时候就发现了爪哇人、北京人和其他古人类的化石，但似乎埃塞俄比亚才是人类起源的地方。遗传学研究显示，所有的现代人类都是由在12万年前居住在埃塞俄比亚高地的大约150多

第二章 起　源

名晚期智人直接繁衍而来的。甚至被称为人类学"圣杯"[1]的所谓"缺失的环节",可能也已经在那里发现了——近期发现的一个拉米达猿人脚趾化石第一次提供了人类大约在600万年前从黑猩猩中分离出去的可能的证据。尽管拉米达猿人生活在埃塞俄比亚高地的森林中,他们似乎已经直立行走了。此前有理论推测,人类是由于在进化过程中为适应在覆盖高草的平原上狩猎而被迫站起来的。但人类仍然被限制在树林中时就已经直立起来的事实正在颠覆这种理论。

另外一个人类学持久难解的谜团是大约发生在50万年之前的所谓脑量剧增,其结果是人脑容量增加了30%,主要发生在进行绝大多数自觉思维的大脑上部。许多理论被提出来解释这种情况,但从语言发展角度提出的解释似乎是最可信的,因为语言建立在大量思考的基础上并且进而生发出大量需要思考的问题。语言的发生把人类置于一种自己至少部分地决定其演化道路的境地,使得人类得以发展起先前绝难想象的概念,运用概念去相互沟通,并进而使环境适应自己的需要。人们不禁要思考,野生咖啡树在这片埃塞俄比亚高地森林的繁殖是否对人类语言的形成过程产生过影响?咖啡总是与认知和表达的速度相联系,而《创世记》中突然来临的人类自觉的曙光所涉及的"知识树"上的禁果,可能是由咖啡因之类的

---

[1]　"圣杯"(Holy Grail),原指中世纪传说中耶稣基督在最后的晚餐上饮酒用的杯子,据说曾被用来承接十字架上耶稣基督流出的血,再后几经辗转,下落不明,引发后人做种种寻找,在英语中已成为指称具有重要意义的被追寻对象的代名词。——译者注

精神刺激物所促发的。这种知觉或者灵知也是语言和思维的结果，没有语言和思维，一切都是沉寂的。把鲜红的咖啡果放到人从伊甸园沦落的故事的中心，比起谦卑地选择金苹果的故事来，更像是一种异想天开的虚构，但是可以设想，咖啡果把食用者带到一种由咖啡因引发的连珠炮般争论和灵动思考的疯狂境界，而思考正是大脑进化的引擎。此前智人那温和平静的大脑对如此强烈的刺激并无准备。与此相似，埃塞俄比亚高地葱郁的植被和奇妙的景色可能就是神话中的伊甸园的绝好背景。即使在今天，断裂开的河谷斜坡森林中依然生长着野生的咖啡树，其白色的花朵散发着浓郁的类似茉莉的花香，含有两粒咖啡豆的咖啡果从绿色转为金黄，最后变成一串串成熟的深红色果实，在咖啡树柔和丰美的绿叶衬托下鲜艳夺目。它们毫无疑问地会勾起我们先祖的欲望。晚近发现的伊诺克《旧约全书》在描写知识树时提到它有宜人的芳香和一簇簇的果实，很容易让人联想起咖啡树，而那部可能由于猥亵内容被禁毁、曾经佚失的书是由18世纪的探险家詹姆斯·布鲁斯（James Bruce）发现的，其地点，说来奇怪，就在埃塞俄比亚。

说到这里，应该介绍一下埃塞俄比亚当地的这种咖啡了。它在植物王国中的谱系关系是：植物——被子植物——双子叶植物——合瓣花亚纲——茜草目——茜草科——咖啡——咖啡亚属——阿拉比卡咖啡。如果任其生长的话，这种阿拉比卡咖啡树能长到20英尺高，茂密、深绿色的卵形树叶大约6英寸长，其白色的小花散发出醉人的茉莉似的花香。咖啡树通常每个季节开一次花，但是从其故土移植到其他国家，如哥伦比亚的咖啡树却可能全年都开花，其

第二章 起 源

果实也在不同的时期成熟。花朵靠昆虫和风来授粉，随之开始形成果核及刚刚结成的咖啡果，经过 6 个多月的生长，咖啡果变为一串串在许多方面与人工培植的鲜亮的樱桃相似的浆果。

可能正像我们一般说法中的亚当和夏娃的故事一样，成熟的咖啡果对一些动物和鸟是一种强烈的诱惑，引起了一些神奇的举动。猫屎咖啡是一种优良的苏门答腊咖啡，在日本价格昂贵。它是从一种普通的棕榈麝猫的粪便里收集而来的咖啡豆中提炼出来的。这种麝猫夜晚在种植园里吞食最好最成熟的咖啡浆果。麝猫消化掉果皮和包裹着果核的果肉，甚至连果实最里面薄薄的"银皮"都消化掉。这个过程恰好完成了现代的"湿""干"加工技术要做的事情，即把咖啡豆的核与其外部保护层完全脱离。不过麝猫消化不掉坚硬的果核，它们经过麝猫的消化系统后被排泄出来。由于麝猫的消化过程会带来一种特殊的味道，咖啡豆被从麝猫的粪便中拣选出来，经过清洗和烘焙以后，备受青睐。据认为，印度的猴子、鹦鹉、猫鼬也能进行这种神奇的咖啡加工过程，作为它们消化过程副产品的咖啡同样为当地人喜爱。并不是所有咖啡都要经过动物的消化过程。19 世纪，咖啡在西属菲律宾群岛的广泛栽培，显然是得到一种名为咖啡鼬（Pardasciurus musanga）的小巧哺乳动物的帮助。这种动物喜欢吃新鲜的咖啡浆果，却把可供种植的咖啡豆吐出来。

然而，由于咖啡果中含有咖啡因成分，昆虫从咖啡浆果得到的享受就少得多了。在干燥称重的情况下，咖啡树叶子和花朵所含的咖啡因不到 1%，果肉所含的咖啡因略多一些，而咖啡豆内则含约

3%的咖啡因。大自然将咖啡因含量最高部分安置于这种植物最重要的部分即它的种子中。原因是，咖啡因是一种天然的杀虫剂，高咖啡因含量保护种子免遭侵袭。摄取过多咖啡因的昆虫的神经系统会进入一种亢奋状态。由于国际贸易的奇迹，我们可以在世界各地的办公室职员身上看到同样的症状。

另一个在世界范围内得到商业化种植的咖啡品种是"中粒种咖啡"（Canephora），该品类中最著名的是罗巴斯塔。这种植物最初于1862年被探险者发现于乌干达，当时它已经被用在当地部落的兄弟结拜仪式上。不过，到1898年在比属刚果再度被发现的时候，它才被认为是值得栽培的。那是在咖啡锈病的爆发摧毁了锡兰和荷属东印度的咖啡种植园之后不久的事情。如同它的名字所暗示的，罗巴斯塔咖啡比它的同种表亲阿拉比卡咖啡更加强壮。它生长在海拔较低的地方，含有双倍量的咖啡因，那可能是为了抵抗热带低地更顽强的昆虫。它口味生涩，除抗病能力强以外乏善可陈，而抗病能力只是对农场主有利。最初，纽约咖啡交易所把罗巴斯塔视为一种"实际毫无价值的豆子"，禁止交易。但由于比阿拉比卡咖啡廉价得多，这种咖啡出现在许多缺乏健康保证的产品中，如速溶咖啡、廉价咖啡、自动售货机咖啡等。它那粗劣的口味和浓重的咖啡因刺激感使它很易于被辨认出来。罗巴斯塔在1个世纪前刚刚问世，随着越南咖啡的声名鹊起（参看第十八章），它咄咄逼人地要成为市场上的主要品种，用它令人不悦的口味取代阿拉比卡咖啡那细腻精致的味道和香气。它在调制浓香咖啡时有些用处，此外就只不过是阿拉比卡咖啡粗鲁、庸俗、酸腐、黑心的表亲，真正爱好

第二章 起　源

咖啡的人对之敬谢不敏。没有一个有品位的咖啡品尝者屑于去指出，罗巴斯塔咖啡在口味上只比质量最次的阿拉比卡咖啡好一点点，它的唯一优点不过是价格低廉。尽管如此，现在在英国销售的咖啡近半是罗巴斯塔，即使是比任何其他国家更注重其咖啡文化的意大利，所饮用的咖啡中 1/3 是罗巴斯塔，而美国消费的咖啡中 1/4 是罗巴斯塔。对罗巴斯塔保持最大免疫力的国家是挪威，那里基本上还没有出现这种咖啡。在今天全球的咖啡消费总量中，1/3 是这种一个世纪之前几乎不存在的劣质咖啡，而这个比例还在增长。我们见证了这种"实际毫无价值的豆子"在我们的咖啡杯中胜利地滚动。同时，具有讽刺意味的是，以其每磅 35 美分的目前价格衡量，罗巴斯塔咖啡比起它的阿拉比卡咖啡表亲来，更是物非所值。

尽管罗巴斯塔咖啡被广泛采用，咖啡公司在描述自己的商品时，却对咖啡家族中的这匹害群之马避而不谈。没有附有彩图的小册子赞美多哥产的罗巴斯塔比乌干达产的更好，也没有关于喀麦隆品种咖啡典型口味的分析。许多公司会吸引人们注意它们的品种是 100% 的纯阿拉比卡咖啡，而没有哪家公司会骄傲地声称他们使用 50% 的罗巴斯塔。原因很简单，任何一位咖啡专业人士都知道罗巴斯塔是廉价的低质产品，不愿承认他们与这种产品有任何关联。可以断定，如果消费者真正理解了自己的咖啡受这种劣质咖啡污染的程度，他们定会四散而逃。即便如此，廉价的罗巴斯塔咖啡向主流品种的逐渐渗透仍然是可以察觉的。在自动售货机上出售的曾经质量不错的咖啡，在过去几年里已经变成了难以下咽的含有过量咖啡

因的怪物。不过,似乎许多消费者在很大程度上对这种变化并无察觉,尽管有迹象表明,高占比罗巴斯塔导致的额外的咖啡因含量正在导致咖啡消费总量的下降。

如果原始人的确曾在他们宁静的高地上品尝过阿拉比卡咖啡,那也必定是原料状态的咖啡。而在今天,咖啡几乎全部是经过烘焙后才供人类使用的,以至于绝大多数并非置身于咖啡贸易中的人很难说出绿色的原料咖啡豆究竟是什么样子。咖啡豆在烘焙过程中发生的近乎神奇的、炼金术般的转变,可以很容易就在家里创造出来。需要具备的不过是在炉盘上预热的一个大的铸铁煎盘,但不要放油。不断地用一个木铲翻动其中的咖啡豆,几分钟之内,它们就变成了金色。由于咖啡豆内细胞结构中的水气膨胀,偶尔会发出噼噼啪啪的声音,就像爆玉米花那样。热量开始把这种平淡无奇的植物肌体转变成那种奇妙的烘焙好的咖啡豆。带有浓重油性和水气的轻烟从锅底慵懒地飘起。咖啡豆开始一点点褪去它们的金色,变为棕色。爆响声变得频繁,偶尔会有咖啡豆从锅中飞出。黯然无光的棕色的咖啡豆这时变为油汪汪的亮棕色,飘散出奉献给诸神的馨香。最后,当咖啡豆连珠爆响、烟气浓浓时,要立即停止烘焙,以防止富含油质的咖啡豆变成无用的黑炭。最好的方法是将咖啡豆倾倒在室外凉爽空气中的两个金属过滤器之间。白色的皮壳,这是脱落下来的银皮的残骸,在凉风中飘散。烘焙好的咖啡豆发出响声,微弱而清晰。几分钟之后,豆子就会冷却,瞧!烘焙咖啡出来了,这可能是人类专为自己的愉悦而设计出来的、使自然界的植物产品所发生的最戏剧性的转变。大约10分钟过后,就可以研磨这些咖啡豆了。那时它散发出极度浓郁的芳香。烘焙后的咖啡包含 800 多种不同的味道和香气成分，其中大部分是在烘焙的锅中形成的。这种奇异的转化是咖啡会在我们脑中激发种种想象的部分原因。

除了独一无二地出现了最初的人和最初的咖啡以外，埃塞俄比亚也是另一种药物——咔特（qat 或 khat）的原产地。它因为含有卡西酮和去甲伪麻黄碱成分而能对精神和心理产生影响。它在今天的红海两岸，尤其是在也门，极受欣赏，占也门国内生产总值的 1/3。咔特使人产生轻微的愉悦、机敏和宁静感，广泛地用于经常会进行一整个下午的那种漫无边际的谈话不时被诗歌和瞌睡打断的品茶聚会中。埃塞俄比亚土生土长的植物中竟然出了两种值得关注的药品。不过，根据其功效判断，咔特不像是"脑量剧增"的原因。而且，由于它的活性成分易于变质衰减，它较少被出口，只有新鲜的叶子才能产生好的效果。与此相反，咖啡因却是几乎难以被摧毁的，火上烘焙、粉碎、去氧化等咖啡工业一再施加于咖啡的耗时很长的程序，都不会使咖啡因的效力明显降低。

撇开咖啡作为一种进化的催化剂这一诱人而未经证实的形象不说，咖啡是如何得到普遍使用的毕竟是需要解释的事情。许多早在史前时期就被人类栽培的植物遗骸在考古挖掘中被发现，从而使人们可以建立起一个关于许多植物传播的时间范围和地理分布的图谱。可以比较肯定地说，植物的栽培，即为了培植某些植物的野生祖先中对人类最有用的那些特征的选择性培育工作，是于大约公元前 8500 年时在被称为肥沃新月地带的地方开始的。那个地方包括

今天的地中海近东地区、土耳其南部和伊拉克北部。作物培植的技术和实践迅速传播到气候类似的地区，促成了诸如古埃及等种植小麦、葡萄、豌豆、大麦的早期文明的兴起，所有这些作物都依赖冬季的雨水并需要较短的日照时间。

在埃塞俄比亚高地，一些适应了夏季雨水、常年日照和高海拔低温的特殊土著植物品种生长茂盛。当咖啡和咔特还是野生的时候，其他一些类似的植物得到人工栽培，其中包括画眉草（teff，一种种子极小的可用来制作面包的谷物）、秾（noog，种子用来榨油的植物）、象腿蕉属（ensete，一种可以用来做面包的形状类似香蕉的植物），以及用来酿制啤酒的手指粟（finger millet）。值得注意的是，对于现在世界上所有热带地区都加以培育的植物咖啡，考古学还没有发现其在16世纪之前被栽培过的迹象。事实上，史书中没有留下关于埃塞俄比亚地方培育和消费咖啡的任何记载。只有人类学家报告说，咖啡曾经被布干达部落用于"咀嚼和血族兄弟结盟"，并且被奥罗莫人用在庆祝家畜生仔和婴儿出生的"咖啡屠杀"仪式上。奥罗莫人是生活在埃塞俄比亚西南角的一个部落，咖啡最初就出现在那里。他们认为咖啡是最高的天空之神"瓦卡"（Waqa）的眼泪，并相信咖啡会毁灭家畜，因此在仪式中咖啡和大麦被一起放在奶油上烘焙：象征咖啡和母牛结合，以求保护神息怒，庇佑人生，刺激生殖和各种有益之事。据说，当他们的战士、农民和商人面对繁重的工作和长途旅行时，也会进食这种咖啡与奶油的混合物。根据人类学的推测，如果一个部落在最近的历史上曾经以某种方式消费咖啡，那么它们极有可能在古代也曾如此。

第二章 起源

如果说古代曾发生咖啡贸易或者使用咖啡的遗物证据阙如，那么书写文献在这方面也不能提供任何帮助。古希腊历史学家希罗多德（Herodotus）曾经写道：肉桂起源于非洲湿地，受蝙蝠保护，巨大的鸟用它建造巢穴；阿拉伯的大尾羊用有轮子的木车来携带它们肥大的尾巴；大麻被用为一种礼仪净化物。但是关于咖啡，他却不置一词。鸦片曾在米洛的克里特文明中广泛用于宗教仪式中，但不是咖啡。公元 1 世纪希腊人概述红海贸易的著作《爱琴海的精灵》（*The Periplus of the Erythraean Sea*）在提到埃塞俄比亚出口的象牙、龟甲、鸵鸟羽毛、调味品、香料、乌木等物品时，并没有提到咖啡。虽然人们在埃塞俄比亚帝国的中心阿克苏姆城，那里于公元 4—5 世纪达到了全盛时期，已经进行了大量的发掘，却没有找到咖啡曾经被用来消费或者贸易的迹象。尽管希腊-罗马和拜占庭的文献中经常提到阿克苏姆及其活动，其中却没有提到咖啡，这使得关于阿克苏姆人把咖啡引入他们曾经在公元 3—6 世纪时或统治着的也门的看法无法得到支持。人们发现了关于公元 3 世纪阿克苏姆与遥远的中国进行贸易的考古学证据，但却没有发现它进行咖啡贸易的证据，而生长咖啡的地方距离阿克苏姆不过几百英里之遥。

有关埃塞俄比亚咖啡的记载寥若晨星，在古代世界的其他地方，这类记载更是令人沮丧地扑朔迷离。如果咖啡在什么地方曾被人类发现过，首先要考虑的应该是位于咖啡故乡埃塞俄比亚高地附近的埃及（相距 1500 公里，隔着尼罗河的 4 个大瀑布）。当大约公元前 10 万年第一群人从埃塞俄比亚向外迁徙的时候，他们向北进

入埃及,从那里到达近东。但这一群先驱者消失了。当公元前8万年左右,第二群人离开埃塞俄比亚高地,跨过红海浅水处到达也门的时候,所有非非洲人的共同祖先才定居下来。在随后的大约5000年时间里,人类从也门首先到达印度,再从那里到达爪哇和苏门答腊,这恰好是在更缓慢的时间框架中描绘出来的后来咖啡传播的路线,这本身是一个令人惊叹的事情。

如果早期的埃塞俄比亚人已经使用咖啡,那么埃及人极有可能会学到这种知识。埃及人经常从其南方的邻居努比亚人那里获得黄金、牛群和奴隶。而且,公元前600年前后的埃及第二十五王朝就是埃塞俄比亚人征服埃及后建立起来的。尽管咖啡是容易得到的,但它由于某种原因而没有到达尼罗河下游,这表明当时的埃塞俄比亚尚未使用咖啡。近年对木乃伊的分析使问题更加令人困惑了。人们在木乃伊的头发里没有发现咖啡因,却找到了可卡因和尼古丁的痕迹。关于古代埃及的贵族豪饮和抽烟的想法是对关于尼罗河沿岸生活的正统看法的冲击,但真正的谜团在于,古柯叶和烟草都是"新世界"土生的植物,对于古代说来,那是两千年以后才被发现的地方。于是人们设法去确认旧世界最早前往新世界的旅行者究竟是什么人,并因此展开争论,从而使古埃及人成了可能的候选人名单中一个地位凸显的角色。但是从本书研究的观点看,如果埃及人为了可卡因和尼古丁而穿越大西洋,那么他们为什么会无视能够在尼罗河上游发现的咖啡因呢?

有关咖啡的知识可能曾经传播到古希腊。一些古典学者坚持认为,荷马告诉我们的海伦带离埃及用来缓解她的痛苦的"忘情水"（nepenthe）就是咖啡："她将红酒与一种可以消除心中忧愁和愤怒、忘记哀伤的神奇的植物液体调和。"然而，这似乎是对咖啡因效用的有些不恰当的描述，因为过量饮用咖啡会导致烦躁不安。一些17世纪的五花八门的学者，如诗人和探险家乔治·桑兹（George Sandys）、《忧郁的解剖》（*The Anatomy of Melancholy*）的作者罗伯特·伯顿（Robert Burton）、旅行家亨利·布朗特爵士（Sir Henry Blount）等认为，所谓"古斯巴达的黑肉汤"（black broth of the Lacedaemonians）就是咖啡。这种说法一直流行，直到1895年，一个叫作古斯塔夫·吉尔伯特（Gustar Gilbert）的人令人信服地断言，所谓"黑肉汤"是"将猪肉和血，加盐、醋烹制而成的"。这听去是更加适合斯巴达人的东西。

据称，《旧约》中就有使用咖啡的迹象，其中包括阿比盖尔送给大卫的某种礼物，以扫出卖其继承权而获得的"红豆汤"，以及博阿兹被明令交给鲁思的干焦的豆粒。有些人认为，毕达哥拉斯所禁止消费的豆子指的就是咖啡，但似乎那是由于他不喜欢气流，无论是发自身体还是精神上的气流的缘故。结论是，关于这个问题的推测为许多人提供了不胜枚举的无害趣闻，无论在埃及的、《圣经》的，或者古典的文献中，都没有关于咖啡的确证。

考虑到咖啡树结出诱人的红色浆果，我们很容易想象到早先的尝试者试着生吃这些果实。浆果的肉吃起来味道甘美，但是人们会发现咀嚼果核中的两颗绿色的豆子实在困难。有充足食物选择的早期人类应该不会刻意去吃它们。尽管这些浆果含有一些咖啡因，但大部分咖啡因包含在咖啡豆里，可能在咀嚼浆果后被吐出去了，其

全面功效因而没有被注意到。

然而,种植业的传播为埃塞俄比亚带来了更坚定的咀嚼者。大约公元前 8000 年,肥沃新月地带的早期农民已经驯化了他们周围许多温顺的动物,其中包括山羊。这些山羊在随后的数千年中从其肥沃新月地带的老家蔓延到埃及,并从那里沿着尼罗河到达了埃塞俄比亚高地。绵羊和牛食性安闲,而山羊却是臭名昭著的破坏性觅食者,喜欢四处游走觅食。与植物赖其消化系统传播种子的鸟类不同,长毛的动物散播附着在其表皮上的种子,它们随意啃食所到之处的植物、果实或者种子。山羊的胃具有消化其他哺乳动物无法消化的植物肌体的化学功能。因而,很有可能,是这些被驯养的山羊在伴随的人的注视下最初体验了被咀嚼的绿色咖啡豆中咖啡因的效应。当然,这纯属一个推测。

如果埃及学者、古典学者和《圣经》学者都未能在他们各自的文献系统中指出使用咖啡的确凿证据,那么阿拉伯学家也未必做得更好,尽管饮用咖啡最初是出现在阿拉伯半岛的费利克斯,也就是今天也门的苏菲派信徒中间。直到 16 世纪咖啡的饮用变得普及起来之前,关于咖啡的资料一直晦暗不明,没有可靠的实物证据帮助证明文本中的那些零星记载指的就是咖啡。例如,生活于公元 865 年至 922 年的著名波斯医生阿布·穆罕默德·伊本·匝奇里亚·埃·拉齐(Abu Muhammad ibn Zakiriya El Razi)——他通常被叫作雷泽斯(Rhazes),曾经描述过一种被他称作"邦库"(bunchum)的饮料,说它"味道辛涩,对胃大有好处"。一些学者颇有理由地推测,这种"邦库"就是阿拉伯语和波斯语中的"邦"(bun),即咖啡果。但是其他一些学者认为，它指的是某种植物的根。在影响广泛的布哈拉医生伊本·西拿（Ibn Sina）[1]的著作中，对"邦库"的描述的确很像咖啡："它略为辛、涩，也有人说它略为清爽。它让使用者体魄强健，皮肤清洁，用到之处湿气散发，并使整个身躯发出一种绝好气味。"然而，许多学者还是不认为那指的是咖啡，而且，不存在任何可靠的考古学证据表明咖啡在那个时候已经被人类加工或者饮用了。这类描述也都没有提到咖啡最明显的特征，即咖啡因会对神经系统产生影响。

然而，这并不意味着这些早期描写中的含糊用语应该被随意抛弃。当公元455年罗马遭到劫掠以后，欧洲文化进入了历史上称之为"黑暗时代"的巨大衰落期时，中东地区的文化却与此相反，随着伊斯兰教的兴起而增强了活力。伊斯兰世界在医学、天文学、数学、建筑学、占星术和艺术领域都明显地领先于同时代的欧洲人。阿维森纳的描述可能听上去离谱，但是他使用的术语在一个自成体系和实用的医学－科学框架中却有切实的内涵。这个框架至少部分地来源于西方人在公元391年亚历山大图书馆被摧毁以后忘记了的古代世界知识。以亚历山大综合学说（Alexandrian syncretism）著称的古代埃及索罗亚斯德教（祆教）、希伯来以及罗马和希腊的深奥学说，与前苏格拉底和新柏拉图哲

---

[1] 拉丁语名为阿维森纳（Avicenna，980—1037），波斯伊斯兰哲学家、医生，出生于现在的乌兹别克斯坦，著有《医学的规则》（*The Canon of Medicine*）、《康复书》（*Book of Healing*）。其哲学兼有亚里士多德主义和新柏拉图主义色彩，否认生命永恒及创世说，在中世纪影响深远。——译者注

学以及早期基督教一起,被学者保存在土耳其南部神圣的哈兰城内。哈兰的隐者学院对伊斯兰科学和数学以及炼金术产生了强大的影响。雷泽斯(Rhazes)是那里的一个著名学者,他和阿维森纳都表现出那个时代炼金术家极为博学的特点,当时的诗人、天文学家、哲学家、音乐家和医生都有同样高深的造诣。炼金术所做的事情表面看是要把作为原料的金属变成黄金,但更为重要的是,它是人类灵魂转变的一种精神追求。科学、艺术、哲学也都同样服务于这种对完美的追求。

苏菲派是穆斯林中受到炼金术影响的一个带有神秘色彩的分支,它在创立之后,于公元2世纪开始崭露头角。据记载,苏菲派的大师对信徒灵魂中的贱金属进行处理,在苏菲派精神法力的帮助下把那种金属变成黄金。"苏菲"(sufi)这个词来源于阿拉伯词语中的"羊毛",反映他们装束的质朴。尽管这个教派是作为早期穆斯林对世俗感的反动而产生的,其成员并不认为信仰者应该脱离人类社会。苏菲派教职人员并不像基督教世界出世苦修的教士,皈依者继续从事普通工作并享有家庭生活,因此,他们绝大多数的祷告和仪式在晚上举行。苏菲派活动的一般特征包括聚会唱诗,举行反复念诵神的名字的仪式,对圣徒致敬——其中许多是苏菲派以前的领袖,以及到这些圣徒的墓前进行拜祭等。

由于劝人皈依的圣徒四处奔走,到12世纪,苏菲派传到了也门。在那里,看来是苏菲派信徒最先于15世纪末开始饮用咖啡。咖啡帮助信徒们在晚上举行的宗教仪式上保持清醒,而且,咖啡豆在烘焙过程中的转变也映衬着苏菲教派那种转变人类灵魂的核心信念。咖啡在精神和肉体两个层面都对人产生影响。

弄清苏菲派信徒到达也门的事情要靠历史记载，但弄清咖啡传入也门的事情却并非如此。到16世纪末，也门的山上生长着占世界总量相当大比例的咖啡树，人们可能会想当然地假定，它们是在早些时候从埃塞俄比亚穿过红海被引入那里的，但实际并非如此。

伊斯兰教主导之前的也门是一个种植葡萄的地区，因而饮酒在那里应该是被容许的。农作物和文化的多样性和富有使也门成为一个农业与文化都达到高度水平的社会。即使在伊斯兰教传入之后，它在阿拉伯世界依旧是一支占主导地位的文化力量。然而，尽管也门在诸多权势兴衰的历程中时常受到来自红海彼岸的宗教影响，而且有考古学证据表明前伊斯兰时期的也门从非洲引入了高粱等农作物，却没有任何证据显示咖啡在同一时期从埃塞俄比亚进入了也门。相反，正如阿克苏姆本身既不熟悉咖啡树这种植物也不熟悉咖啡这种饮料，不时受到埃塞俄比亚帝国扩张波及的也门地区当时对咖啡因一无所知。

伊斯兰教很快被也门人接受，但这个国家随后分裂成众多城邦和王国，它们周期性地兴衰更替。其中，只有什叶派领袖建立的栽德（Zaydis）王朝维持了持久的统治，到1962年被革命推翻的时候，这个王朝的统治已经持续了1000多年，并且扩展到了今天也门所占的整个地区。然而，在整个栽德时代，有许多独立的国家兴起并曾拥有较大的影响力。其中，最重要的独立王朝是由阿里·伊本·拉苏尔（Ali Ibn Rasul）于1228年建立的。他的王国以南部的

塔伊兹（Ta'izz）为中心，曾在大约200年的时间里达到艺术、科学和贸易的繁荣兴盛，苏菲教派首次出现于也门正是在那个地方。就是在拉苏里（Rasulid）的历史帷幕背后，首次传来了人们期待已久的关于咖啡以及咔特的消息。

塔伊兹城位于也门大约3006米的最高山峰萨比尔（Jabal Sabir）的北坡上，处在从最南端的炎热的提哈马（Tihama）通往北方的路上，穆哈港就建立在提哈马那个地方，连通风清气爽的北方高地和首都萨那。直到1454年拉苏里王朝结束，塔伊兹一直是这一王朝的都城。那里的人们对科学、天文学、诗歌、建筑的浓厚兴趣使之成为苏菲派的天堂。在苏菲派统治的早期，许多重要的圣徒，如沙兹利（Shadhili），曾经来到此城。苏菲派有强烈的传教倾向，其传教者通过塔伊兹到达穆哈和亚丁，并从那里去往非洲。关于著名的苏菲派传教者阿布·扎贝（Abu Zarbay）的一个传说以闪烁其词的方式讲到，阿布·扎贝要么于1430年从埃塞俄比亚的哈勒尔(Harar)镇把茶传入了也门，要么就是发现了哈勒尔镇本身，一种被认为是最好的茶树品种现在依旧生长在哈勒尔。还有一则传闻说，拉苏里王朝的多任国王对植物学有浓厚的兴趣，从而促使茶和咖啡树被引进到塔伊兹的郊区。可以肯定的是，他们从远至印度的地方引进了果树和鲜花，并且编辑了详细的天文数据来帮助农民选择正确的播种和收获季节。不过，于1271年为拉苏尔国王本人编辑的植物表中，列有大麻和芦笋，却没有关于咖啡或者茶被引入的记载。著名的摩洛哥探险家伊本·白图泰（Ibn Battuta）是个素来细心的叙事者，他的旅行壮举足以使马可·波罗黯然失色，但他在讲到自己

1330年从塔伊兹出发的旅行时,既没有提到咖啡,也没有提到茶。这样,虽然关于拉苏里时代的苏菲派信徒与那些能使人兴奋的植物的关联有各种传说,我们在历史宴享的餐桌布上寻找咖啡留下的确切痕迹的努力还是遭遇了挫折。

第三章　中国的启示

> 那使人舌津生香的黑色饮料啊!
> 　　　　　　　　——佚名

考古学证据显示，到 15 世纪末，饮用咖啡作为一种仪式，在也门的苏菲派中广泛传播开来。是什么使他们接受这样一种产自邻邦埃塞俄比亚的陌生的植物饮料呢？要真正了解咖啡饮用的源起，首先需要考察茶，考察茶所起源的中国，还要考察中国与中东的贸易联系。

在罗马帝国衰落之前，阿拉伯海在世界史上扮演着重要角色。当希腊人和罗马人充分掌握了红海和季风（这个单词源于阿拉伯语中的 mawsim，意思是季节）时，他们就开始进行与印度和锡兰的商品贸易。在希腊和罗马帝国先后衰落以后，随着一个敌对的阿拉伯帝国的兴起，西方通向东方的所有航海路线都被阻断了，此后在一个时期内红海东部难得一见欧洲人的身影。即使如此，阿拉伯海上仍然活跃着贸易和殖民活动，这些活动有的在希罗多德看到过的一种小木船上进行，那种船是用椰树纤维绳连接起来的厚木板制成的，船身上涂着鲸鱼油脂，以软化木板，免得在碰撞珊瑚礁时粉身碎骨。在更遥远的地方，印度尼西亚的瓦克瓦克人（Waqwaqs）乘坐一种装载着桂皮的双桅独木舟，英勇地航行在从印度尼西亚到"黑人之国"——东非的海面上。他们航行到了从前无人居住的马达加斯加岛，并且自5世纪以后，一直在那里定居。阿拉伯人和波斯人的船只频繁地驶向红宝石岛，这个地方后来被叫作锡兰，即现今的斯里兰卡。阿拉伯人的武装船队还到达了"丝绸之国"——中国。这是当时人类经常进行的最长的海上旅行，一名波斯船长以曾经完成7次这样的往返旅行而蜚声遐迩。在公元7世纪，坐落于黄河岸边的长安城已经拥有200万居民，并且是"西方"货物的一个巨大的销售市场。来自印度的檀香木，波斯的椰枣、藏红花和开心果，缅甸的胡椒和产于阿拉伯的乳香、没药等，都在这里出售。非洲奴隶也可以在长安买得到。中国人早在那个时候就已经相当了解东非人，甚至熟知索马里牧人从牛身上抽血与牛奶混合来饮用的习惯。中国主要的输出品是丝绸和瓷器，当时瓷器是由波斯人从中国南部港口广州运走的。这条海上运输瓷器的路线逐渐发展，其重要性与更知名的穿越中亚的丝绸之路不相上下。出于显而易见的原因，瓷器不适于陆路运输。航线上的各个港口都使用标准化的重量和体积单位，安全得到保障，而且贸易活动不受其他力量的干涉，这些都使这条瓷器运输航线弥足珍贵。那时，任何一个一意孤行的伊斯兰苏丹都足以使这个横跨东方的脆弱的贸易网受到威胁，但他们都没有那样做。贸易的扩展与伊斯兰教的传播相伴而行，逐步确立了一个保障交易诚信和收益共享信念的商业网络。这种传统在今天的哈瓦利银行系统（Hawali banking system）中依然可以看到痕迹。

在这个系统中，巨额资金可以仅仅凭借一封授权书而实现国际转账。[1]在欧洲，类似的系统直到圣殿骑士团兴起的时候方才形成。[2]随着伊斯兰教的传播，香料群岛、印度尼西亚和菲律宾，都进入了伊斯兰的影响范围。那时有大量穆斯林定居在中国的城市，广州有20万阿拉伯人、波斯人和其他穆斯林居民，但中国人并没有皈依伊斯兰教。

创建这个沿海信仰帝国的动因之中有一个很少被人注意，就是穆斯林每天要朝着麦加的方向祈祷3次。要妥当地进行这种祷告，必须有关于麦加位置的确切知识。当第一批阿拉伯商人尝试着在赞吉（Zanj）沿海地区殖民时，他们用木材建造了简易的清真寺。这些清真寺往往朝向不正。后来，当那些港口和贸易更稳定安全的时候，人们才借助磁性罗盘和观象仪，以及关于星辰的知识，准确地朝向麦加建造起阿拉伯风格的石筑清真寺。所以，伊斯兰教的基本礼仪对航海科学以及伴随而来的信仰与商业的传播，起了重要的推动作用。虔诚的伊斯兰教徒在有生之年必须至少去麦加朝圣一次，所以通向麦加的旅行持续发展。结果，穆斯林成为最热情和富有经验的长途旅行者。假如基督教也有针对罗马或者耶路撒冷的相似的礼仪，由此而形成需求的航海技能和设备可能早就发展起来了。颇

---

[1] 哈瓦利在科威特东部，1995年的人口统计为82238人。——译者注

[2] 圣殿骑士团（Knights Templar）是欧洲中世纪的一个具有军事和宗教性质的机构，原称Poor Knights of Christ（基督教贫苦骑士团），在十字军占领耶路撒冷后于1119年建于该城，因在所罗门圣殿旁拥有一所房屋而称此名，兼经营贷款和跨国资金转账。在法国腓力四世国王的鼓动下，教皇克雷芒五世于1312年将之镇压。——译者注

有意味的是,耶路撒冷一直是早期伊斯兰祈祷者的地缘关注中心,直到公元624年,穆罕默德发布了一道敕令,将从前作为异教中心的麦加——克尔白在那里已经被敬拜了几个世纪之久——变成伊斯兰教祈祷的焦点。事实上,罗盘最初是由中国人发明的,后来又被阿拉伯人发现。阿拉伯人最早发明了星盘、钟、经纬仪,以及通过观察者移动位置来测量星象运动的仪器。因而伊斯兰教的确立不仅推动了科学并且切实需要科学。相形之下,欧洲人对于天文、航海的强烈兴趣却是在17世纪依托海洋兴起的重商主义的推动下才形成的。巴黎和伦敦的天文台主要是为了解决经度问题而建造起来的。

商业活动使阿拉伯人来到中国,苏菲派信徒在中国出现就是不可避免的了。事实上,中国皇帝在13世纪70年代把一群苏菲派天文学家邀请到北京,协助建立天文台。苏菲派信徒在中国南方的出现似乎影响到了日本的佛教,促成了日本禅宗的形成。日本禅宗和苏菲派类似,都关注"大师"及其生活经历中具有觉悟含义的故事。在中国的苏菲派信徒乃至所有穆斯林人口,普遍接触到了中国人饮茶的习惯。到那个时候,中国人饮茶已经有至少1000年的历史了。根据记载,公元1世纪的中国就已经有100多个以水为动力的茶叶加工作坊。令人惊奇的是,中东方面的资料中一直没有关于茶叶消费的记载,直到赖麦锡(Giovanni Ramusio)在他的《航海记集成》(*Delle navigationi et viaggi* [1550-1509])中引用来自里海地区的旅行家哈吉·穆罕默德(Hajji Muhammed)的话。穆罕默德认为,假如法兰克人和波斯人知道了茶叶,他们就会放弃大黄。通常被看作声名不错的历史叙述者马可·波罗,在他的著作中也只字未提茶

叶。即便如此，仍然有理由假设：乐于接受任何使他们接近上帝的事物的苏菲派信徒来到中国以后，已经开始尝试饮茶，并且可能把茶当作宗教礼仪中的用品。

可以确定的是，明朝永乐皇帝派往印度洋的举世闻名的宝船装载着丝绸、瓷器等各种货物，其中包括茶。这是有史以来最为壮观的一支船队，由数百只船组成，其中最大的是一艘有9个船桅、长400英尺、宽160英尺的庞然大物。他们公开的使命是扩展朝贡贸易并宣示中华帝国对已知世界，尤其是印度洋周边地区的威权。他们所到地区的使臣被带回北京，向皇帝表示顺服，随同带来了异域的珍奇野兽。例如，1414年献给皇帝的来自马琳迪（Malindi）的长颈鹿，被中国人认定是传说中的麒麟——一种只有在大昌盛时代才会出现的瑞兽。[1] 在1405年到1433年间，中国宝船共进行7次远航，除了炫耀真龙天子的实力、交易中国的货物，船队还肩负着探险的使命，它们促成了中国人关于植物、医学和所到之处风土民情的知识的急速增长。从中国人对最初由于其药用价值而被重视的茶的理解看，将植物肌体浸泡在沸水中以提取所需精华的冲泡观念似乎早已成熟。这一看似简单的发明在饮用茶叶的人群中日益传播。

宝船由著名的"三保太监"郑和率领。郑和的父亲是云南的一名穆斯林士兵，他在元朝崩溃的战争中被擒获，于1381年被处死。成为俘虏的郑和被阉割，那是一种包括割去阴茎的酷刑。宦

---

[1] 马林迪（Malindi），当时非洲东部的一个城邦国家，今属东非。——译者注

官在朝廷中有时受到高度的重视，他们不仅被认为可以免受后宫嫔妃美貌的诱惑，还被认为会对当朝皇帝特别忠诚。郑和在辅助燕王朱棣与蒙古军在北方草原的作战中脱颖而出。作为一名能力出众的指挥官和杰出的人才，郑和在追随朱棣从其侄子手中篡夺皇位的斗争中忠心耿耿，终于成为领导宝船航行的不二人选，当时有许多重要职位由宦官担任。郑和的父亲和祖父都是"哈吉"，即曾到圣地麦加朝觐的人。因而，郑和的宗教信仰成为他下西洋的一个有利条件。

郑和率领的第 5 次航行于 1417 年抵达如今处于也门地区的拉苏里王国的亚丁。这是一个极为富庶的港口，而且当朝苏丹堂皇地下令说，只有那些拥有"珍贵物品"的人才可以与中国人贸易。当时并没有留下茶叶是否被出售给阿拉伯人的记载，但仍然可以合理地假设，郑和与其官员会和来访的商人、贵族一起品茶，或者是当着他们的面饮茶。宝船的明朝威严会使那些来访者特别注意和他们交往的这些与众不同的人的习惯和行为，他们用冲泡法制作出饮料的做法也会被看作是尊贵、崇高的。茶叶中咖啡因所产生的兴奋作用可能也被注意到并引起议论。在苏丹赠献了狮子、斑马、鸵鸟和另外一只"麒麟"给中国皇帝以后，船队便驶往马林迪和赞吉沿海一带。几乎可以肯定的是，处在塔伊兹的、对异邦植物和中国瓷器有极大兴趣的拉苏里君主，会关注有关中国人饮茶的任何报告。

郑和在 1432 年进行的第 7 次航行，也就是最后一次航行，对红海地区产生了更为深远的影响。当时疾病缠身、精疲力竭的郑和

放弃了朝觐麦加的机会，与他的助手宦官洪保带领由100多艘船和27000多人组成的舰队去往荷莫兹岛和更远的地方。因为亚丁发生了地方性的战乱，郑和的舰队没有在那里靠岸，而是经由麦加城埃米尔的许可，沿着红海上行，到达了吉达港。在那里，他们受到了应有的高规格接待。中国人不仅对贸易有一贯的兴趣，而且此前就有了阿拉伯文的穆斯林《药典》的中译本，这加强了他们对穆斯林医药的关注。航行人员特别留意获取阿拉伯的药材和药品。一些药材及其药效被记录在案，如：芦荟（通便和滋补），没药（促进血液循环），安息香（理气），苏和（镇静、消炎），"momocordia"的种子（治疗溃疡和伤口）等。显然，其中没有关于咖啡的任何记录。假如当时咖啡已广为人知，那么中国人和阿拉伯人都会去分析咖啡的特性。由此可见，有关咖啡的知识当时可能还只限于埃塞俄比亚高地。咔特似乎也未被列入药典之中。

虽然中国有很多关于麦加和麦地那的记述，但这些记述出人意料地粗略：因为郑和在卡利卡特身缠重病，航行似乎失去了明确的目标；1433年，郑和在返回中国的中途去世，终年63岁；他被葬于大海之中。船队的这次返回带来了亚丁的使节和另外一只长颈鹿。在1426年登基的皇帝朱瞻基对这个结果虽然满意，但他比他的祖父更注重儒家的内省思想，此后再也没有批准新的航行。儒家先师孔子认为，繁荣兴旺的中华国家应该能够自给自足，积极参与对外贸易有损于"中央"王国的神圣威严。正是由于这样的原因，中国在其过去的历史上一直保持为一个相对封闭的国家，宝船的远航也因此戏剧性地结束了。在中国的历史上，一旦儒家思想占据统治地位，船坞就纷纷关闭，这个国家就会再次埋头于国内的事务。[1]

据说，一位名叫沙卡·沙德梅尔·沙兹利（Shahkh Shadomer Shadhili）的苏菲派传教士在1429年将咔特引进了塔伊兹。不论这一说法是否真实，1429年都是一个具有特殊意义的年份。大约就在这个时候，中国人出现在阿拉伯海和红海地区——郑和的第5次和第7次航行到达了那里。如果郑和的来访使也门人通过品尝、口耳相传或者购买接触到了茶叶，而且处于扩展中的苏菲派社群也了解了茶的提神功能，那么，发现冲泡与茶叶有相似功效的干叶的方法也就是水到渠成的事情了。为了接近神，苏菲派信徒对化学药剂有很大的热情，而那时便利的条件就摆在他们的身边。

在中国，茶叶加工有好几种方法。最常见的3种茶叶——绿茶、乌龙茶、红茶，是通过晾晒、烘焙、翻滚、发酵和最后的炒制几个程序的不同组合制作而成的。现在的咖啡业人士绝口不提，当今通用的咖啡制作、饮用方法不过是众多可能的方法之一。咖啡也可以煎服，或者像茶那样，作为一种干燥的植物肌体用热水冲泡来饮用。像我们看到的那样，现在的埃塞俄比亚人有时仍然喝用咖啡树叶而不是咖啡果或者咖啡豆制成的咖啡。例如，"阿莫尔塔萨"（amertassa）就是一种将绿色的咖啡叶放在阴凉处自然晾干，用来冲泡喝的饮品。另一个例子是"kati"，它是用平底锅烘焙过的叶子制成的。这种使用干燥叶子制作饮品的方法非常类似于制茶。用干

---

[1] 这是西方人对中国历史的一种较为普遍的看法，尤其针对宣德时期停止下西洋。——译者注

燥的咔特树叶制成的"kafta"也与此相似。此外，在今天的也门和阿拉伯其他地区，很容易看到"kish'r"，那是一种用去核的干咖啡果肉制成的冲泡剂。那些无核的咖啡果被装在敞口的袋子中，与绿色的咖啡豆一起在市场上出售，其需求量也与咖啡豆不相上下。"kish'r"有一种令人愉悦的淡淡的水果香味和少许烘焙咖啡的味道，但更像马鞭草等草本冲剂的味道。最近，在一种廉价的速溶咖啡中，已经检测出是掺进了咖啡果肉。从这些咖啡茶到通过使用烘焙咖啡豆制成我们今天称为咖啡的饮品经历了缓慢的演变。而且，这些不同方式制成的咖啡饮品迄今并存于世。咖啡并不是作为浓郁的香浓咖啡突然降临这个世界的。

在宝船访问期间，埃塞俄比亚高地处于亚丁、穆哈商人的贸易范围之内，苏菲派传教士也跨越红海到达了那里。对一名见过中国来访者饮茶的苏菲派传教士而言，从中国人那里尽量学习制茶的方法似乎是顺理成章的。这样的苏菲派教士会知道，传统的阿拉伯药典所记载的植物都不具备他想得到的茶的特性，于是他们可能会利用前往埃塞俄比亚传教的时机，尝用各种当地的植物，最终选定咖啡树和咔特树是最值得注意的。在这一阶段，他们可能仿效中国人的做法，仅仅泡制咖啡树叶饮用。但是由于咖啡树叶只含不足 1% 的咖啡因，这种冲泡剂远远无法满足他们的需求。不过，由于炮制的具体方法和树叶用量的差异，结果会有很大的不同。茶叶中含有的咖啡因量是同等重量的阿拉比卡咖啡的两倍，但当所泡的茶叶量少于阿拉比卡咖啡量的 1/2 时，做出的茶饮中的咖啡因就少于阿拉比卡咖啡。咖啡树叶可以被煮得很浓烈以提供较高的咖啡因含量，但这会使这种饮料变得难以入口。显然，当咔特的叶子被晾干时，其大部分功效会流失。所以把咔特的叶子像中国茶那样来加工、饮用，并没有特别引人入胜的效果。这就是今天的也门人偏爱咀嚼新鲜的咔特树叶的原因，也可能是咔特直到晚近才伴随着飞机的发明而开辟出广阔市场的原因。

就在咖啡历史上的这个时刻，一些有心人终于露面了。第一批欧洲商人于17世纪早期来到也门，他们自然对咖啡这种他们不惜千里之遥前来购买的东西的起源感到好奇。当地商人所讲的故事中有许多令人啧啧称奇，包括那些神奇的五彩斑斓的咖啡鸟和死于瘟疫的公主的故事等。有趣的是，关于卡尔迪（Kaldi）及其跳舞的羊群的故事并不在被那些欧洲人记录下来的故事之中。这个发现咖啡的传说在我们这个时代非常流行，并被看作事实。故事说，一个名叫卡尔迪的牧羊人看到他的羊群在吃了咖啡果实后就开始舞蹈。卡尔迪吃了咖啡果以后，同样开始舞蹈。于是，他将自己的发现告诉了附近寺院中的修道士。修道院长把咖啡果视为罪恶的东西，气愤地将它们丢入火中。然而，火中弥漫出来的阵阵香味使他确信，这种果实其实具有某种神圣的来源。于是，他用咖啡豆做成冲剂，给修道士们饮用，帮助他们在夜间祈祷时保持清醒。较早时期来到阿拉伯地区的欧洲人所听到的故事中不包括这个传说，这清晰地表明这个传说可能是后来咖啡馆说书人的虚构。不过，那些故事中的另外一些，却涉及历史上真实的苏菲派的领袖人物。关于那些人有许多记载，足够用来评估他们是否曾经推动了上文大致描述的关于苏菲派在埃塞俄比亚传教的假说。

第一个人是咖啡贸易界衷心推崇的阿里·伊本·奥马尔·沙兹利（'Ali Ibn 'Umar al-Shadhili），他是穆哈咖啡港的保护圣徒。一位名叫威廉·瑞维特（William Revett）的英国水手在1609年写道："奥马尔·沙兹利是饮用咖啡的第一人，他因此而备受尊重。"（穆哈）这个在16世纪晚期和17世纪主要靠咖啡致富的小镇，尽量把它的富庶与它的圣徒联系在一起，这是可以理解的。奥马尔·沙兹利的坟墓是当地一直保存至今的为数不多的优雅建筑之一。不过，这个人是在1418年去世的，尽管当郑和在此前1年访问亚丁的时候他可能就在亚丁，但他不大可能在去世前还曾前往埃塞俄比亚并把最新发明的茶叶替代品带回来。此外，最早记述了沙耶克·乌玛尔（Shaykh 'Umar）生活的历史学家阿布·阿巴斯·艾哈迈德·沙尔蒂吉（Abu al-'Abbas Ahmad al-Shardji）和穆罕默德·萨哈维（Mohammed al-Sakhawi）也都没有提及奥马尔·沙兹利发现咖啡的事情，而如果有那样的作为，他的生平当然会增色不少。最后，沙兹拉亚（Shadhilaya）苏菲派组织是在13世纪建立的，以正统和严肃闻名于世，沙兹利的名字就来源于这个组织的名称，而这个组织的记录中也没有提及咖啡。

第二个可能的人是穆罕默德·本·赛义德·扎巴哈尼（Mohammed bin Sa'id al-Dhabhani），他的另一个名字是盖玛勒丁（Gemaleddin），也广为人知。他出生在一个苏菲派信徒家庭，并且是阿丁的一个宗教领袖。他死于1470年，不大可能在1417年与郑和相会。但当1433年郑和在他的第7次航行中于亚丁带走一位特使的时候，他还活着。那位特使从中国回来时，可能会提供关于茶叶生产的必要细节。另一种可能是，饮用有明确记载的宝船携来用于贸易的茶在阿拉伯地区流行了起来。但1433年以后，中国的来访中断，茶叶供应就中断了，于是阿拉伯人开始寻求一种替代品。被贾兹里（al-Djaziri）记载下来的关于扎巴哈尼的许多故事中有一个最为引人入胜，其中特别提及这样一个事实：扎巴哈尼曾经作为一名传教士访问过埃塞俄比亚，并在那里了解到饮用咖啡的诸多好处。盖玛勒丁不仅是一位宗教首领，还是一位著名的科学家。欧洲人的一些早期著作依据一些其原始性还待考证的资料推测：盖玛勒丁于1454年以宗教领袖的名义认可了咖啡，他的提倡使咖啡饮用在苏菲派社区里迅速流行开来。

第三个人物是另一个苏菲信徒阿布·贝克尔·艾达鲁斯（Abu Bakr al-'Aydarus），他是亚丁的保护圣徒。不过，他死于1508年，根据历史学和考古学的记载，那时距离苏菲信徒们开始习惯饮用咖啡已经有相当长一段时间了。

这样几个传说的存在表明，在载着茶叶的中国宝船到来之后不久的时代，有一位苏菲派大师被认定为第一个饮用咖啡的人。阿拉伯人和中国人都对药用物质有浓厚的兴趣，再加上苏菲派在这个地区的积极进取，所有这一切都意味着可能形成一个足以取代那个陈旧的卡尔迪神话的关于咖啡之发现的新说法。尽管只是猜想，但是这个新的说法是从已知的事实和历史数据中推导出来的，是对那个牧羊人传说的明显改进。这个新故事中的主人公就是亚丁的宗教领袖盖玛勒丁，在叙述他的经历时，我们需要从他去世的1470年向前推溯70年。

当郑和的宝船于 1417 年到达亚丁港时，年轻的盖玛勒丁也恰好在亚丁。他被关于中国人饮用一种用热水冲泡的叫作茶的干燥叶子来提神的描述震撼了。盖玛勒丁后来成了一名在科学和宗教领域都受到尊重的苏菲派信徒和学者。30 多岁的时候，他去麦加朝圣，在麦加遇到另外一位苏菲派信徒。那个苏菲派信徒向他讲述了在中国的苏菲派信徒们靠饮茶来保持在夜间祈祷时清醒的见闻。盖玛勒丁听说来自中国的另一只宝船此时正驶向距麦加最近的港口吉达，便匆匆赶去。作为当时的一位杰出人物，他受到船队指挥洪宝的欢迎，被邀至旗舰上与要人们一起饮茶，因而感受了茶的提神作用，并向中国人详细询问了茶树的来源和加工茶叶的方法。中国人的描述使他发觉，茶树所具有的特征与阿拉伯的任何一种植物都不相符合，而且阿拉伯地区似乎也不具备茶树生长所需的条件。盖玛勒丁想在阿拉伯的某个地区找到具有类似特征的，可以用类似方法炮制的植物。他早已决定去往阿比西尼亚传教，便在旅途中仔细寻找尚未被发现的具有预期效果的植物。在阿拉伯奴隶贩子的口中，他得知奴隶来源地——位于阿比西尼亚西部的奥罗莫部落——有一种被称作"bun"的植物。据说，山羊会因为食用它而变得异常活跃。于是，他去往奥罗莫，在那里发现了咖啡，并按照中国人描述的方式烘干咖啡叶，炮制品尝。他发现这种饮料的兴奋作用与中国的茶非常相似。于是他带着咖啡灌木的果实标本回到亚丁。用咖啡果肉做出的饮品比用咖啡树叶做出的味道更美并且具有更强的提神功效。盖玛勒丁就这样做出了"克食尔"（qish'r），这种饮料至今在也门广泛流行，有的时候，其中会加进去一些调味的姜。盖玛勒丁鼓励他的门徒饮用"克食尔",并使之成为苏菲派仪式的一部分。精通炼金术的盖玛勒丁继续进行各种尝试,他对原来被丢弃的咖啡果核在平底锅上烘焙时发生的神奇变化感到惊奇不已。这些原本平淡乏味、毫无可取之处的浅绿色豆子变成了深褐色、油汪汪的果实,经过碾磨和煮制,就具有了令人难以抗拒的香气和略苦但诱人的味道。咖啡豆的变化在物理层面展现了苏菲派改变人的灵魂的追求,而咖啡能够使信仰者在夜间祈祷时保持清醒的事实也是苏菲派精神品质的进一步证明。这种饮料像所有穆斯林都必须向之朝觐的麦加城中的神圣的克尔白黑石一样是黑色的。盖玛勒丁丰富的学识和虔诚终于使他找到一种帮助苏菲派信徒与神团聚的神秘物质。

由此,我们面前的咖啡终于揭开神秘的面纱。是一名在咖啡的转化中体悟到一种使人与神更接近的方法的炼金术士发现了它。这和基督教仪式中使用圣酒是一样的意思,基督教仪式的不同部分关于饮酒有不同的禁止或允许的规定,其背后同样是那种关于转变的思想。所以,苏菲派信徒会采用一种与基督教类似的礼仪化群体饮品并不奇怪,而咖啡以"阿拉伯酒"而闻名这一事实,在这样的考察中显示出了更深一层的含义。

苏菲派热切接受咖啡的方式使关于饮用咖啡之起源的新说法中含有了炼金术的因素。我们已经看到"苏菲派大师依靠苏菲派的精神方法对门徒灵魂中的基本金属施加影响,将之转变成黄金"这样的说法。甚至那些并不喜欢咖啡味道的人通常也会承认,刚烘焙过的咖啡豆有一种独特的诱人香味,当这些咖啡豆被碾磨成粉末时,

又会散发出一种复合的更为诱人的新味道。咖啡从暗淡乏味的普通植物肌体转变成具有近乎神圣的香气和独特味道的东西，这种极度诱人的转变象征着炼金术士和苏菲派追随者在他们的精神探寻中一直追求的那种转变。因而，在所有意义上，咖啡都使他们更接近于神，并成了他们集体祈祷的关键要素。

咖啡的仪式化使用本身是一个推测，但却得到了考古学证据的支持。第一个证据我们在讲述咖啡的史前史时已经提到过了。在宰比德（Zabid）进行的考古挖掘显示，咖啡最初几乎肯定在公元1450年前后苏菲派信徒的"迪克思"（dhikrs）[1]活动中使用过。"迪克思"这种集体礼拜通常在夜间进行，咖啡就用一种长柄的大勺被分别斟入叫作"玛诸尔"（majdur）的带釉的碗中，供人们饮用。在那之前的时代，那种陶碗是不上釉的，这显示人们认为咖啡比其他液体更为高贵。在那以后不久，宰比德附近的城镇海斯伊（Haysi）开始出产一种小巧精致、光滑釉亮的碗。这种碗可以取代那种长柄大勺，使咖啡在人们之间传递。值得注意的是，这些小巧精致的碗在形状上与同时期中国人饮茶的瓷碗惊人地相似，其中一些碗上还粗糙地模仿着中国典型的蓝白相间的青花图案。咖啡在1511年被麦加城禁止，原因之一是人们用传递的方法分饮咖啡，而分饮是与饮酒相关的一种做法。苏菲派的一些分支至今仍旧在一些特别重要

---

[1] "迪克思"，在乌尔都语中读作"Zikr"，在波斯语中读作"Zekr"，是穆斯林的宗教活动，其核心是缅怀神的行迹。在举行的时候，信徒常要反复诵读安拉的名字，念诵《穆罕默德言行录》和《古兰经》中的警句。——译者注

第三章　中国的启示

的场合，如其成员的葬礼上，相互传递盛满咖啡的碗。

苏菲教徒并非过着与世隔绝的生活，他们的"迪克思"在夜间进行，就是因为苏菲派的许多成员在白天过着从事常规性工作并和家庭在一起的生活。咖啡的价值就在于能使他们在夜间祈祷时保持清醒。因为这些苏菲派信徒在更大的社区中生活，饮用咖啡这种新的习惯就迅速在他们生活的人群中广泛传播开来。关于这一点的最好证据也来自考古学。在不到 100 年的时间之内，海斯伊的陶器形制中就演变出了一种形状和大小与现代的小咖啡杯或者较小的土耳其式杯相近的个人咖啡杯。这表明咖啡消费已经从宗教仪式用途扩展到个人家居消费。不过，咖啡像野火一般燃遍整个伊斯兰世界，却是地缘政治的结果：咖啡贸易的增长依赖于红海及其沿岸港口的相对安全，统一的政治和精神共同体使得咖啡迅速地得到广泛采用。

饮用咖啡的习惯于 15 世纪末 16 世纪初在也门的礼仪活动和家庭生活中确立起来的时候，正是奥斯曼帝国第一次向外扩张的时期。1517 年，已于上个世纪成功征服君士坦丁堡和巴尔干绝大部分地区的奥斯曼帝国在塞利姆一世（Selim I）的率领下，终于在开罗打败了统治埃及和地中海东部地区近 250 年的马穆鲁克军队。奥斯曼帝国自此不仅拥有伊斯兰圣城麦加和麦地那，而且获取了哈里发地位所代表的伊斯兰世界的精神领导权。马穆鲁克原先是来自南部俄罗斯和高加索地区的奴隶兵中坚分子。1516 年，大批马穆鲁克人被正在推进的奥斯曼帝国从埃及驱逐出来，迁往也门，最终在荒芜的沿海平原提哈马（Tihama）定居下来。据说，他们之所以选择

也门，是因为他们知道那里到处都有咔特。奥斯曼帝国在1538年攻取了亚丁，并且开始占领提哈马，10年以后，奥斯曼又占领了内地的萨那（San'a）。在这种情况下，马穆鲁克人最终屈服于奥斯曼帝国。

在马穆鲁克统治麦加期间，咖啡的传播招致了它的第一次严重挫折，这就是由麦加城的帕夏兼市场检察官海尔·贝（Kha'ir Bey）颁布的咖啡禁令。1511年6月20日，海尔·贝发现一群人在清真寺外类似酒店的房中饮用在他看来是含有酒精的饮料，经过查问，他得知这实际上是一种新的饮料——咖啡，那些房子是简易的咖啡馆。当时的情况还要复杂，有些迹象表明，当时进入麦加的是克食尔咖啡，还不是烘焙过的咖啡豆形态的咖啡。用来制作克食尔的干燥的咖啡果肉可以在烹制以前经过轻度的烘焙制成苏丹娜（sultana）咖啡。咖啡的另一个说法"kafta"既被用来指用咖啡豆制成的咖啡，也指用咔特的叶子煮制而成的咖啡。当时可能的习惯是，由权威者来澄清什么是什么，什么是被允许的。饮用某种形态的咖啡汤剂的习惯在咖啡于也门出现之后大约30年内传到了红海沿岸，而直到这个时候，这种习惯才触及了对教义的解释——这种东西的奇特性征对于伊斯兰正统学说来讲，像是一个谜题。由于禁律严格禁止任何形式的迷醉品，咖啡成为一个需要裁决的棘手的问题。海尔·贝是第一个试图提出解决方案的人。

海尔·贝迅速召集了一些学者、医生、律师和"街头流浪者"。在麦加举行的法律会议的记录中记录着他们提出来探讨的问题，其中涉及：如何将伊斯兰教的核心理念运用于咖啡问题；除非对人体有害，那些并不公然违背《古兰经》禁令的事物是可以允许的；酒，"所有的迷醉品都是酒，而每一种迷醉品都应被禁止"，因为它们使人"不能区分男人和女人，不能区分地和天"；由某种过度虔诚意识导致的超出经典文本要求的狂热信奉；公众认可问题；咖啡究竟带来的是哪种迷醉成分；等等。咖啡馆当然也在讨论范围之内：它们真像一些人所指责的那样，是音乐、赌博和两性混杂的中心吗？咖啡在苏菲派的夜间祈祷中被传递的事实，虽然只是礼仪性的，但还是使人们联想到啤酒馆。此外还有许多需要讨论的问题：即使是最刻薄的攻击者也不能断言喝咖啡肯定是违背了使用迷醉品的禁忌，但咖啡又毫无疑问地具有一些刺激功效。伊斯兰教内的温和派认为，不应该基于某种过度的虔诚感而禁止咖啡，但咖啡可能对人体有害。由于涉及传统所认为的人体 4 种体液及其含量问题，他们还征求了医学界的看法。那 4 种体液的第一种代表食物，第二种是食物加药物，第三种是药物，第四种是毒。医学界的说法是：咖啡性寒而燥，会加重忧郁症。

这次争论和参与争论的人在西方人撰写的咖啡史中通常被描述成迷信和缺乏理性的。然而，咖啡传奇中的西方主角，如加布里埃尔·德·克利乌（Gabriel de Clieu）、弗朗茨·格奥尔格·克尔什斯基（Franz Georg Kolschitzky）和弗朗西斯科·德梅略·帕列塔（Francisco de Mello Palheta）等——这些人我们接下来还要谈到——则被说成是浪漫英勇的探索者。我们已经看到，当欧洲处于中世纪的黑暗之中时，伊斯兰世界正高举着科学和文化的火炬。但是，在 1500 年以后的 500 年中，西方一旦超过伊斯兰世界，历史学和其

他人们致力研究的领域一样,都遭到了歪曲,西方刻意去展现欧洲人以及基督徒相比于那些陷入黑暗蒙昧中的非基督教信仰者的天生优越性。许多知名的历史学家在看待穆斯林围绕新饮料传入而提出的问题和所进行的辩论时,最好的也是持轻漫态度,最恶劣的则是嗤之以鼻。人们很容易忘记,咖啡是一种效力强大的药物,它的文化同化作用决不是预先注定的。伊斯兰世界依托其地理位置,最先开始了对咖啡之利弊进行衡量的过程。在这个过程中,他们运用了神学、科学、辩论术,甚至诗歌。诗歌在也门是一种新崛起的文学类型,它在虚构的咖啡与咔特的对话中使双方展开争论:

> 咔特:他们脱去你的外壳然后压碎你,
> 　　　迫使你跳入火海又碾磨你;
> 　　　我却在上帝的庇护下,
> 　　　免于那由火而诞生的人类的蹂躏。
> 咖啡:价值可能出于研磨,
> 　　　钻石在火烧后更为耀眼,
> 　　　是真金又哪怕火炼;
> 　　　而你的大部分却被人抛弃轻贱,
> 　　　一旦进入人口,你就会被吐出,
> 　　　再从痰盂到厕所——那是你的归宿!
> 咔特:我从口里被吐出,
> 　　　那好于你脱身的出路!

第三章 中国的启示

当大麻和烟草在16世纪末传到中东时,都受到过仔细检查。在那以前很久,酒已经成为争论的话题。《古兰经》(47:15)提到酒对饮者说来甘美异常,但基于5:90-1的段落又禁止它。这种禁令一直持续到今天,足见当初争论的权威性。现代西方的法令规定,经过许可方能消费酒和烟草,但仍然严禁使用大麻和鸦片,这种规定与伊斯兰的相似,同样是产生于一种文化共识的基础上,是科学、社会实际的考虑和迷信几个方面因素结合作用的结果。如果咖啡是在当代才被引入西方的,那么很难想象它会像曾经那样历经众议才获得立法权威们的批准,当咖啡在17世纪被引入欧洲的时候,曾经引发了激烈的争议,其在基督教国家的适宜性遭受了质疑。根据一个未经证实的说法,教皇克雷芒八世赞同饮用咖啡,因为他认为,如此美味的饮品不应当由穆斯林独享。

麦加辩论的结果是,海尔·贝禁止在该城市饮用咖啡,并且把他的做法报告给了开罗的马穆鲁克苏丹。然而在开罗,饮用咖啡看来已经在苏菲教区中稳定流行了。苏丹命令海尔·贝取消禁令,最后,这个不幸的帕夏又因为其他原因而丧失了他的职位。马穆鲁克苏丹一直反对酒馆,但当时并没有把咖啡馆列为酒馆的同类。在1517年奥斯曼攻占开罗以后,塞利姆一世(死于1520年)下令,将那两个在麦加作证支持咖啡禁令的医生逮捕,并处腰斩。咖啡由此从一种苏菲派集体活动中使用的提神饮品,迅速在新近形成的帝国版图中传播开来,成为社会凝聚的动力因素,同时也是重要的国内交易品。苏丹的精英卫队也开始饮用咖啡。1522年,苏莱曼苏丹的御医表示赞同饮用咖啡，咖啡许可进一步得到巩固。[1]不过，奥斯曼帝国对于饮用咖啡的支持远非持续不变，不同时期还下达过一些波及整个帝国的禁令。1526年，麦加再次颁布咖啡禁令；1535年，由于萨恩巴缇（al-Sunbati）四处讲道，开罗的咖啡馆被人砸毁，但法官伊本·伊利亚斯（Ibn Ilyas）又命令将之复原。1539年，同样是在开罗，巡夜者监禁了他们发现的每一个咖啡馆顾客；1544年，伊斯坦布尔下达的一道咖啡禁令传到了开罗，不过该禁令仅仅实施了一天就被取缔了。

由整个奥斯曼帝国咖啡消费的增长而引发的激烈争论成为16世纪思想和文学界的一件大事。咖啡日益世俗化，成了一种强大的社会力量，有了它，人们有了与履行宗教职责不同的新的夜出理由。由于咖啡馆开始代替家庭成为新的娱乐场所，传统的待客之道被打破了。在咖啡馆，陌生人可以会面、交谈，处于不同生活状态的人们也可以共享一种饮料。不只如此，咖啡天生就是智力较量和明晰思想的助手，并且为讨论持续到深夜提供条件。诸多因素综合起来，致使咖啡在宗教权威和世俗权威眼里极具颠覆性。不过，奥斯曼帝国在红海贸易中日益增长的垄断性，对也门的占领，以及1555年对埃塞俄比亚部分海岸地区的占领，使它获得了进入了咖啡贸易中心区的更宽广的通路，这使得早已在帝国全境以及波斯，

---

[1] 苏莱曼一世（Suleiman the Magnificent）是奥斯曼帝国威名远震的统治者，1494年至1566年在世，1520年至1566年在位。他在位时，奥斯曼帝国占领贝尔格莱德，兵逼维也纳，兼并匈牙利，主导了地中海上的航行，并征服了红海阿拉伯沿岸地区，疆域达到极致。——译者注

乃至莫卧儿帝国传播的咖啡消费保持下来。咖啡的确是作为穆斯林的一种饮料而发展起来的，但苏莱曼苏丹雄伟壮观的帝国首都君士坦丁堡，才真正见证了奥斯曼咖啡文化的大繁荣。

两名叙利亚商人，哈基姆（Hakim）和沙姆斯（Shams），于1555年把咖啡引入君士坦丁堡以后，咖啡饮用迅速传播。到1566年，从豪华的咖啡馆到简易的凉亭，君士坦丁堡已经有600多家出售咖啡的地方。最好的咖啡馆坐落于俯视着博斯普鲁斯海峡的绿荫环绕、点缀着喷泉和鲜花的公园中，里面备有沙发、水烟管和地毯，还有隐藏在帷幕之后的女歌手、说书人和为妓女们拉皮条的相貌俊秀的男孩。咖啡是在一种很大的锅中被煮制的，里面有时会添加藏红花、豆蔻、鸦片、大麻或者龙涎香，也可能是其中任何几种的组合，来增加味道。除了烟草，鸦片和大麻也普遍被吸食。因为在待客之道不昌的突厥时代没有餐馆文化，是咖啡馆而不是遭人鄙视的酒馆成了当时人们在家居以外会见朋友、谈论政治和文学、下棋或者赌博的唯一场所。捕捉商机的外国商人，寻找当事人的刚入行的新律师，营求升迁机会的行省政客，都汇聚到那里。咖啡馆成了帝国系统中的一个有机组成部分，是新闻和思想汇聚并传播的场所，这正如它后来在欧洲所起的作用一样。在家庭之内，苏丹和其他富有者都专门聘用一名管理人，称作凯维吉（Kaveghi），来负责和咖啡有关的事情。苏丹饮用咖啡的场面，无论是生机盎然的还是死气沉沉的，总是最奢华的：金制火盆上的金咖啡壶被女奴用金链拉住，一个女奴优雅地将精美的咖啡瓷杯送到苏丹的嘴边。操劳国事的君王就这样在深宫内院得到抚慰，而普通百姓的妻子则可以把家中缺少咖啡作为要求离婚的合法理由。

帝国其他城市的咖啡馆就不一定像都城的那样富丽堂皇了。开罗的咖啡馆很快获得了下流生活场所的名声。那里充斥着"放荡之人和鸦片吸食者",成为皮条客拉客的地方。也就是说,开罗的咖啡馆在本质上和君士坦丁堡的咖啡馆十分相似,但没有后者富丽堂皇,而且其顾客远为粗俗。由于咖啡馆名声败坏,1570年,教职人员以去清真寺的人日益减少为口实,发动了针对君士坦丁堡咖啡馆的运动。从前的老问题又被提出来:咖啡是不是一种迷幻药?它是不是木炭从而应当被严禁?咖啡馆是不是藏污纳垢之所?由于这场运动,咖啡馆被取缔,但只不过是转入了地下运作。与此同时,街头出卖咖啡的小贩还继续做他们的生意。苏丹实施的世俗法与教会推行的宗教法之间相互牵制的关系,为双方根据各自不同时期的特殊需要而干预咖啡争论留出了余地。当1580年咖啡被列入酒类饮料时,咖啡消费仍然非常普遍,以致掌权者无可奈何,只能视而不见,最后连教会也撤回了反对咖啡的主张。

更严重的是阿木拉四世(Amurath IV)统治时期出现的世俗威胁。大维齐尔库普里(Kuprili)判定咖啡馆是煽动骚乱的温床,是反对他那场同坎迪亚(Candia)的不得人心的战争的政治派别聚会的地方。他推行严厉的咖啡禁令,初犯者受严厉拷打,如果再次被抓到,就会被缝在一个皮袋子中,扔入博斯普鲁斯海峡。但即使是这种"别出心裁"的惩罚也不足以阻止那些坚持要喝咖啡的人。最后,库普里被迫放宽了禁令。值得注意的是,在穆斯林中禁止开设的酒馆,在库普里咖啡禁令实行期间却被许可开业。这凸显出酒与咖啡对于人类思想的作用有本质不同。从表面看，酒馆和咖啡馆都是滋生政治反对派的潜在场所，作为聚会的场所，陌生人间的公开争论在那里难以避免。然而，咖啡本质上具有使思想清晰和有条理的功效，而酒精却恰恰让思想变得模糊和混乱。在酒馆可能会发生激烈的争论，但争论的内容多半会随着下一天的到来而被遗忘。常常与酒精消费伴随发生的暴力行为和混乱，其本质是反社会的，而不是反制度的，因而对现行规范并不构成真正的威胁。咖啡馆的会谈却可能而且事实上确实曾引发商业、思想或者是政治上的重大后果。库普里是第一个从饮用咖啡的特性及其与消费场所的关系来认定其具有革命性威胁的人。

苏莱曼苏丹晚年的时候，决定远离充满权术和是非的国家事务，在深宫安享舒适的生活，于是大维齐尔成了奥斯曼帝国最高管理者，拥有苏丹赋予的绝对权威。然而，各怀心机的嫔妃和青年王子充斥的后宫实际控制了苏丹的大权，于是奥斯曼帝国开始了漫长的没落过程，直到第一次世界大战结束后寿终正寝为止。在穆拉德四世（Murad IV）统治期间，即1623年到1640年，国家大权重新回到苏丹的手中。他之所以取得成功，靠的是残酷无情。在曾经触怒他的人们中间就有一些喝咖啡的人和抽烟的人。他恢复了旧日那种为惯犯而制定的将人装进皮袋扔入博斯普鲁斯海峡的刑法。一旦发现军队中有人在战斗前夕吸烟或者喝咖啡，他就将之处死或者大卸八块。

与咖啡自16世纪以后在奥斯曼帝国的广泛传播相比，喝咖啡的习惯在欧洲流行之缓慢令人惊讶。即使在应该对地中海东部的黎

凡特地区的风俗很熟悉的威尼斯,咖啡最初也只是为了医疗目的而少量出售。迟至1683年,威尼斯才出现第一家咖啡馆。有一种观点认为,威尼斯城的柠檬汁销售商所售的饮品类别中一直包含有咖啡,但没有具体的证据。基督教徒与伊斯兰教徒之间几乎一直持续的仇恨可以解释新习惯在近东和欧洲间传播缓慢的原因,但是威尼斯人的迟缓却不容易被理解。因为,即使在其与突厥人处于战争状态时,威尼斯仍然是连接东方和西方的重要贸易纽带。威尼斯的第一家咖啡馆是在英格兰第一家咖啡馆建立30年后方才出现的,这是历史上一个没有得到解释的奇怪现象。

17世纪,咖啡由奥斯曼人通过两种方式介绍到欧洲:外交和战争。在前一种情况中,奥斯曼大使用一种适宜于东方和西方最强大帝国的方式,将咖啡带入了法国人的视野。1669年,凡尔赛的太阳王路易十四宫廷正开始进入它最辉煌的全盛时期,此时消息传来,苏丹穆罕默德四世(Muhammed IV)派遣索里曼·阿伽(Soliman Aga)前来巴黎,谒见年轻的国王。尽管在基督教王室与伊斯兰苏丹之间缔结联盟的前景十分渺茫,但双方毕竟都在为如何抑制哈布斯堡王朝的野心而忧心忡忡。除了国事,路易十四也不肯轻易放过在来自东方的大使面前炫耀的机会。于是,他下令为这次谒见专门定制了一套镶有钻石和各样珠宝的衣服,耗资1400万里弗。另外还做了一顶带翎羽的漂亮无比的王冠。宫廷里其他的王公贵族也都量体裁衣,衬托国王的服饰。

制作这些行头当然需要花费时间,所以虽然索里曼·阿伽在5月就到达了巴黎,但直到12月才在凡尔赛宫受到国王的接见。他

第三章 中国的启示

没有侍者跟随，身着一件朴素的羊毛长袍——这本身就是苏菲派渊源的有趣体现——现身于谒见大厅，并且似乎丝毫不因周围的壮观而眼花缭乱，因为那与苏丹们自己的格调相比并没有什么太令人惊奇的地方。他没有用臣服者的姿态匍匐在国王面前，而只是轻轻地鞠了一躬，然后将苏丹的信交给路易，这使国王大为不悦。接下来是索里曼·阿伽受到冷落，国王只扫了一眼信件，就表示信太长，他稍后再读。索里曼·阿伽对路易见到信末苏丹的署名时没有站立起来而表示抗议。路易回答说，国王只依他自己的意愿行事。奥斯曼大使被打发走了，双方都因为没有受到尊重而恼火。当路易十四的翻译终于阅读完信件时，路易十四发现索里曼·阿伽并未被苏丹授予"大使"的头衔，因而觉得为了这样一个身份不明的人而做了那一切是一种侮辱。为了出气，他命令宫廷作曲家吕里（Lully）根据莫里哀（Molière）的脚本创作了一出关于"愚蠢的突厥人"的芭蕾舞剧。《突厥人的礼节》于次年10月在香波城堡为国王上演。到那时，当初的耻辱显然还铭刻在心，因为国王在演出结束之后并没有向莫里哀表示祝贺，朝臣们的评价则是异口同声的责难。几天后，路易十四再次观看了演出，然后对莫里哀说，他上次观看时被剧情深深打动，因而叹为观止，朝臣们的说法于是转为一片赞赏之辞。

当路易十四精心地设计这些侮辱的时候，索里曼·阿伽并非无所事事。穿朴素的羊毛长袍是他首次会见国王时的风格，但他的外交攻势却是以一种远为奢华的风格进行的。他租下巴黎最优美的宫殿之一，并将它塑造成具有突厥人的风格。喷泉在庭院中鸣啭，庭

院幽深处铺着翡翠和绿松石颜色的地砖，穹顶上的彩色玻璃透进柔和的阳光。各处奢华地摆放着沙发、地毯和衬垫。索里曼·阿伽不需要再去王宫，因为王室被吸引到他那里了——尤其是女人，数不清的伯爵夫人和公爵夫人，她们舒适地沉浸在东方的豪华之中，由努比亚女奴服侍着饮用以前未曾品尝过的咖啡。对她们说来，咖啡的味道有些苦，但索里曼·阿伽很快发现在这种新饮料中加些糖会使他的客人感觉更加美味，这种做法后来自然是延续了下来。当他用关于咖啡起源的无关紧要的故事来取悦这些来访者时，咖啡打开了他们的话匣子。索里曼·阿伽很快就得知了他想要了解的事情：路易十四真正担心的问题是与哈布斯堡王朝之间的边界保持稳定，至于东方发生什么他并不关心。

与此同时，巴黎社会开始沉迷于奥斯曼风格，咖啡成为伴随奥斯曼时尚而来的时髦饮料。索里曼·阿伽的随行人员帕斯卡尔（Pascal）在索里曼·阿伽离开以后留在了巴黎，并在圣杰曼（Saint-Germain）区的市场中摆了一个卖咖啡的摊位。中产阶级被空气中飘浮的香气所吸引，纷纷去品尝被贵族们啧啧称赞的饮品究竟是什么滋味，咖啡由此慢慢在法国扎下根来。当圣杰曼市场关闭以后，帕斯卡尔在新桥（Pont Neuf）附近开了第一家以东方风格装饰起来的咖啡馆。从克里岛、亚美尼亚和黎凡特来的移民纷纷仿效。不过，奥斯曼事物在法国的流行昙花一现，直到1689年普洛蔻珀咖啡馆（The Cafe de Procope）建立，咖啡才真正找到了一种巴黎化的表现方式。

从表面上看，索里曼·阿伽的外交使命失败了，但他收集到了法国关于东部世界态度的情报,该情报无疑影响了后来奥斯曼帝国的对外政策。奥斯曼帝国明显感觉到需要用扩张主义的军事行动来平衡伊斯坦布尔咖啡馆中那种沉溺和放纵,决定征服欧洲。苏丹穆罕默德四世任命他的大维齐尔卡罗·穆斯塔法(Kara Mustapha)率领大约30万人马出征,并严令在异教信奉者被彻底歼灭之前不许回来。他还进一步提出,要把维也纳作为进攻的起点,因为他的先行者赫赫有名的苏莱曼大帝在1529年就被阻止在那里。随后发生了1683年的"维也纳之围",它被看作欧洲历史上的一次关键性事件——对于大多数人来说,因为那是伊斯兰扩张的顶峰;对于咖啡历史学家来说,则是因为伊斯兰军队撤退后,给维也纳留下了咖啡。与咖啡历史中的大多数事件一样,需要找出一位关键人物,以便看到那些重大事件中的人格印记。这个人就是弗朗茨·格奥尔格·克尔什斯基,他被公认为是最令人景仰的维也纳救星。人们为他塑像以表达敬意,并把他推为维也纳咖啡馆的首开先河者。将维也纳从穆斯林游牧者的围攻中解救出来的人,同时也是使咖啡成为维也纳人最喜爱的饮品的人,这构成了一个浪漫的传说,并且被维也纳咖啡生产商行会充分利用起来。这个传说转而又被乌克兰民族主义者加工渲染,他们声称克尔什斯基是乌克兰民族最出色的儿子之一,他们显然喜欢这样的观点:衰弱的西欧人要求乌克兰的哥萨克介入,把他们从穆斯林游牧者的蹂躏中解救出来。

　　根据那些各有特殊利益考虑的人群散布的说法,可以形成大致如下的线索:维也纳国王利奥波德(Leoplod)在当时已经逃出城去，留下不过17000名市民去面对大维齐尔的大军。显而易见，如果没有驻扎在维也纳附近凯勒伯格（Kahlehburg）山上的洛林王子的军队的帮助，维也纳必然会沦陷。突厥人的军队已经在环绕城墙挖掘"工事、壕沟和布雷"，时刻准备从将要炸开的一系列缺口蜂拥而入。这个时候，维也纳城中只有一个人可以力挽狂澜，这就是曾经在伊斯坦布尔当咖啡馆老板，并熟知突厥人习惯和语言的克尔什斯基。他自告奋勇，乔装打扮，穿过突厥人的军队，在维也纳和洛林王子之间传递情报。在经过渲染的各种故事版本中，都提到他曾经英勇地游过多瑙河上的4条河道。他4次往返，极大地鼓舞了受困的维也纳市民的士气。当他最后一次出发，把土耳其人即将在城墙上炸开大缺口的消息带给洛林王子时，克尔什斯基发现洛林王子的军队已经和波兰勇武的国王扬·索别斯基（Jan Sobieski）率领的3万大军联合起来了。克尔什斯基带回了至关重要的攻击信号，这一信息使维也纳城中被围困的部队得以发动一次牵制性的突袭。克尔什斯基在穿过土耳其军队返回时，混入一组围着营火喝咖啡的突厥士兵中间。他听到士兵们满怀思念地谈论着他们在安纳托利亚的家乡，他们的法蒂玛和小穆罕默德们，并由此断定突厥人的士气极度低下。他回到维也纳城后，未经禀报，便闯入了守军指挥官鲁迪格·冯·施塔伦伯夫（Rudiger von Staremburgh）伯爵的卧室。伯爵从梦中惊醒，发现一个激动的突厥人模样的人正对他急促地说着什么，便自然而然地传唤了卫兵。伯爵终于认出他是克尔什斯基，再晚一步的话，他就被卫兵当作刺客杀死了。据说，如果砍向克尔什斯基的剑落下，欧洲也就跟着一命呜呼了。因为维也纳方面的牵制性突袭,对于波兰和洛林联军在次日,也就是 1683 年 9 月 12 日的战役中获得胜利是必不可少的。

突厥军队被冲垮,仓皇撤退,留下一大批供给品,包括牛、骆驼、谷物,这使饥肠辘辘的维也纳人大喜过望。乌克兰哥萨克在逃走的突厥军队后面穷追不舍,在布达佩斯附近的帕卡尼(Parkany)追上,随后的战斗使突厥军队最终溃不成军。战败的维齐尔挣扎着返回了伊斯坦布尔,迎接他的却是在家人面前被绞死的耻辱。突厥人扔在维也纳的军需品中有大约 500 磅的咖啡,当时谁也不知道那是什么,那时维也纳城中没有人认识咖啡。英勇的克尔什斯基由于他的功劳而被奖赏 100 个杜卡特(ducats)硬币。这时他再次挺身而出,提出要帮助当局解决咖啡的难题。他用奖金购买了一块房产,很快开起了"蓝瓶"咖啡馆,美滋滋地将他获得的战利品和他在伊斯坦布尔学到的技能结合到了一起。结果他获得了巨大的成功。后来发生的事情——那些讲这个故事的人说——就是人们熟悉的历史了。

遗憾的是,上面的故事本身同样不能被说成是历史。一位在奥地利军队中服役的英国人所写的目击报告详细描述了这次伟大的胜利以及敌军留下的战利品,咖啡显然不在缴获物品的清单之内。尽管报告中特别提到施塔伦伯夫伯爵的英勇,却没有提到克尔什斯基。虽然在一份以胜利贵族们的武士风度为主题的报告中,无法期望一个地位低下的侦探会获得什么赞美,但如果克尔什斯基的英勇行为的确扭转了败局,即使不提做出那些行为的人,至少那些行为本身还是会被提及的。

在关于这次包围的主流著作中,也没有提及作为维也纳咖啡史上英雄的弗朗茨·格奥尔格·克尔什斯基。他可能是一个庞大密谋和谍报活动中的一个小角色,是被围困的维也纳人派出的许多间谍之一。此外还有另外一位间谍,约翰尼斯·迪奥达托(Johannes Diodato),他被另外一些人认为是第一个在维也纳开咖啡馆的人。克尔什斯基获奖100杜卡特的事情被清楚地记录在案,但同样记录在案的是他此后马上开始骚扰城市议会,索要更多的钱和永久的房产,他给议会的信带着"难以描述的自命不凡和厚颜无耻的贪婪",追溯起许多古典英雄所获得的待遇,其中还恰好包括古斯巴达人送给庞皮留斯(Pompilius)的赠品,我们在本书的前边曾提到过古斯巴达人的"黑汤"。可能是古典的暗示产生了作用,议会的态度终于变得缓和,给了他一块在海德盖斯德(Haidgassede)30号的房产,价值超过1000荷兰盾。现在还无法断定这个地方是不是维也纳第一个咖啡馆的所在地,而克尔什斯基追求个人财富的强烈欲望却在维也纳的咖啡史上留下了痕迹。他获得的奖励使他变成了他事实上几乎肯定不是的英雄,其塑像矗立在兹沃尔纳咖啡馆(Cafe Zwirina)的外面,装点着那里的风景。

不管克尔什斯基的品格有多大的瑕疵,维也纳人的确是在这次围攻之后都疯狂地喜欢上了咖啡。他们可能是在新月形面包被发明以后才适应了咖啡的味道的,那种面包当时被叫作普蕊泽(prizer)。据说,一个维也纳面包师在晚上工作时发现了一个突厥人的布雷行动,于是发明了这种面包,它的弧形以奥斯曼帝国旗帜上的新月标志为依据。在当时高度紧张的日子里,西方的许多人每天早上就这样无意识地回味起对奥斯曼的胜利。

维也纳之围预示了奥斯曼帝国扩张活动的终结，欧洲开始联合起来收复失地。苏丹债台高筑，在帝国后期，以往由婢女们从容优雅地端到苏丹嘴边的、精美的陶瓷咖啡杯被外表装饰有钻石的、庸俗的自助咖啡杯取代了，这种咖啡杯至今仍能在伊斯坦布尔的托普卡帕宫（Top Kapi Palace）博物馆的收藏品中见到。在凯末尔·阿塔图尔克（Kemal Ataturk，1881—1938）统治时期，土耳其人终于放弃了奥斯曼帝国，成了一个世俗社会，而且像谜一样，开始爱好饮茶，好像400年辉煌的咖啡文化从来不曾存在过。

在这些早期帝国的沉浮中，咖啡就这样发挥了它奇特的作用。苏菲派信徒和奥斯曼人在目睹了进入阿拉伯海的中华帝国官员难得的一次饮茶亮相后，养成了饮用咖啡的习惯。饮用咖啡的习惯最初是礼仪性的，后来却促使处于全盛时期的奥斯曼帝国发动扩张，结果使得咖啡像一个接力棒被传到哈布斯堡王朝和其他欧洲国家。在那里，咖啡失去了宗教效用，转而刺激了与欧洲帝国主义联系在一起的侵略性商业文化。随着奥斯曼帝国的逐渐解体，土耳其人转而开始饮用可能当初曾经唤起他们对咖啡之情缘的茶。土耳其是目前世界第三大茶叶消费国和第五大茶叶生产国。

第四章　穆哈港的贸易

在圣赫勒拿这座南大西洋小岛上，可以找到欧洲沿海国家向东方扩张，把饮用咖啡的习俗引入本国并卷入咖啡贸易之中的踪迹。乘船靠近圣赫勒拿岛的人会远远看见它在拂晓的曙色中若隐若现，高耸的山峰被阴沉的云雾笼罩着，由巨大的红黑色玄武岩形成的光秃秃的峭壁散发着一种亘古以来与世隔绝的冷峻湿气，看上去好似一座坚不可摧的堡垒。沿着峭壁环岛驶向北海岸狭小的首府詹姆斯敦，乘船靠近，一种难以言说的阴暗和忧伤油然而生。

产生这种感觉的部分原因是，与这个星球上的任何其他地方相比，圣赫勒拿岛是距离另一个地方更遥远的所在。如果这座岛屿和地球一样大小，距它最近的陆地与它之间的距离就相当于月球到地球距离的 4 倍。离这里最近的阿松森岛距此大约 700 英里——弗莱尔博士于 1679 年的日记中称它为"大海上的另一个瘤子"。伯纳德夫人在拿破仑流放于此时说过："这个岛是魔鬼从一个世界飞往另一个世界的路上拉的一坨大便。"这就是圣赫勒拿岛，它在无边的大海中孤零零地被笼罩在潮湿而郁闷的气息中。

第四章　穆哈港的贸易

森严秃兀的玄武岩山崖顽强地抵抗着南大西洋缓慢涌来的巨浪和东南信风无休止的侵蚀。从海上去看圣赫勒拿岛的人很难相信，葡萄牙舰队司令若昂·达·诺瓦于1502年发现这个只有47平方英里的岛屿时，竟然称它为名副其实的伊甸园。岛上到处是由橡胶树、橡树、乌木等构成的浓密森林。除了海狮、海鸟、海豹和海龟，这里没有其他动物栖息，没有大型食肉动物，没有蛇和有毒的昆虫，但是有120种土生土长的甲虫。进入岛屿腹地的唯一通路是一条狭窄的山谷，沿途经过的地方现在坐落着詹姆斯敦，最初的来访者曾在那里建起一座小教堂，汲取淡水并采集鲜果。达·诺瓦走前留下了一些山羊，就从那时起，这座大约6000万年以前就存在于南大西洋蓝色水域上的静静的"伊甸园"，由于人类的入侵而不可避免地沉沦了。

山羊迅速繁殖，百千成群，肥硕的身躯在岛上漫游，啃食着小树。老鼠从葡萄牙船只逃窜到岛上，与来自美洲的大毒蜘蛛一起繁殖起来，还有大量的野猫和野狗。在很长一段时间里，这座小岛是葡萄牙船员的秘密休整地，但随着欧洲其他国家开始施展海外扩展的拳脚，圣赫勒拿岛的秘密不可避免地传开了。1582年，一位英国探险家詹姆斯·芬顿（James Fenton）意外地路过小岛，他打算实施一个海盗式的政变，将葡萄牙人赶走，自立为王，在副手威廉·霍金斯（William Hawkins）的劝阻下才放弃了这个念头。1583年，3位日本皇室成员随同坚持不懈传教的耶稣会士组织起来的一个使团，在前往罗马的途中在这里短暂逗留。巧合的是，还有另外两名日本人也到过这个小岛。他们先前被正在进行环球航行的托马

斯·卡文迪什（Thomas Cavendish）在加利福尼亚沿海的西班牙圣阿纳号船上掠去，当托马斯·卡文迪什于1588年将船停靠在圣赫勒拿岛时，他们也就到了那里。托马斯·卡文迪什能够找到圣赫勒拿岛就是靠着从圣阿纳号俘虏的海员的指引。他在岛上逗留了12天，仔细观察了小岛，看到了绵延将近1英里长的羊群，看到了波斯山鹑、中国雉鸡，还有一片片从外部引进来的无花果树、柠檬树、橘子树、药草以及蔬菜等。

尽管与世隔绝，但圣赫勒拿岛已经深深地打上了人类的烙印。从被卡文迪什画入地图的那一刻起，圣赫勒拿岛就注定成为后来欧洲竞争者的战场。卡文迪什离开小岛1年后，一位为葡萄牙人服务的荷兰航海员林索登（Jan Huygen van Linschoten）在从印度返回本国的途中路过此地，听说了英国人在此逗留的事。他把圣赫勒拿岛描述成"葡萄牙船队的人间天堂"，说它恰好坐落在南大西洋一望无际的海面上，简直就是上帝仁慈的明证。在那个时候，这里几乎没有什么海盗，也不必担心有其他的欧洲竞争对手，葡萄牙船队因而独享着这条从印度返航的途径，他们会先到圣赫勒拿岛集合，然后一起回国。圣赫勒拿岛这种茕茕孤立的地理位置使它成为一块具有特殊价值的地产，用现代房地产商说明房地产价值尺度的口头禅来说就是："首先是位置，其次是位置，最后还是位置。"没有其他地方比这块土地更能体现这句话的含义了。

卡文迪什发现圣赫勒拿岛是葡属东印度舰队返航的聚集地，这使它很快成为在大洋上寻找易于攻击的猎物的英国战舰出没的地方。因此，到1592年，葡萄牙从果阿返航的舰队得到特别的指

第四章 穆哈港的贸易

示,要不惜任何代价绕过圣赫勒拿岛。1591 年,詹姆斯·兰开斯特(James Lancaster)船长率领的英国商船第一次前往印度的途中曾于圣赫拿岛短暂地停留。他在 10 年后成了第一支东印度公司舰队的指挥官,使用着葡萄牙人绘制的香料群岛的地图,具有讽刺意味的是,这些地图是林索登从果阿大教主那里偷来的。这些地图引起了荷兰和英国极大的兴趣,刺激两国人组建起商业性公司,沿着地图所披露的知识信息展开探索。圣赫勒拿岛已经成为一个舞台,许多未来主宰东方的欧洲关键人物都是在这个舞台上第一次崭露头角。

从好望角、阿拉伯海以及东印度洋以外海域返回欧洲的船员们,要在从好望角吹过整个南大西洋的东南贸易风到来之前返航。从欧洲出航的船只则要为避免遭遇相同的贸易风而首先向巴西海岸方向行驶,最终绕道从偏南的航线驶向好望角。通常情况下,这些船只在历尽磨难到达东方的贸易港然后再返航时,都已千疮百孔。于是圣赫勒拿岛成了饱受风吹雨打、筋疲力尽的水手和破敝船只的避难之地。这个岛 17 世纪初的历史,反映着欧洲人在东方寻找财富的兴衰历程。葡萄牙在 1580 与西班牙合并之后,一同卷入了一场对抗荷兰人的消耗战中。荷兰在这场赢得独立的战争中显示了自己的力量,并派出大批财力雄厚的船队前往香料群岛,不失时机地填补因为葡萄牙在东方贸易中衰落而留出的空白。这对怀有同样野心的英国构成了威胁,1600 年,英国出于完全相同的目的,建立了"伦敦东印度贸易总督及商业公司"(Governor and Company of Merchants of London trading into the East Indies),即后来著名的东印

度公司。东印度公司的第一次航行（每一个独立预算的船队都编号称呼其航行）在前往海角地区时遭受重创，船长詹姆斯·兰开斯特乘坐的"红龙"号旗舰方向舵失灵。他命令同行的"赫克托尔"号继续航行，不用管他，并在航海日志中悲哀地写道："我在风与海的怀抱中……活着。"对于兰开斯特来说幸运的是，"赫克托尔"号的船长没有服从这个命令，两艘船一路颠簸地共同抵达了圣赫勒拿岛进行整修。

对于大多数英国人而言，东印度公司主要是做中国茶叶贸易的。早在17世纪60年代，它就已经开始了这种贸易，并且大致持续到1833年东印度公司从一个贸易公司变为英国对印度的代管机构时为止。不过，东印度公司早期阶段的代理商人就认定，咖啡是一种潜在的能够带来利益的商品。到17世纪20年代，他们已经开始积极从也门采购咖啡，并在阿拉伯海一带交易，而当时的欧洲还基本不知道咖啡是什么东西。随着圣赫勒拿岛成为航次不断增加的东印度公司至关重要的安全保障港，它也成了伴随咖啡贸易而形成的错综复杂的关系网络中的一部分。东印度公司卷入咖啡贸易的时间发生在欧洲咖啡消费需求迅速膨胀之前，但恰好与欧洲第一次出现关于咖啡饮料的报道的时间一致。1573年，旅行家伦哈德·劳沃尔夫（Leonhard Rauwolf）从奥格斯堡前往阿勒颇，他注意到了"当地人称之为'chaube'的一种可口的饮料"。另一个较早提及"叫作'caova'的饮料"的人是普罗斯佩罗·阿尔皮尼（Prospero Alpini），他是一位来自意大利东北部城市帕多瓦的内科医师。1580年，他到埃及旅行，并于1592年出版了一本关于埃及植物的著

第四章 穆哈港的贸易

作。帕多瓦大学是当时欧洲医学界学习交流的中心,于是有关这种新饮料的消息从那里迅速地传播开来。在此之前,曾住在君士坦丁堡的威尼斯人詹弗朗希斯科·莫森希尼(Gianfrancesco Morosini)在 1585 年向议会报告过这种饮料,他说土耳其人"喝一种用叫作'cavee'的豆子炮制而成的黑色的水,水的热度刚好能被忍受,据说喝了可以使人变得机敏"。当欧洲人做出这些观察的时候,喝咖啡在奥斯曼帝国境内已经流行开来,在波斯和莫卧儿帝国也已经很普遍了。那么,伊斯兰教徒杯中斟满的那些咖啡到底是从哪里来的呢?

咖啡行业中人普遍认为,埃塞俄比亚是咖啡的发源地,而也门从埃塞俄比亚引进了这种植物,并成为第一个积极种植咖啡和进行咖啡贸易的国家。事实上,直到 16 世纪中叶,对于咖啡的需求都是由埃塞俄比亚来满足的。接近红海西海岸的吉布提的泽拉(Zeila)地区出口咖啡的证据,见于 15 世纪后期麦加的法理学家伊本·哈贾尔·海塔米(Ibn Hadjar al-Haytami)的记述中,葡萄牙人于 1542 年捕获的前往阿拉伯半岛希赫尔(Shihr)地方的一艘船的有关记载也证实了这种情况。

一些资料说,埃塞俄比亚出口的咖啡是从其西部高原地区的卡法省的野生灌木丛中收获的。然而,最近关于咖啡树品种传播的基因研究显示,也门的咖啡树品种与卡法(Kaffa)省的不同,却与埃塞俄比亚东部靠近哈勒尔的地方所产的相同。由于哈勒尔的咖啡树肯定是从卡法的咖啡树品种进化而来的,这意味着,卡法省的咖啡树先是被移植到了阿拉伯省份哈勒尔,又从哈勒尔引入了也门。这

一点强有力地表明,人工培育种植的咖啡树最早是来自哈勒尔,而且该品种与也门经由穆哈港进行贸易的、来自埃塞俄比亚的咖啡是同一品种。哈勒尔是世界咖啡贸易起源的真正中心,那里培育的咖啡品种是早期咖啡贸易的来源。直到今天,那里生长的咖啡树仍旧是最原始的品种,哈勒尔长浆果型咖啡的味道与也门的进化品种接近。尽管这种咖啡是用不经水洗的方式加工的——通常认为湿法加工的结果更令人满意——它仍然是今天世界上最昂贵的咖啡。

尽管在奥罗莫地区通往外地的贩卖奴隶的路边,长满了由喜欢咀嚼咖啡果的奥罗莫奴隶吐出来的种子长成的咖啡树——哈勒尔地区的阿拉伯人长期进行奴隶贩卖活动——但尚未有线索表明哈勒尔地区如何开始种植咖啡树,因为这些咖啡树与需要运用专门技术人工培植的咖啡树没有什么关系。到16世纪前半叶,咖啡需求的激增使得种植咖啡具有了商业价值,而相较于遥远的卡法,对于阿拉伯商人来说,哈勒尔地区在任何意义上都是更为便利的获取咖啡的地方。而随着穆哈确立了其主要咖啡进出口港的地位,阿拉伯人控制的哈勒尔所培植的咖啡树品种被移植到也门成了不可避免的事情。

1550年之前,咖啡贸易相对其他商品贸易而言无足轻重,有关咖啡使用的记载也寥若晨星。然而,社会潜移默化的接受以及宗教机构与帝国当局的认可,似乎使得埃塞俄比亚咖啡的流行具有了必要的基础,咖啡培育在哈勒尔地区开始了。也门曾经垄断早期咖啡贸易的说法,反映的不过是一种假象。

关于咖啡中心产地由埃塞俄比亚转到也门的时间,可以做出

第四章 穆哈港的贸易

准确的判断。1544 年,伊玛目下令禁止在也门的贾波萨博（Jabal Sabir）地区种植咔特,并且引进了"人民将从中获得巨大利益"的咖啡。在后来的阿拉伯编年史中,这一年被看作是咖啡引入的第一年。次年,奥斯曼人占领了邻近的城市塔伊兹,在奥斯曼人的支持下,咖啡种植成为当地一个显著的经济特色。从许多方面来讲,这时发生的事情是一种典型的殖民主义投机:咖啡在被征服的国家种植,很大程度上在征服者本国的大城市中消费。与后来的欧洲殖民者推行的模式相比,它仅仅是少了使用奴隶生产咖啡这一个环节,而其原因则是咖啡在风靡整个奥斯曼帝国的同时,为也门的农民创造了一个千载难逢的好机会。濒临提哈马海岸平原的山区此前基本没有经过开垦,后来则成了种植咖啡的绝佳之地。提哈马和腹地高原地区的农民移居到那里,依赖奥斯曼帝国方兴未艾的咖啡贸易提供的资金,开始了一项伟大的梯田和灌溉系统修建工程。

也门位于阿拉伯半岛的西南角,并不像人们想象的那样酷热难耐、沙丘绵延。阿拉伯半岛犹如曾被踩过一般,其东北部像一层冰那样平坦,拥托起西南的也门部分峡谷纵横的群山,那些点缀着块块岩石的峡谷中植物丛生,季节性的小溪潺潺流淌。位于红海沿岸的提哈马虽然气候炎热而潮湿,但从那里向内陆不过 30 公里就是拔地而起的 3000 米高的群山。提哈马一年四季几乎都不下雨,而旁边的群山却会挡住季风带来的雨云,因而常有来去倏忽的倾盆大雨,在干涸的河床上形成来去匆匆的洪水。生活在这幕戏剧化的自然景观中的农民过着更为戏剧化的生活:他们为了

收集零星的降雨，从山顶到低谷，在很陡的山上用石头围造起梯田。有时为了修筑一块 2 米宽的梯田，要在高低不平的地形上砌起一道蜿蜒曲折的 5 米高的石墙。从下仰望，整座山就好像是一面人工建筑的直冲云霄的巨型石墙。为了能够充分发挥煞费苦心修筑的复杂水渠和蓄水池里的雨水的用途，也门的农民故意将村庄建在唯一远离梯田的位置——山的顶部。当地民居喜欢用方形石块建造成 5 层或者 6 层的占地狭小而高耸的楼房，匠心独运，令人叹为观止。在嶙峋的山顶上，会有 10 个左右这样风格的小楼组成的村庄以难以想象的方式矗立在一起，下面则是由狼木（wolf's wood）和红刺露兜树连成的防风林围着的层层梯田，一直延伸到深不可测的大峡谷的底端，峡谷里生长着野玫瑰、刺梨，出没着岩狸、豹子和织巢鸟。

尽管缺少关于梯田修筑工程的文字记载，但是在该国家许多口头相传的家族史中，仍然有关于大量人口向种植咖啡的山脉迁徙的故事。这在当时是和加利福尼亚的淘金热一样影响深远的事情。到 16 世纪末，人人都以为，阿拉伯半岛的费利克斯是咖啡的原产地，而埃塞俄比亚咖啡已经衰落了半个世纪之久。当欧洲人第一次听说咖啡，欧洲商人搜集起所有关于这种新型饮料潜在商业价值的信息时，他们的目光投注在了也门。也门使埃塞俄比亚不再是咖啡的唯一来源地，种植咖啡的农民将咖啡运往山脚的货物集散地贝塔法奇（Bait-al-Faqih），然后用驼队运到提哈马，再从那里运往一个很快成为咖啡贸易代名词的港口——穆哈。

穆哈这个名字和一切与咖啡有关的物品纠缠在一起，它出现

第四章 穆哈港的贸易

在诸如埃塞俄比亚咖啡、各种咖啡烹煮机、咖啡搅拌机,以及以种种方法制作出来的咖啡上面。在一个咖啡馆里写着这样的话:"香浓咖啡、汽蒸牛奶和巧克力混合搅拌,上面是新鲜的奶油。"这似乎与也门那种朴素的咖啡饮用方式相去甚远。出现这种差别的原因很简单:在伊斯兰国家和欧洲盛行饮用咖啡的150年间,穆哈曾是向世界供应咖啡的唯一口岸。而今天,人们很难相信这个小镇曾经非常富庶,拥有6000所房屋和一座有着高而精美的石砌阶梯的总督府。现在的穆哈港则成了一个萧条荒凉、蝇虫飞舞的地方,随处是成堆的塑料袋和矿泉水瓶,习惯咀嚼咔特的也门人随手把这些东西扔到一边。沙丘再次占据了小镇的大部分地区,最牢固的房屋是用废弃的运输集装箱改造而成的。早在19世纪中叶,人们就把这个地方描绘成了"半死不活的城镇"。不过,现在依然可以找到这里一度繁盛的遗迹,未被沙子掩埋的斑驳的砖墙表明那曾是用绚丽的灰泥装修的美轮美奂的建筑,是当年从事咖啡贸易的富商居住的别墅。以小镇守护圣徒沙德默尔·沙兹利(Shadomer Shadhili)命名的清真寺,远远望去就像珍珠点缀的海市蜃楼一样,在热气蒸腾、沙尘漫天的空气中若隐若现。距离海边半英里处的废墟中,一段蜿蜒伸展的台阶告诉人们,那里曾经是一座灯塔,能够忍受人类粪便恶臭的人,现在还可以到彼一游。欧洲人第一次光顾穆哈的时候曾发现它看上去很美,码头一带粉刷雪白,但"城里肮脏不堪",那种肮脏至今依然如故。提哈马是一个难以想象的闷热潮湿的地方,当年那些穿着紧身上衣和毛衣到那里投资的欧洲商人一定非常不舒服。肮脏与炎热使这个城市落下了不卫

生的恶名，人们说："这简直就是一个地狱，炎热潮湿，没有一丝风，喝的水肮脏不堪。"别墅的主人在房顶建造了阳台，用芦草遮蔽阳光，用这样的方法来享受那可能吹过的哪怕最轻的微风。

根据一份较早时期文献的记载，穆哈"艰难地矗立在濒临海边的一片沙土平原上"，由于盐碱化严重，土地荒芜贫瘠，唯一生长的就是可以用来制造托迪酒的椰枣。这很难说是一个理想的海港，但却是提哈马海岸最适合作港口的地方了。阿拉伯海边的另一角落有世界上最好的天然海港之一亚丁港，但是它离生产咖啡的山区过于遥远。尽管水深达到 84 英尺，但穆哈港的锚泊地靠近一片距离小镇 1 英里的远浅滩，十分危险。浅滩淤积的泥沙不断破坏这个港口，直至港口完全被废弃。如今，离城市 4 英里的原港口水域的水深只有 4 英尺。19 世纪早期的美洲商船在将咖啡装船之前，先将压舱物倾倒出去，这加剧了泥沙自然淤积的趋势。

当第一批欧洲商人于 17 世纪最初 10 年来到穆哈港时，穆哈的繁荣景象有目共睹，也门人在附近山上新建的宝塔般的咖啡种植园则为这个港口的贸易提供了充足的咖啡。然而，奥斯曼对红海两岸控制的不断加强，使得被移植到也门的咖啡品种陷入同埃塞俄比亚的哈勒尔咖啡竞争的处境中。阿拉伯人掌控哈勒尔的咖啡，他们先将咖啡运到穆哈港，然后销售给其他商人。所以，所谓穆哈港的垄断是指对咖啡贸易的垄断，而不是对咖啡来源的垄断。有时候，从埃塞俄比亚运到穆哈港的咖啡比也门当地产的咖啡质量更好，卖得价格更高。东印度公司在穆哈的主要代理商弗朗西斯·迪金森（Francis Dickinson）于 1733 年写道："这个季节总共运进了大约

300 阿比西尼亚（埃塞俄比亚旧称阿比西尼亚）咖啡，由于比这个市场上的其他咖啡干净，这些咖啡价格也略高，由于市场需求，这些咖啡销售一空。"对咖啡贸易感兴趣的人长期以来有一个疑惑："摩卡"这个名字怎么会被埃塞俄比亚攫取了去呢？[1] 人们这样想是因为他们一直假定也门是世界上最早的咖啡产地，因而以为"摩卡"这个名字只属于也门，埃塞俄比亚则被看作厚颜无耻的盗用他名者。现在我们知道，在历史上，埃塞俄比亚咖啡和也门咖啡一同在穆哈港的货物集散地销售，前面的疑惑也就自然化解了。

曾经有这样一个广为人知的说法，为了维持在咖啡生产中的"垄断地位"，也门人将嫩绿的咖啡豆煮一煮或是稍微烘焙一下以防止其发芽。某公司1640年的一份报告中说道：咖啡豆已经"被煮过"了。也门人试图用这种方式阻止欧洲商人在其新建的殖民地推广咖啡种植的计划。这种说法都来自二手的材料，并没有确凿的证据，但如今仍然广泛流传。其实，既然埃塞俄比亚使得也门未能真正垄断咖啡贸易，也门人也就无须去防止也门咖啡品种的传播。此外，从逻辑上说，用煮咖啡豆的方法来使咖啡豆丧失发芽能力所带来的问题很严重，会带来咖啡质量和储藏品质方面的灾难性后果。不过可以肯定的是，也门当局的确曾尽力去控制咖啡幼苗和种子的输出，并且对企图走私咖啡幼苗及种子的商人课以罚款。使咖啡豆丧失发芽能力的故事则可能是为了杜绝人们走私咖啡而故意编造出

---

[1] 英文 Mocha 是现在所说的港口"穆哈"和"摩卡"咖啡共用的英文词，摩卡咖啡当从穆哈港而得名。现亦有人将"穆哈港"译作"摩卡港"。——译者注

来的。长时间的海运也可能使咖啡难以发芽生长，这也会使从表面看问题的人们去相信咖啡豆被煮过的谣言。

关于这种新的饮料的报道开始在欧洲流行的时候，对每个商机都很敏感的商人们开始对其密切关注。出乎人们意料的是，东印度公司早期的咖啡贸易不是向英国进口咖啡，而是参与到对已经成熟的波斯市场和伊斯兰控制下的部分印度市场的咖啡贸易中。这是因为，东印度公司未能实现其最初设计的目标，即填补由于葡萄牙势力衰落而留下的从东印度向欧洲贩卖香料的空白。财力更雄厚，装备也更完善的荷兰人排挤了东印度公司，很快确立了自己在那条航线上的主导地位。为了在好望角以东取得一席之地，东印度公司在转运港尽量采购香料，在印度洋区域内转手贩卖。为此目的，东印度公司开始与它原来并不了解的莫卧儿印度打交道，并开始了从苏拉特（印度西部的一个港口，在孟买的北边）往爪哇和苏门答腊，用纺织品换取珍贵的胡椒、肉桂和丁香的贸易。在这种背景下，咖啡贸易成了东印度公司在印度洋水域内贸易的一个机遇。

1579年，东印度公司的总督和商人通过他们与黎凡特公司的关系，获得了关于咖啡贸易具有巨大潜力的情报，而当时的欧洲对这些还一无所知。黎凡特公司和东印度公司在早期阶段共有一些优秀的商人，并且共用一些办公场所。他们都注意到，穆哈是唯一能采购咖啡的港口。阿松森号船在其第4次航行中曾经停靠在穆哈港码头，当时在船上的约翰·茹尔丹（John Jourdain）在日记中第一次详细记录下了也门和咖啡贸易潜力的情况。

第四章 穆哈港的贸易

茹尔丹于1572年出生在英国多塞特郡的一个著名港口莱姆里吉斯（Lyme Regis）。他的父亲在于1588年去世之前的几年中担任该市的市长，显然很富有，去世时给后人留下了一笔可观的遗产。茹尔丹后来成了一名贸易商人，曾率领70艘单桅帆船航行到南部的葡萄牙和亚速尔群岛。由于至今还不完全清楚的原因，他签约成为东印度公司第4次航行的负责人。这次航行从550名投资者手中筹集了33000英镑的资金，投资者中的一些人投入的金额不下550英镑，他们通过把自己在其他方面的较小的投资出卖给不想投资于这次航行的商人而筹措到这些钱。此次航行船队的旗舰是阿松森号，指挥者是亚历山大·沙配夫将军（Alexander Sharpeigh，当时多称船长为将军）。阿松森号曾参与东印度公司的第1次和第2次航行，然后被以48517英镑6先令的价格卖给了第4次航行。另一艘全新的船——联合号的价钱比阿松森号还多出1250英镑。直到"合股"（joint stock）的概念出现以前——合股制时代所进行的航行之收益和损失都整体由公司负责——每次航行都是独自记账，由投资者分摊盈亏的。依照董事会的严格指令，第4次航行的目的地是马达加斯加的圣奥古斯丁湾，公司计划在那里建造一艘中型船只（它的零部件已经拆开发运过来），然后从圣奥古斯丁湾一起前往非洲角附近的小岛索科特拉岛去采购芦荟。虽然不想错过能带他们前往印度的季风，但他们还是计划从索科特拉岛出发去探寻阿拉伯菲利克斯地区的贸易潜力，尤其是亚丁港和穆哈港的贸易潜力。公司针对他们在去往班塔默（Bantam）和香料群岛途中可能发生的变故发布了详细的指令。

1608年，船队扬帆启航，于1609年4月抵达亚丁这个"著名而奇怪的港口"。像穆哈一样，亚丁港在土耳其人控制之下处于衰落之中。对于从苏伊士出发的贸易商队和船队来说，穆哈港是一个更便利的港口，而对于印度商船来说，两个港口都一样。后来被东印度公司视为眼中钉的独立探险家爱德华·迈克尔伯尼爵士（Sir Edward Michelbourne）将穆哈描绘成一个"由一群没有信誉的商人控制的、进行特殊贸易的地方"。

亚丁总督拉杰卜（Rajab）是个背离原来信仰的希腊人，他把那些单独行动的欧洲商船看作猎物，千方百计引诱外国人落入他的圈套。沙配夫将军受到了皇家礼仪水准的隆重接待，"欢迎仪式上乐管齐鸣，伴随着其他异族的音乐"，他还得到了一所房子以及通商与税收方面的一些承诺。拉杰卜费尽心思诱惑英国商人将船停靠在港口，并将货物搬上岸。

随后围绕税收发生了争论，茹尔丹被派往首府萨那，寻求帕夏的裁决。这是英国人进入陌生的阿拉伯费利克斯地区的第一次旅行。他于1609年5月28日启程，在穿过一片平原时发现了当地叫作"蔻"（cohoo）的咖啡。稍后，6月5日，他在纳斯玛德（Nasmarde）山，更确切地说是在纳吉尔·苏玛拉（Nakil Sumara）山，记录下了他对咖啡种植所做的评价。他注意到那里"遍地生长着'蔻'，其种子是一种被运往开罗、土耳其和印度的很好的商品"。那次对帕夏的投诉毫无结果，但茹尔丹成功地获得了在穆哈进行贸易的许可，他的队伍随后前往穆哈。在穆哈，茹尔丹发现沙配夫和他的手下面临着随时可能落入圈套的危险，他对沙配夫采取的应对策略不以为然，因为，"土耳其人自己说：对英国人只要说好话，就能从他们那里得到想要的一切"。茹尔丹在继续东行时，把汇报发回到了英国的总部。东印度公司因而改变了组成下次船队的3只航船的航行路线，希望在穆哈和苏拉特之间做成生意。

起初，一切顺利。1609年10月，在亨利·米德尔顿爵士（Sir Henry Middleton）的率领下，包括崭新的"贸易增长"号和"胡椒"号的船队抵达了穆哈港。船员们开始时似乎是受到了当地土耳其官员的欢迎，后来却出现了敌对局面。他们的住所被包围，8名船员被杀，米德尔顿被囚禁。因为米德尔顿拒绝命令船队投降，他被带上镣铐送往萨那。从帕夏那里，他得知，穆哈的商人担心英国人会买光所有的印度货物，从而使他们没有生意可做。米德尔顿承诺他绝不会那样做，随后他被送回穆哈，但依旧还是土耳其人的俘虏。他最终从水牢中逃脱，带领船队逃往苏拉特，后来又返回穆哈进行报复，掠走了等待进港的15艘古吉拉特商船的全部货物。尽管米德尔顿对此十分得意，但是这种行径毁坏了东印度公司在苏拉特的名誉，并使公司与穆哈新任官员的谈判毁于一旦。这样一来，东印度公司不但没有渗透到当地贸易中去，反而使所有可能帮助它的人对公司产生了敌意。1615年，托马斯·罗爵士（Sir Thomas Roe）作为大使出访阿格拉，才重新建立起商贸关系。在理顺关系之后，他发现莫卧儿帝国宫廷有饮用咖啡的习惯，随后成了在莫卧儿帝国宫廷饮用咖啡的常客。

罗爵士的活动使东印度公司恢复了在莫卧儿宫廷的声誉，并使公司获得了在苏拉特贸易的许可。罗爵士可能会认为这是他的

贵族品质和尊贵举止带来的成果，但也可能是由于 1613 年东印度公司在苏拉特之外的斯瓦雷霍勒（Swalley Hole）与葡萄牙的海战中取得的胜利给莫卧儿皇帝留下了深刻的印象。从印度到麦加的朝圣通道需要得到保护，谨慎的贾汗季（Jehangir）皇帝不会与能够提供这种保护的民族为敌。在获得许可之后，东印度公司很快认真地卷入了咖啡贸易。在伊斯坦布尔的苏丹随后确认了给予东印度公司的贸易许可。1618 年，东印度公司委派约瑟夫·萨尔班克（Joseph Salbanke）在穆哈建立起了一个工厂。1619 年，曾是霍金斯忠实的二把手的威廉·芬奇（William Finch）作为公司代表抵达那里。他们不久就开始大量向苏拉特的商人而不是波斯的商人运输咖啡，因为咖啡"在苏拉特可以获得比你们所说的更好的价钱"。1630 年，威廉·伯特（William Burt）在伊斯法罕写信给东印度公司："如果商船载送一批精挑细选的货物到穆哈，利润将非同小可，尤其是，因为苏拉特和波斯都是'cowa'（指咖啡）的销售地，如果把资金投到'cowa'种子上，会十分有利可图。"

在咖啡贸易时代的早期，英国人称呼咖啡的词及其拼写有很多不同表达方式：茹尔丹称咖啡为"cohoo"，瑞维特称之为"coffe"，而东印度公司 1619 年的工厂报表中将咖啡写成"cowha"，1621 年写成"cowhe"和"couha"，1628 年又写成"coffa"。1640 年 5 月 8 日，伦敦的法庭委员会记录中第一次提到与咖啡有关的商品时则写道："出庭的梅斯沃尔德（Methwold）先生指控说，阿林顿在与威尔德先生一同受雇前往果阿时……某种叫作'coho'的东西被作为食品提供给他们。"东印度公司在波斯有不到 20 个代理商，主要集中于沿海的阿巴斯（Bandar Abbas）地区，咖啡只是他们经营的许多贸易商品中的一种。然而，波斯穆斯林统治者的宫廷与莫卧儿帝国及其治下的处于德干地区的各个苏丹领地对咖啡的需求，足以促成规模不大但利润丰厚的咖啡贸易。

在17世纪的最初10年，随着安东尼·舍利爵士（Sir Anthony Sherley）、乔治·桑兹爵士（Sir George Sandys）和威廉·比达尔夫（William Biddulph）等旅行家的故事相继发表，英国的一小部分知识分子对咖啡已经很了解，但是伦敦的商人对于咖啡的直接了解远远超过那些以咖啡为谈资的人所知道的内容。在英国发生的最早饮用咖啡的事情可能被约翰·伊夫林（John Evelyn）记载了下来，他在自己的日记中说，他在1637年看到希腊人纳撒尼尔·科蒙皮奥斯（Nathaniel Comopios）——后来的伊士麦[1]大主教在牛津喝咖啡。他描述道："当他在贝列尔学院教书的时候，每天早上都会为自己准备一种叫Coffey的饮料。"约翰·奥布里（John Aubrey）的日记中也写到过外科医生威廉·哈维（William Harvey，1568—1657）在咖啡普及之前就是个常喝咖啡的人。威廉·哈维可能是由于其家族与黎凡特公司的密切关系而养成喝咖啡习惯的。更有可能的是，他在意大利的帕多瓦接受培训时养成了这个习惯。16世纪末的意大利已经有关于咖啡和尝试饮用咖啡的记载。哈维在1602年返回英国的时候，可能把这种新的饮料也带了回来。奥布里将哈维描述成一个"精力充沛和高效率的人"，并说："他能长时间思

---

[1] 伊士麦（Izmir）是土耳其西部的一个港口，英文旧称Smyrna。——译者注

考而丝毫不感到疲倦。"这是食用咖啡因的人普遍显示出的迹象。有人认为,哈维就是通过观察自身对咖啡因的反应而做出他的伟大发现,即血液循环。哈维在遗嘱中将剩余的58磅咖啡豆送给了他在伦敦外科医师协会的同事们,嘱咐他们每个月喝一次咖啡,以示对他的怀念。哈维代表着咖啡消费与启蒙时代之间的智识关联。

即使没有关于东印度公司船队将咖啡运回伦敦的记载,也很难想象鼓励这种新奇商品贸易的那些董事们会对它一点也不好奇,以及那些代理商们自己不会带些咖啡回来自己享用。

与庞大的莫卧儿帝国的神秘诱惑相比,东印度公司在阿拉伯海域之内的贸易引起的兴趣要小得多。莎士比亚在他的著作中讲到了一些印度的风俗,但没有提到阿拉伯或者咖啡。直到今天,东印度公司早期卷入咖啡贸易活动的真相仍旧近乎无人知晓。不过,这个公司在印度东部与荷兰人发生激烈竞争后幸存下来,正得益于其参与印度洋内部贸易的能力。咖啡显然是使东印度公司维持生存并保持与莫卧儿印度的商业与政治联系的商品。正是在这样一个脆弱的基础上,东印度公司在印度的统治地位迅速确立,后来成了英国人的东方帝国。

荷兰人紧随着东印度公司商人们的足迹来到了穆哈港。1616年,彼得·冯达恩·布鲁克(Pieter Van dan Broek)最先把咖啡带进荷兰。发生在荷兰的第一次商业性咖啡交易于1640年在阿姆斯特丹进行,运来咖啡售卖的是一个德国商人。直到1660年,北欧人饮用的咖啡一直是从荷兰进口的。英国最初的咖啡馆所需的咖啡豆也一直是由荷兰人供应的,直到东印度公司开始在伦敦拍卖咖啡豆时为止。1657年，东印度公司总董事会第一次从苏拉特订购了10吨咖啡豆，两年之后的第2次订购数量就翻了一番。1660年8月1日的销售总账册记载着"棉线、咖啡豆、拉合尔靛蓝和安息香"的销售情况，其中每英担咖啡的利润为71先令11便士。这标志着英国政治、经济、文化生活中的一场革命的开端。

第五章 咖啡与社会

然后就回到咖啡馆去听新闻。

——《塞缪尔·佩皮斯日记》，1664 年 11 月 4 日

第一批到达红海海岸的商人并不是偶然到那里去的，也不仅是为了追求利润。当时，英国和荷兰刚刚摆脱了天主教会的控制，到东方进行商业探险的新精神成了新教国家的基本主张。在 16 世纪，西班牙和葡萄牙已经臻于鼎盛。西班牙在南美和中美洲依然势力强大，但是从根本上说，它的扩张已经达到了极致，而葡萄牙凭借强大的军事力量所实现的印度洋贸易主导地位也岌岌可危。法国正全力维持它的欧洲强国地位。至于神圣罗马帝国，它一方面忙于保持对其疆域的控制，另一方面忙于反对宗教改革，不能全力投入海外财富的争夺。这些国家都不能与来自北海的新的商人舰队相竞争。

这时崭露头角的是英国，它的海上贸易扩张活动是其伊丽莎白时期形成的新的自信感的外在表现。伊丽莎白女王的占星师兼数学家、绘图员、魔术师约翰·迪伊（John Dee）就被人们认为是"大英帝国"概念的提出者。据说他曾经在流经狗岛（Isle of Dogs）

的泰晤士河边泥泞的土地上，向克里斯托弗·马洛（Christopher Marlowe）描述了他的思想，并给后者留下了深刻的印象。约翰·迪伊还是第一个提出建立"小规模皇家海军"来捍卫海上贸易的人。16世纪后期建立起来的特许贸易公司，包括莫斯科夫（Muscovy）、黎凡特、弗吉尼亚和东印度公司，需要一种以英国为中心的思想范式转移。英国直到那之前不久，还认为自己是处于西班牙和法国天主教君主国之后的二等强国。亨利八世的宗教改革促进了基督教精神生活的重新定向，而由伊丽莎白一世领导的不列颠新教帝国为英国提供了最关键的思想动力。不列颠人注定将会统治海洋，但真要实现，还需要在实践中创造许多奇迹。不可思议的是，咖啡成了这一过程中的一个因素。

按照迪伊的理解，梦想建立帝国在一定意义上来说是必要的，而且是赫尔墨斯神智学（Hermeticism）传统中原来就拥有的。正如我们看到的那样，赫尔墨斯神智学在欧洲黑暗时代的伊斯兰教文化中存留了下来，这种影响巨大的深奥哲学后来成了点燃文艺复兴的智慧火种，也推动了启蒙运动的发展。它的表现多种多样，其中包括17世纪初期的蔷薇十字会运动。蔷薇十字会运动的关键标识是"隐形学院"（Ivisible College），它是真理追求者组成的一个不同凡响的研究机构。"隐形学院"在不正规但有很强导向力的伦敦咖啡馆中引发了强烈的反响。伦敦的咖啡馆常被戏称为"便士大学"（Penny Universities），因为要交一便士才能入内，而在那里能够获得的知识却是无价的。

17世纪，去咖啡馆的人日益增多。对自然界运行的密切观察，以及随之而来的对关于支配着自然界运行的那些看似永恒的规律的发现，标志着科学和理性的兴起。自律的客观理性同样可以应用于社会、政治及科学问题。那些思想相近的人们可以在咖啡馆中交流和争论，使有关的看法精细化。英国的启蒙运动就是从咖啡馆中诞生和发展起来的。

咖啡馆在伦敦商业生活中发挥着核心作用，这在1805年的一份经过仔细校对的备忘录中可以看出，备忘录中说道：当特拉法尔加胜利的消息和纳尔逊爵士的死讯传到皇家海军总部时，秘书长威廉·马斯登"一夜未眠……争取尽早与国王、威尔士亲王、其他内阁成员以及梅奥爵士取得联系。梅奥爵士是向劳埃德咖啡馆传递关于运输信息的人"。与在奥斯曼帝国生活中的角色相反，咖啡馆在英国并不是最早的世俗聚会场所，因为小酒馆已经以这样的社会角色存在了数百年。英国的咖啡馆是一个严肃的场所，在那里，拥有很高社会声誉和地位的人可以和所有其他类型的人聚集在一起。这个具有包容性的社交环境反过来又促进了具有相似兴趣的人组成的社团的形成，其中包括文学、商业、科学或政治社团。一些非正规的商业社团汇聚成了伦敦的强大机构。劳埃德咖啡馆中关注海外运输业的人们后来组成了实力雄厚的保险公司——劳埃德公司。伦敦证券交易所就是在"交易巷"（Exchange Ally）的罗纳森咖啡馆里酝酿诞生的。东印度公司将坐落在考珀庭院（Cowper's Court）的耶路撒冷咖啡馆变成了它的非官方总部，后来以"耶路撒冷—东印度咖啡馆"闻名。从17世纪50年代咖啡传入英国到咖啡逐渐被茶叶取代期间，英国成了主导全球经济的力量，到19世纪后期，形成了

第五章　咖啡与社会

一个庞大的帝国。有充分的资料表明，商业机构在英帝国崛起中发挥了关键性的作用，而在咖啡馆中形成的社团则在政治、科学等领域扮演了微妙而非常重要的角色。

咖啡馆带来的文化效应和饮咖啡导致的身体效应很难截然分开。"便士大学"无疑促进了男人之间某种程度的联合，否则他们可能一辈子也不会见面。如果没有咖啡这种能刺激人类大脑智慧的饮料，这些人聚到一起也不一定会形成一个个的社团。有人认为，直到咖啡传入之前，欧洲北部的人长期处于一种轻度的昏沉状态。因为白水平淡无味，许多人从早到晚喝轻度的啤酒。改喝咖啡以后，他们不仅降低了由于饮酒导致的大脑昏沉的程度，而且摄入了一种强劲的药物。可以说，咖啡被引入英国，导致了第二次"脑量增加"，正像人类在埃塞俄比亚的祖先曾经所经历的那样。

咖啡的传入自然也引起了医学界的极大兴趣。由于受伊斯兰教传统思想的影响，人们对咖啡产生了争议——伊斯兰教传统思想本身其实是从盖伦和希波克拉底学派演变而来的。咖啡刚刚传入英国时，被从职业观点看问题的医生们看作是一种必须慎重管理的强效药物，而不是闲暇生活中的饮品。他们为了实现这一点，发明了许多将咖啡作为药物导入人体的古怪方式，其中包括当时被看作一种发明的离奇的普若望（provang）。这是一条3英尺长的柔软的鲸须，使用时用丝绸包住顶端，通过喉咙将其插入胃中，就像吞刀一样。在此之前要先口服一种用黄油、蜂蜜、头盔油以及咖啡粉末混合制成的药剂。普若望和那种药剂都是为催吐而设计的，而且十分有效。

咖啡引起了一些非议，但更高的呼声是说它是一种包治百病的灵药："使用这种稀有的阿拉伯神剂吧，你可以不再服用医生开给你的任何其他药品。"人们声称咖啡可以醒酒——这是到今天还普遍流行的说法——能治疗瘟疫、抑郁症，"天花、麻疹、头疼、水肿、痛风、坏血病、胃痛、败血症、大脑病变……有人喜欢把咖啡和牛奶一起饮用，这是错误的，可能会导致麻风病"。这种反对把牛奶和咖啡一同饮用的看法是从伊斯兰来的，今天的阿拉伯人喝咖啡时还有不加牛奶的习惯。反对咖啡的人则认为，喝咖啡会使人患上忧郁症，导致瘫痪以及肢体颤抖，今天的临床医学称后一种病为"不宁腿综合症"。现在，虽然咖啡馆已经成了大都市生活的象征，关于咖啡的争论仍然持续着。

咖啡最初在英国亮相的地方是牛津。1651年，一个名叫雅各布（Jacob）的黎巴嫩犹太人在牛津主街上的天使旅馆中订了一个房间，吸引一些喜欢新奇的人到那里品用咖啡。另一个犹太人瑟克斯·约布松（Cirques Jobson）一年后开办了第二个这样供人品尝咖啡的地方。1655年，药剂师兼保皇党人阿瑟·蒂利亚德（Arthur Tillyard）受到一些年轻学生的鼓励，建立了第三家咖啡馆，他"违背所有神学院的意旨，在那里公开出售咖啡"。克伦威尔执政时，牛津成了保皇党聚集的地方，而这些咖啡馆则似乎表达着当时那个城市的精神倾向：人们在那里享用咖啡的时候常常会讨论君主复辟的事情。这些耽于享乐的保守主义者尽管公然和社会现状唱反调，但是他们的倾向却不同于通常由咖啡而联想到的那种狂热的革命。

第五章 咖啡与社会

蒂利亚德咖啡馆的门票为一个便士，一杯咖啡是两个便士。它的顾客大多是社团的学生，他们朗诵诗歌，分发小册子。据说，18世纪功利主义者杰里米·边沁（Jeremy Bentham）从牛津一个陈旧的咖啡馆的小册子中找到了他的"多数人最大快乐"理论的灵感。同样，人们关于咖啡的最初的重要认识也是从牛津开始的。1659年，在牛津大学教阿拉伯语的教授爱德华·波科克（Edward Pococke）匿名翻译并发表了安塔基·阿巴塞（Da'ud b.Umar al-Antaki a-Basir）著作中的一节，题目为"咖啡饮料以及用来制作咖啡的浆果在一位阿拉伯医生眼中的性质"。1640年以前，波科克曾经在阿勒颇和伊斯坦布尔生活了10年。他在那里习惯了享用咖啡，并且把饮用咖啡的习惯带回了牛津。这位饮用咖啡的先行者可能是有感于这个城市中咖啡馆的普及而发表了他的译作。咖啡馆逐渐超过大学校园中的师生公用休息室，成了吸引人的消遣场所，其流行的程度使得牛津的市长曾经在1679年禁止咖啡馆周末营业。

然而，蒂利亚德咖啡馆真正的重要性在于，英国皇家学会是在这个咖啡馆成立并成为那个时代最著名的科学团体的。有证据表明，皇家学会最初是"隐形学院"的一种最突出的表现形式。有趣的是，像在苏菲派那里一样，饮用咖啡又一次成了喜好炼金术的人的习惯。皇家学会幕后的主要人物之一，高深莫测的伊莱亚斯·阿什莫尔（Elias Ashmole）——他的私人收藏品后来成了与其同名的一个博物馆的基础——信奉炼金哲学，并喜欢收集有关炼金术的书籍，他还发现并破译了约翰·迪伊用代码写成的著作。阿什莫尔生活在南朗伯斯,是牛顿、罗伯特·波义耳(Robert Boyle)和罗伯特·胡克(Robert Hooke)的朋友,也是当时知识界最主要的科学家切斯特大主教约翰·威尔金斯(John Wilkins)博士等人的朋友。阿什莫尔崇拜德国的炼金师雅各布·贝姆(Jakob Boehme),后来对歌德产生了重要的影响,而歌德又推动了对咖啡因的发现。

17世纪40年代,有一个小组定期在伦敦的格雷沙姆学院举行聚会,参与者中包括阿什莫尔、波义耳、威尔金斯、约翰·伊夫林、胡克、克里斯托弗·雷恩(Christopher Wren)、莫伯特·莫里爵士(Sir Robert Moray)和威廉·配第(William Petty)等。其中一部分人于克伦威尔执政的动荡时期分裂出来,在牛津组成另一个小团体,常常在蒂利亚德咖啡馆集会。就是在那里,把这个小团体建成皇家学会的构想形成了。该团体在1662年获得了查理二世的支持,艾萨克·牛顿成了它的领导者,于1672年成为该团体的主席。尽管皇家学会的成员及其运作是遵循笛卡尔主义的,但它仍然深深扎根于"隐形学院"蔷薇十字会的传统之上。作为赫尔墨斯神智学核心内容的炼金术一直遭到现代科学界的奚落,但它作为一种包含着逐渐发展的经验主义要素的世界观存在了下来。牛顿本人作为因果关系论的巨人,一生中一直从事炼金术研究,即使在发明微积分和发现万有引力的时候也是如此。他认为研究神秘主义哲学是更为重要的事情,并且试图把他的科学发现融入神秘主义的思想框架中。具有讽刺意味的是,牛顿对宇宙的机械性描述在量子力学发现之前一直是科学发展的理性架构,而这种架构又不断地受到与炼金术相关的思想的削弱。"超距作用"这个看上去属于空想的概念

第五章 咖啡与社会

受到 17 世纪炼金术士和玄学诗人的青睐，最终在量子物理学的"缠结"概念中找到了理论依据，并通过最近的原子旋转试验得到了具有实践基础的论证。

伦敦的第一家咖啡馆是一个名叫帕斯夸·罗塞（Pasqua Rosée）的亚美尼亚人于 1652 年在圣迈克尔巷开设的，其后迅速蔓延开来。如同在奥斯曼帝国一样，咖啡馆在伦敦也引起了争议。先是医学界的争论如火如荼，随后时事评论家也加入进来。1674 年，英国出版了一本匿名的小册子，题目是《妇女反对咖啡书》。这本用直率语言写作的小册子抱怨说：男人们整天待在咖啡馆里，"他们不穿长裤，失去了男子气概……从咖啡馆回家的时候，除了鼻涕之外没有什么是柔和的，除了关节之外没有什么是刚硬的，除了耳朵之外没有什么是立着的"。妇女们的反对可能是有理由的，她们发现男人们跑到咖啡馆里使自己"保持清醒"，回来的时候却像喝醉了一样。还有一篇题为《男人对〈妇女反对咖啡书〉的回应》的文章，以同样露骨的语言反驳说：咖啡使男人的勃起更有力，射精更充分，精子也更具有活力。

咖啡馆的政治文化色彩引起了政府的不满，查理二世曾经派密探去记录这些聚会的言论，并且就此询问过法律界的看法。他得到的回答是："那些人可以被看作是普通的麻烦制造者。"1675 年 12 月 23 日，查理发布了《遏制咖啡馆公告》，谴责咖啡馆造成了极其恶劣、危险的影响。他命令，从次年 1 月 10 日起，吊销所有出售"咖啡、巧克力、果汁和茶"的店铺的营业执照。这一公告引发了民众骚动，被迫在 1 月 8 日废止。当时关于伦敦咖啡馆数量的估计

出入很大。如果以1739年新版伦敦商店名录为依据，应该是有551家咖啡馆，其中144家在市区。帕萨纳·罗塞最初建立起咖啡馆的圣迈克尔山谷一带，有一半建筑是作为咖啡馆而兴建起来的。

和许多商业理念、科学观点一样，一些重要的政治概念也是在咖啡馆形成的。东印度公司在1619年的选举大会上注意到了后来成为民主制核心理念的一人一票无记名投票观念。总督则发现这种方法使他的地位受到了威胁。在那一年的公司选举会议上，使用选票箱被拒绝，理由是贵族和其他出席会议者认为这种投票方式是以前选举中闻所未闻的新奇事物，它只能扰乱整个选举过程。后来，这种思想在"若塔咖啡俱乐部"（The Coffee Club of the Rota）中再度成为热门话题，塞缪尔·佩皮斯（Samuel Pepys）、约翰·奥布里（John Aubrey）、约翰·米尔顿（John Milton）、安德鲁·马韦尔（Andrew Marrell）和威廉·配第都是这个咖啡俱乐部的成员。这个共和主义者俱乐部在威斯特敏斯特的突厥首领咖啡馆聚会，当一位成员想要把关于会议主题的看法宣传出来时，他会首先提议征询"木板上的神意"（the wooden oracle）。若塔俱乐部是一个典型的咖啡馆机构，它把当时的思想者聚集在一起，用一种自由社团的方式讨论宪法和政治问题，尖锐而富有成效。并不是所有的咖啡馆都这么严肃，詹姆斯·索尔特（James Salter）在夏纳步行街经营的切尔西咖啡馆就是一个珍奇物品收藏之所，在17个橱窗里展出种种稀奇古怪的物品。展品中包括"凯瑟琳皇后的一块皮肤""老鼠的骨架""一条非常罕见的小美人鱼"和"中国女人的挠痒耙"等。具有"食盐先生"绰号的索尔特先生还在他的咖啡馆里重操旧业，替人理发，还可能应顾客的要求为他们拔牙或者放血。

有大量的咖啡馆常客同时也是在咖啡馆里成立的社团的成员。阿什莫尔、雷恩、伊夫林和当时其他一些关键人物经常出现在不同的咖啡馆里。"隐形学院"是依赖它的成员而不是砖石建筑得以存在的，所以它一直难以被人察觉。这些具有相似思想的人组成的难以察觉的群体可以被统称为"咖啡馆人"（Coffee House Man）。他们既是咖啡馆文化的创建者，也是它的产物，使得17和18世纪英国的都市生活别具特色。基于这种文化，共济会也在那个时代组织起来。伊莱亚斯·阿什莫尔在日记中说他于1646年在沃灵顿成为共济会的第一个会员。不过，他那个时候应该并不住在沃灵顿。如果说阿什莫尔加入共济会的地点是一个谜，那么他加入的时间也是个谜，因为迄今关于17世纪英国共济会聚会的时间和场所都很少有一致的看法。可能的情况是，阿什莫尔为了他的入会仪式而特地前往沃灵顿，并于次日返回了伦敦——这一行程十分麻烦，但也可以表明他十分重视他的会员身份，阿什莫尔是蔷薇十字会伦敦分会的创建者，也被看作英国共济会的先驱。共济会的一些成员也是皇家学会的成员，包括阿什莫尔、莫里，可能还有雷恩。共济会集会的地点在公共场所，通常是在小酒馆而不是咖啡馆。这可能是由于小酒馆通常能提供包间——共济会的仪式需要避开好奇的旁观者。普通的咖啡馆是一间屋子，在那里进行的一切活动都是公开的。由于受到蔷薇十字会会员的启示，共济会成了"隐形学院"的一个蓬勃发展的分支机构。

在英国，一提到共济会，人们就会想到警察，认为这两个组

织是同盟者。组建一支警察队伍的灵感来自一位正宗的"咖啡馆人"——亨利·菲尔丁（Henry Fielding）。亨利·菲尔丁是一位小说家，他在18世纪40年代曾经担任位于伦敦中心区广场附近弓街的治安官，弓街是伦敦文坛的中心。他认为，咖啡贸易给英国带来了财富增长，同时也对英国造成了一定的破坏——社会秩序紊乱、嫉妒和犯罪，必须通过改革法律体系来强化法治。亨利·菲尔丁不仅是第一个意识到这个问题的人，而且是第一个提出解决方案的人。

贝德福德的第四代伯爵弗朗西斯·罗素（Prancis Russell）认为他在科文特花园附近的产业可以被用来搞房地产投机，他把那里建成了提供给向往远离城市喧嚣的富人的新型私家住宅区。它是由帕拉弟奥风格的建筑师伊尼戈·琼斯（Inigo Jones）设计的。由于长期游历意大利，伊尼戈·琼斯形成了建造大广场的念头，这是伦敦从来没有出现过的拉丁式城市广场。从居民的角度看，这造成了不幸的后果，把那里变成了一个公共场所，小贩们在那里兜售商品，昼夜发生种种令人不愉悦的事情。1670年，弗朗西斯·罗素伯爵因势利导，从查尔斯二世那里申请到许可，把这个地方组建成了伦敦最大的蔬菜和花卉市场。富人则向西迁移，先是到索霍（Soho），当那里也变得嘈杂起来时，他们又迁到了梅费尔（Mayfair）。就这样，咖啡馆在今天已经比较凋敝的地带繁荣起来的，往日绅士的聚集区成了优秀艺术家和作家生活的地方。位于弓街和罗素街交汇处的威尔咖啡馆也成了文化人经常出没的地方。诗人德莱顿（Dryden）在那里长期订了两个座位：冬天在火炉旁边，夏天则靠近窗前。"这位喜欢恬淡的诗人把这两个座位分别比作他的冬天和夏天。他坐在令人惬意的座位上，被一些对他说出的每句话都表示赞赏的听众围绕着，发表一些关于人和书的种种高论。"还有许多其他的咖啡馆，如前面提到的广场上的贝德福德咖啡馆和塔维斯勒克咖啡馆，附带一个土耳其浴室的突厥首领咖啡馆，伯顿咖啡馆，加里克首领咖啡馆，霍伊兰咖啡馆，胡缪恩咖啡馆，斯劳特咖啡馆，彩虹咖啡馆，以及里查森咖啡馆，等等。这些咖啡馆的常客中包括理查德·斯梯尔（Richard Steele）、亚历山大·蒲柏（Alexander Pope）、威廉·霍加斯（William Hogarth）和理查德·谢里丹（Richard Sheridan），以及菲尔丁本人。菲尔丁最愿意去的咖啡馆是贝德福德。

菲尔丁作为一名治安官，常常要和那些下层的普通人打交道，处理那些充斥伦敦街头的聚众闹事的人和事件，如在剧院里突发的骚乱、过于激愤的陪审团，以及被谣言蛊惑的暴民等。这些人有时会帮一名妓女对抗鸨母，帮助她逃跑，有时会威胁目击证人，替拦路抢劫的强盗作伪证。伦敦这些目无法纪的人使抓贼人的处境比贼人的处境更恶劣，菲尔丁要关注的正是他们。

1749年，菲尔丁组建了一支"捉贼队"。同年，他向议会提交了关于组建"昼夜警戒"部队的报告，这需要从司法部门指派一名特派员到各个教区去监督那些地方的治安巡逻官。特派员手下有40名"巡夜人"，他们全身武装，带着一个"大响铃"，一摇铃就可以召集起分散在教区各个岗哨处的同事。菲尔丁正确地认识到，腐败是体制内部潜在的威胁，但是可以通过开除、罚款和判刑等一系列惩治措施来加以控制。1754年，随着"捉贼队"转变成为弓街的巡警,新的刑法也形成了。10个穿猩红色制服的弓街巡警队组建了起来,他们被叫作"知更鸟",是最早的流动性街区巡查队伍。他们的职责是处置街头案件、守护街区、追查和逮捕犯罪嫌疑人等。他们取得了巨大成功,直到1829年罗伯特·皮尔爵士(Sir Robert Peel)组建了正规的城市警察以后,其成就才被后者所超过。菲尔丁身体欠佳,他不得不依照法律把管理巡警的日常工作托付给他的同母异父兄弟约翰。后来,约翰·菲尔丁被授予了骑士头衔,他在负责伦敦中心区广场治安以及"知更鸟"的过程中,最早把执法职能与司法管理结合到了一起。

把咖啡馆看作警察的直接起源当然是不正确的,它更像是劳埃德保险公司和股票交易市场的起源地。但是,在亨利·菲尔丁的身上,我们的确可以看到后来日益增多的"咖啡馆人"的特征:精力充沛、积极主动、关注政治、务实、崇尚改革、交际广泛、有教养、富有爱心,而警察正是所有这些品质的结晶。

由咖啡馆促成的社会结构的革命性变化促进了科学、商业、政治和艺术的迅速发展,并使由具有共同兴趣的人组成的社团在其他地方迅速繁荣起来。这些变化在法国、西班牙和美国导致了真正意义上的革命运动。在英国,社团的发展不断对权威和现行规范提出挑战,几乎总是引领着那些充满活力的论战,而那些论战成了英国政治、社会、哲学和商业活动的一大特征。对于社团的催化作用是咖啡馆文化对英国的主要贡献。当社团发展成为研究机构,不再以咖啡馆为集会基地的时候,社团变革的胜利又恰好反映出了咖啡馆文化的灵活性。股票交易市场和劳埃德保险公司等知名商业机构的诞生，一些著名杂志如《观察者》（Spectator）的创办，投票箱的最早使用，皇家学会、共济会和警察局的成立等，都从咖啡馆获得了灵感。

这么多著名的机构从咖啡馆里孕育而来，自然而然形成了以伦敦为中心的咖啡馆文化。在其他省份以及苏格兰地区，咖啡馆也在蓬勃发展。女性经营的咖啡馆也日渐增多，比如伯明翰的阿什顿夫人（Mrs Ashton）、纽斯卡尔的萨拉赫·伊萨克（Sarach Yysack）、寡妇史密斯（Widow Smith）等，寡妇史密斯接管了斯特兰德的突厥首领咖啡馆。看来，经营咖啡馆是端庄女子的一种比较体面的谋生方式。从爱丁堡一位绅士写给荷兰的一名代理人的信函中，我们看不出一丝反对女子开咖啡馆的意思，信中说："阁下，我的侄女开了一家咖啡馆，她的仆人在那里打理。"17世纪早期，咖啡馆在爱丁堡遍布各处，它们甚至在某种程度上促进了苏格兰启蒙运动的发展，从中涌现出许多影响重大的人物，如哲学家大卫·休谟（David Hume）、经济学家亚当·斯密（Adam Smith），以及其他在艺术和科学领域中的杰出人士等。休谟曾经对启蒙做出言简意赅的定义："人类思想在知识和自由的进展中发生的突变式的觉悟。"咖啡馆为知识和自由的花朵提供了一个尽情绽放的环境。

第六章　穆哈港的衰落

欧洲的贸易与殖民扩张不仅在很大程度上推动着埃塞俄比亚和也门的咖啡种植向世界各地传播，同时也导致了穆哈港的衰落。根据有待证实的一些记载，15世纪晚期，在欧洲贸易与殖民扩张展开之前，阿拉伯商人把阿比西尼亚（埃塞俄比亚）的咖啡移植过来，在锡兰建立了咖啡种植园。印度人也声称，在1600年前后，一个名叫巴布·不丹（Babu Budan）的穆斯林朝圣者从麦加归来时，偷偷地把咖啡种子"用布条缠在腹部"带回了印度，种在他于钱德拉吉里山上隐居洞穴的外面，这就是印度咖啡产业的起源，而目前印度的咖啡产业名列世界第七。但是，并没有切实的文字记载来证明这些说法。关于咖啡在印度出现的可靠记录最早可以回溯到1695年。正像穆哈港的守护圣徒沙德梅尔·沙兹利被公众看作是将咖啡传入也门的人一样，巴布·不丹至今被看作是把咖啡引进印度的人，而他山间隐居的洞穴吸引了许多朝拜者。将咖啡移植到其他更适合咖啡生长的地方可能会给阿拉伯商人带来商业利益，但是这种意图看来是遭遇了阻碍，可能是由于穆哈港的政府对咖啡种植的限制，也可能是由于咖啡市场完全处于奥斯曼土耳其帝国境内。

第六章　穆哈港的衰落

早在 1616 年，荷兰人从穆哈港弄到了一株咖啡树苗，据说是阿比西尼亚品种，并将之带回了荷兰。1658 年，这棵咖啡树的种子传入了锡兰。荷兰人自 1630 年开始在锡兰逐渐取代葡萄牙人的主导地位，但是当时荷兰东印度公司（VOC，Vereenigde Ooste Indische Compagnie）的董事们没有能够从欧洲吸引勤奋的农场主到这片新殖民地来经营，种植咖啡的最初尝试失败了。但是，荷兰人经过努力，在爪哇取得了卓越的成绩。1699 年，荷兰人首次在爪哇成功地建立起咖啡种植园，咖啡的扦插枝条来源于印度马拉巴尔海岸的一块荷兰属地，其渊源可能是也门或者阿比西尼亚的咖啡树。

爪哇的咖啡业一经兴起，很快构成了对穆哈贸易的竞争，并导致了后者的衰落，至少对欧洲人来说如此。据估计，1700 年也门的咖啡年产量为 2 万吨，大部分销往伊斯兰世界。荷兰人依照典型的早期欧洲殖民主义方式，在爪哇建立起咖啡种植业，他们把这种昂贵的商品植物引进荷属殖民地的适宜地区培植，采取的方式是将配额强加给爪哇岛民，廉价使用他们的劳动力——对于荷兰人来说，这几乎等于没有成本。巨额的利益随后滚滚而来。到 1731 年，荷兰东印度公司已经完全放弃从穆哈购买咖啡，并且开始在锡兰再建种植园。后来，到 1880 年，在英国人的统治下，那里的咖啡园由于叶锈病爆发而遭受沉重打击，转为种植茶叶，也十分成功。18 世纪 90 年代，在巴达维亚和巴东地区出现了采购咖啡的美国船只，当地的咖啡已经闻名遐迩，美国人把这个地方叫作"爪哇"。咖啡种植增长的势头持续到 19 世纪，到 1822 年时，世界咖啡总产量为 22.5 万吨，荷属东印度地区，包括爪哇、苏门答腊岛和西里伯斯岛

（印尼苏拉威西岛之旧称），就占了 10 万吨。此后，来自国际对手的强势竞争导致荷属东印度的咖啡产量急剧下降，竞争者中包括巴西，那里使用奴隶制生产的咖啡比荷兰人用配额制生产的咖啡更节约成本。到 1902 年，世界咖啡生产总量为 100 万吨，东印度生产的咖啡则为 50 万吨。

将咖啡这种新型商品引入种植园经济迅速地改变了国际贸易的格局，这种转变的受害者之一就是穆哈港。穆哈港在 18 世纪进入缓慢的衰落中，它在 1737 年遭到法国的轰击——法国指责穆哈港违背了条约规定。在欧洲市场不断缩减的情况下，穆哈地区的欧洲殖民者却仍旧在扩大生产。我们知道，即使在 18 世纪早期，穆哈港的对欧贸易处于鼎盛的时候，法国所购买的咖啡也不过占该港口待销咖啡的 1/8，其余的大部分都销往奥斯曼帝国、波斯和穆斯林印度的咖啡馆。穆哈港的繁荣很大程度上取决于伊斯兰世界内部的贸易，而欧洲殖民地种植的咖啡不仅供应了欧洲的咖啡需求，甚至夺去了穆哈港传统的咖啡贸易客户。

1715 年，法国东印度公司（Compagnie des Indes）中的法国商人仿效荷兰的咖啡种植：他们把咖啡树从也门运到了留尼旺岛。这个岛恰好处于与圣赫勒拿岛相对而稍微偏南一些的位置，它到达非洲东海岸的距离等同于圣赫勒拿岛到非洲西海岸的距离。不过，留尼旺岛不像圣赫勒拿岛那样偏远：世界第四大岛马达加斯加岛位于该岛与非洲之间，马斯克林群岛中的毛里求斯岛离它只有 100 英里远。留尼旺要比圣赫勒拿岛的面积大许多，海拔也高许多，超过 3000 米。1646 年，即在东印度公司声称对该岛拥有独占权的 13

第六章 穆哈港的衰落

年之前，留尼旺沦为法国殖民地，与英国人占据圣赫勒拿岛时采用的温文尔雅而又正规的方式不同，法国人是用把一船罪犯扔在该岛海滩上的方式来宣布占领该岛的。当时该岛被命名为"波旁岛"。1792 年波旁王朝统治被推翻以后，才将该岛改命名为留尼旺。当时正值法国东印度公司与印度南部的英国东印度公司争霸，于是该岛在法国的地缘政治决策中扮演了重要的角色。18 世纪 40 年代，留尼旺岛上的海军基地像插入英国方面的一根尖刺，当时的海上主导权交替地掌握在英国东印度公司要塞圣乔治所在的马德拉斯，以及法国东印度公司的主要基地本地治理之间。法国对留尼旺这个多民族杂居的岛屿给予了宽容政策，那里经常聚集许多前来进行阳光浴和享受带补贴旅游的巴黎人。但是和圣赫勒拿岛一样，留尼旺毕竟处在殖民统治之下。不过，在这里提到留尼旺岛不是由于它的历史，而是由于更早时期在那里的一个发现。

虽然在咖啡史上，人们通常把埃塞俄比亚推上野生咖啡来源地的宝座，但是留尼旺以及与之相邻的马达加斯加岛似乎也有争夺这个位置的一些资格。18 世纪，在马达加斯加岛上发现了野生咖啡品种，但那些品种从来也没有被商业化。而在留尼旺岛上发现的咖啡品种则曾经一度引起注意。这两种相对来说较少为人所知的咖啡品种和东非的咖啡品种一样，是原始的野生咖啡品种。东非咖啡品种在向非洲和其他地区传播的过程中，由于基因突变，DNA 变得比以前更复杂了。1711 年，在留尼旺岛上海拔 600 米的地方发现了土生土长的咖啡，也叫作栗色咖啡，和现在的毛里塔尼亚咖啡十分相似。在当时，人们认为留尼旺咖啡和阿拉伯穆哈咖啡品质一样

好,但是有些人觉得前者味道苦了一点。1715年,来自圣马洛的迪弗雷纳·达阿萨尔(Dufresne d'Arsal)船长把穆哈的咖啡品种带到了留尼旺岛。他设法弄到了60棵成活的咖啡树,航海途中死了40棵,登陆后不久又死了18棵,仅有两棵幸存。他把其中一棵送给了圣·丹尼斯的一个名叫M. 马丁(M. Martin)的人,另一棵送给了圣苏珊教区的牧师。1719年,这种咖啡树获得了一次小丰收,一个比索可以买到100粒咖啡豆。有人认为这两棵来自穆哈的咖啡树很像留尼旺本地的咖啡,政府下令所有居民都要种植后来引进的这个咖啡品种,每人每年向政府提供1磅咖啡。不幸的是,栗色咖啡的味道苦,并没有受到法国人的青睐,而且它的繁殖力很低,每两年才能收获一次。马斯卡瑞恩(Mascarenes)群岛的总督德福尔热·布歇(Desforges-Boucher)决定建立一个苗圃,种上7800棵由那两棵咖啡树繁衍而来的穆哈咖啡树,到1727年,留尼旺岛咖啡的生产量达到了10万磅。

在咖啡贸易中,"波旁"(Bourbon)逐渐被用来称呼一种从也门经由留尼旺再传到南美洲的咖啡品种。荷兰人将也门的另一种咖啡迪比卡(Typica)传入了亚洲,继而又引进了拉美地区。事实上,当留尼旺岛培植穆哈咖啡树时,路易十五在凡尔赛温室里种植的咖啡也在繁茂地生长着。他对温室里的咖啡十分着迷,亲自培育、收获、加工、焙烤和冲泡。在为杜巴丽夫人(Madame du Barry)画像时,他让杜巴丽夫人像苏丹王妃那样端着咖啡杯。路易十五的咖啡树是阿姆斯特丹市长送给路易十四的一棵成熟的咖啡树繁殖而来的,而那棵咖啡树很可能是1616年从也门传到荷兰的咖啡树所繁衍的后代。在具有商业眼光的荷兰人看来，凡尔赛所上演的是一幕极其缺乏远见的图景，因为这些皇家贵族所沉迷的植物应该被推广到西印度群岛和巴西去。

留尼旺在咖啡漫长的世界旅行中的角色被高估了，正像"摩卡"这个词在咖啡贸易中被高估了一样，"波旁"这个词的植物命名法含义也不应被估计过高。"波旁"和"迪比卡"原本都来源于也门——在巴西发现的"波旁"咖啡树可能在传播过程中并没有在留尼旺岛落足。我们知道，圣赫勒拿岛上的"波旁"咖啡才是直接从也门移植过去的。留尼旺岛对咖啡传播的最直接的贡献可能是在不久之前的 20 世纪早期做出的，那时，一些传教士把咖啡从留尼旺岛传到了肯尼亚，在咖啡品质的角度来说，这一点意义重大。

为了确保新的穆哈品种的咖啡树在留尼旺岛上生长，当局规定，岛上每个农场主要保证属于他的每一个奴隶至少种植 200 棵咖啡树，拔掉一棵就要处以死刑。到 1738 年，岛上的咖啡树繁殖得太多了，于是颇有才干的总督拉布尔多奈（La Bourdonnais）——他曾经在印度借助特遣海军给英国制造了巨大的破坏，于 1743 年下令禁止再种植新咖啡。法国东印度公司在被英国人击败后，一蹶不振，留尼旺的咖啡市场也遭受了打击，无力与法属西印度群岛的咖啡竞争，后者离欧洲市场要近得多。因此，虽然在这个世纪，留尼旺岛凭借从穆哈进口的咖啡品种保持了盈利和稳定的咖啡产业，但是咖啡产量再也没有超过 18 世纪 30 年代的水平。1805 年，一场暴风蹂躏了岛上所有的咖啡种植园，大部分咖啡种植园被废弃了。1810 年，一种抗病性更强的新品种"Leroy"被引进留尼旺。令人不解的是,"Leroy"很可能来自非洲的大西洋沿岸,因为非洲大西洋沿岸以出产品质较差的罗巴斯塔咖啡著称,而且在这个时候,由"波旁"阿拉比卡咖啡衍生出来的其他品种还极少,而"波旁"咖啡本身却被错误地认为是从留尼旺传播开的。这种混乱在咖啡植物学史上是很典型的,只有通过基因研究,才能知道咖啡原来是从埃塞俄比亚西部传入也门,漫长的经历以后,又从也门传到埃塞俄比亚的东部。咖啡的这个神话般的旅程是事实的本相。

英国人很早就卷入了阿拉伯海域的咖啡贸易,但英国东印度公司在自己的殖民地建立种植园的时间却很晚,这一点很令人惊奇。当时东印度公司在印度的殖民地只有围绕加尔各答、孟买和马德拉斯3个地点的狭小管区和港口,其主要活动是进行贸易而不是定居和发展种植经济。圣赫勒拿岛实际上是东印度公司唯一安全并适合种植咖啡的殖民地,但圣赫勒拿岛面积狭小,不能像荷属爪哇和法属留尼旺那样大规模地种植咖啡。对东印度公司说来,咖啡至多是一笔经济收益不大的生意。尽管如此,该公司董事会终于还是做出了有关咖啡树的决定,这件事情被交给了弗朗西斯·迪金森(Francis Disckinson),他被任命为"英国驻穆哈事务管理全权特使"。

迪金森于1722年第一次来到穆哈,1728年再度来到穆哈,此时公司的咖啡工厂由于受"去年阿拉伯半岛发生的意想不到的革命"的影响,已经停业两年了。他在贝塔阿法齐(Bayt-al-Faqih)对助手约翰·汉纳斯(John Hanys)下达的命令是:"可以采取对公司有利的任何行动,但有一点,必须保证咖啡品质优良、干燥、洁净、匀称。"1732年夏天,迪金森和汉纳斯出发前往孟买。1733年4月1

第六章 穆哈港的衰落

日,他们乘"卡罗琳"号返回了穆哈,迪金森在日记中写下了从4月1日到8月份所经历的所有情况。这份日记使我们能够了解到在穆哈港达到繁荣的顶峰不久后,东印度公司的经营者陷入了怎样的一种惨淡和危险的境地,也使我们能够考证出东印度公司最终设法从也门弄到咖啡树,然后在圣赫勒拿岛建立咖啡种植园的时间。

当迪金森返回穆哈时,他看到了一幕竞争的景象,港口中有一艘来自巴达维亚的荷兰船庞迪遮里(Pondicherry)号、一艘从印度港口驶来的法国船、一艘从苏拉特来的沿海抢掠的船,还有一艘挂着葡萄牙旗帜的印度船诺迪·萨纳伊(Nogdy Sanay)号。他向那里的副总督致意之后,到工厂进行了视察,发现在他们返回穆哈之前,与他们做生意的印度商人采购了1038大包咖啡,其中有660包是"甲虫配对"(Beetlefuckee)咖啡。英国人喜欢用"甲虫配对"来诙谐地称呼贝塔阿法齐这个小镇,两者的发音有些相似,这个小镇位于穆哈以北90英里的山脚下。"甲虫配对"这个有趣的称呼暗示,人们统称为"穆哈咖啡"的咖啡其实是来自不同产地的。迪金森后来说到,穆哈咖啡来自从穆哈向南到阿丹的几天路途上的许多村庄。他说,被运到穆哈的咖啡并不多,原因是在这之前咖啡就在贝塔阿法齐被出售给土耳其人,土耳其人购买了当地咖啡总量的3/4。从迪金森的叙述看,真正的咖啡货物集散地好像不是穆哈港,而是提哈马沙漠中的蝇虫飞舞、又湿又热的贝塔阿法齐小镇。1766年,丹麦探险家卡斯滕·尼布尔(Carsten Niebuhr)这样描述这个小镇:"那里石头建筑的房子很少,多数镇民住在散乱分布于尘土飞扬的街道两边的茅草屋里，咖啡商人在街道上往来如梭……他们来自汉志、波斯、埃及、叙利亚、君士坦丁堡、哈巴什、突尼斯、非斯和摩洛哥……甚至也有印度人和欧洲商人。"即使是到了我们这个时代，贝塔阿法齐也不具备成为仅次于石油的全球第二大商品（咖啡）的集散地的条件，那里没有高大的建筑物，乏善可陈，蜿蜒曲折的街市里排列着用绿色防水油布遮蔽强烈阳光的小摊。

汉纳斯被派往这个极不起眼的小镇时，迪金森再次强调要确保所购买咖啡的质量、干燥、清洁、匀称——匀称是指均匀的颜色和外观。汉纳斯到达贝塔阿法齐不久，迪金森又建议他趁着即将举行的"大集会"廉价买进咖啡，因为没有穆斯林商人会和他们竞争，他们可以和位居第二位的法国人平分秋色。英国人偶尔会和法国人勾结，但他们很大程度上把法国人看作不受欢迎的竞争者。他们密切关注关于开往穆哈港的所有法国船只停泊点的情报。4月27日，"威廉王子"号上的押运员写信给迪金森说："我们必须通知您，一艘法国巨轮和我们同时从欧洲驶进穆哈港，这两艘船的进港有可能会提高咖啡的价格。"

可能就是在这个消息的促使下，汉纳斯在贝塔阿法齐仓促采购咖啡，结果发现运到穆哈港的咖啡分量不足。迪金森要求汉纳斯"向总督和投资者投诉运输驼队的领头人，设法使这些人受到警告或者惩罚，防止他们在途中偷窃咖啡，造成咖啡的重量不足"。但更严重的问题是，他们和刚从萨纳（Sa'ana）回来的总督发生了冲突，总督受伊玛目之命要加征关税。当时还传播着一个令人心神不宁的谣言：伊玛目与他尾大不掉的兄弟之间将要发生一场战争，真是这样的话，就有可能会发生一场对穆哈港的攻击。

　　这些都没有阻止迪金森迅速遵照董事会的指令行事。1733年5月14日，他命令汉纳斯为东印度公司在"圣赫勒拿岛的种植园"购买一些咖啡树。几天后，总督试图以拖欠关税为借口向迪金森索取5000西班牙元，但是迪金森对总督派去的代表不屑一顾："我们向他指出，这是个无理的要求，如果他执意这么做，我们会告知我们至高无上的主人，他有能力把整个穆哈夷为平地。"这个警告好像很有效，因为迪金森在自己的日记中没有更多记载该事件的后续情况。后来，迪金森在日记中简述了汉纳斯5月26日寄来的信件的内容：一个赶骆驼的人运输的咖啡重量短缺，现在已经被囚禁起来。至于买咖啡树，汉纳斯认为是不可能的事情。曾经有一个印度商人想要买一些咖啡树，结果被当地政府抓住罚了500西班牙元。如果一定想要，汉纳斯说，他可以设法得到一些咖啡种植者用来培育幼苗的种子，同样也可以达到培育咖啡的目的。很清楚，也门人不会让现成的咖啡树离开穆哈，这可能是基于早年法国人要将咖啡树运往外地的教训。但奇怪的是，也门人似乎全然不担心出口"咖啡的果实"会带来什么结果。咖啡树上结出的浆果里面包含着具有繁殖能力的咖啡种子。当时的情况是，运出种子不需要秘密进行，好像根本就没有什么危险。至于官方究竟为什么禁止出口咖啡树苗却不禁止出口咖啡树种子，原因不得而知。迪金森回信给汉纳斯说："如果能够另外带回一些适合咖啡生长的优质土壤，就再好不过了。"不久，汉纳斯生病了，迪金森从穆哈派出一位荷兰医生去

照料他。迪金森的日记中写道："这个季度荷兰人没有购买咖啡……他们从爪哇和锡兰采购了大量廉价的咖啡。据说，在欧洲，爪哇咖啡和锡兰咖啡的销售情况和阿拉比卡咖啡差不多。"穆哈走向衰落的步伐在加快。

由于迪金森没有支付第二年关税的巨额预付款，总督禁止他和汉纳斯乘船离开，在一番激烈争执之后，他们于8月11日乘坐"威尔斯亲王"号前往孟买。看来迪金森和汉纳斯当时并没有携带咖啡种子离开穆哈。因为，稍后的1733年8月22日，当载重460吨的"霍夫顿"号驶离穆哈时，船上押运员写信给公司董事会："我们在想尽一切办法弄到几株咖啡树，但都没成功，风险太大，没有人愿意冒这个风险。"然后他提到好的消息："但是我们得到一些咖啡种子，听说一样可以解决问题。"咖啡种子终于被装船运往圣赫勒拿岛。

然而，圣赫勒拿岛并没有做好迎接这些珍贵种子的准备。从17世纪开始，圣赫勒拿岛一直是欧洲人的角逐之地：水手，尤其是英国人、荷兰人、葡萄牙人和西班牙人，经常会在进出港口时相互射击。圣赫勒拿岛失去了原来的宁静。1610年，荷兰人声称葡萄牙人违背了应该超越民族竞争的国际惯例，窃取了荷兰海员留给同胞的信件。为了进行报复，荷兰新教徒破坏了葡萄牙的天主教堂，并打碎了巨大的石刻十字架，践踏了葡萄牙人的种植园。葡萄牙人则反过来摧毁了荷兰人的柠檬园和桔子园。据记载，"几年前，荷兰人由于敌视西班牙人而把所有有价值的东西都毁坏掉了。后来的西班牙人、英国人也做了相似的事情。这样，这些人没有一个从中获得利益"。当欧洲人在圣赫勒拿岛拳脚相加的时候，除了山羊、猪和其他一些动物似乎也变得更加凶猛之外，岛上其他方面依然如故：浓密的乌木林和红杉林覆盖着高山，鱼儿在海洋里游来游去。

当时肯定发生过激烈的冲突，最近就有人从圣赫勒拿岛上的詹姆斯敦路挖出了1608年被荷兰人击沉的葡萄牙船上的一门大炮。不过，直到1633年，才有人想到要用合法的方式占据圣赫勒拿岛。到那个时候，葡萄牙人已经失去了这个对他们来说已经成为一个危险地带的岛屿的兴趣。荷兰人占领了圣赫勒拿岛。但直到1659年英国人最终拥有该岛之前，荷兰人并不曾正式声称拥有该岛。荷兰人曾经宣称占有该岛的证据是在20世纪30年代从国家档案中发现的。那份文件上的齿孔是被钉在礼拜堂河谷的树上时留下的，这是当时一种声明占有某块土地的方式。假设当时荷兰人曾经通过合法程序正式宣称占有圣赫勒拿岛，那么该岛的历史将会截然不同。事实是，在英国人的统治下，许多重要的军人、科学家、学者、诗人和政客来到了圣赫勒拿岛，其结果用南非作家劳伦斯·格林（Lawrence Green）的话来说就是："圣赫勒拿岛比英国其他任何殖民地都更具有历史意义。"

也许，荷兰人对圣赫勒拿岛置之不顾的原因，是他们已经策划好在今天的开普敦建立一个紧邻桌湾的内陆贸易区。多年来，这个地方和圣赫勒拿岛一样，也是欧洲各国船员经常出没的地方。这个地方的地理优势在于出航和归航都十分便利。1652年，一个荷兰人拟定了这个地方的基本发展规划，并且建立起了一个蔬菜种植园。1657年，一批人开始在开普敦永久定居。荷兰人的这些做法似乎促使英国东印度公司的董事们开始从另一种角度审视圣赫勒拿岛。荷兰人在开普敦一带建立永久居住地,加上对西班牙战争以及从佛得角群岛到海峡群岛沿途不断发生的海盗事件的考虑,使英国人最终采取了果断的措施。在1658年12月15日的法庭记录上有这样的记载:"对圣赫勒拿岛加强防卫将会给公司和国家带来巨大的便利和利益……"

因此,1659年5月5日,约翰·达顿(John Dutton)船长率领一队英国移民者来到了圣赫勒拿岛。他们在岛上组建了一支卫戍部队,并建立起永久性的堡垒,然后以东印度公司的名义正式宣称拥有该岛。依据英国的法律,达顿作为总督,可以"根据通常适用于英国本土以外其他领地的法律"去处置除极其严重的罪行外的所有案件。达顿获得这个可能不太引人注目的"特权"有一个特殊的缘由。他最初的时候是准备前往面积狭小而盛产豆蔻的香料群岛中的普洛兰(Pulo Run)岛的,他随行带去了27个开拓经验丰富的殖民者,其中有砖瓦匠、木匠、铁匠、园丁和他们的妻子。在英国东印度公司与荷兰东印度公司开始竞争之初,普洛兰岛就一直是双方争夺的焦点。在双方的一次暂时和解期间,英国东印度公司的董事们决定进驻该岛,而达顿则被指派为这次有计划探险的首领。可是后来,战争似乎又要爆发,于是他们在最后关头命令这些倒霉的殖民者转而前往圣赫勒拿岛。伦敦里登豪尔大街的东印度公司理事会做出的这项决定,使得前往普洛兰岛的殖民者——他们本来指望会沐浴在香料群岛飘着豆蔻香的微风中——转移到了圣赫勒拿岛,而圣赫勒拿岛位于普洛兰岛以西1万英里的地方,经常受到东南贸易风

第六章 穆哈港的衰落

的蹂躏。

东印度公司的董事们希望这块新开发的殖民地在 1 年多的时间内能实现食物自给自足。他们对圣赫勒拿岛的这种乐观看法是错误的，直到 350 年以后，这里仍然一如既往地依赖补给以避免食物短缺。逐渐地，种植园（殖民地的早期名称）的基础设施初具规模，包括栽种植物、种子、森林、奴隶、殖民者和政府。最初名为詹姆斯堡的城堡成了政府的所在地。它由护城河环绕着，从那里可以俯瞰礼拜堂河谷前的街道，詹姆斯堡的后面则是正在兴起中的詹姆斯敦。当公司的董事们认识到他们的预测过分乐观时，公司向圣赫勒拿岛提供了一些必需品，如鞋、啤酒和渔具等，每一艘从印度苏拉特返航的船只都奉命为岛民带来 1 吨大米。1661 年，达顿被告知，他可以按照最初的计划再度向普洛兰岛殖民。不知道是圣赫勒拿岛缺乏吸引力，还是达顿个人极具魅力，尽管圣赫勒拿岛的情况还好，只有两个最初的殖民者选择留在岛上，其余人都决定跟着达顿到香料群岛去碰运气。他们到达那里的时候，奸诈的荷兰人拒绝履行在欧洲达成的条约，使得这些殖民者再次漂流海上，他们最后去往何方，再无记录。

圣赫勒拿岛就这样失去了它吸引来的绝大多数殖民者。新任总督斯特林格（Stringer）不得不为岛上的稳定做出艰难的努力。后来，30 个从伦敦大火中逃生的难民来到这里，到那时岛上只有 50 个白人男子和 10 个白人女子。公司后来试图吸引更多的伦敦人到那里去，然而以失败告终。岛上的殖民人口需要承担十分苛刻的责任：为了换取土地，他们必须站岗放哨，而且一旦有船只靠近，就要去

守护要塞。这个岛实际上成了一望无际的南大西洋上的一座巨大的堡垒。像所有地方孤零零的卫戍士兵一样,岛上的人们抱怨供给不足、工作乏味、管制严酷。这些殖民者没有能够把这个岛变成一个自给自足、具有自治权的社区,自己却沦为麻木了的、只是偶尔反抗一下的人群。圣赫勒拿岛内部的矛盾,使岛上的人没有察觉到这时荷兰人的威胁正在来临。

荷兰人最初为选择桌湾而不是圣赫勒拿岛作为殖民地而沾沾自喜,但是随后发现这个港口并不像想象中的那么安全。从东方返航的船只经常遭受季风的袭击,并被潜流带离安全的开普敦地带,结果可能会停泊在圣赫勒拿岛。荷兰东印度公司董事会下令在南大西洋海域寻找另一个圣赫勒拿岛,假想的另一个圣赫勒拿岛就这样出现在一些当时的地图上。但是,真正可供考虑的只有特里斯坦·达库尼亚(Tristan da Cunha)和阿森松(Ascension)两个岛,一个气候十分恶劣,而另一个又十分荒凉。在此期间,荷兰船只在靠近真正的圣赫勒拿岛时,偷偷地把一些公狗和母狗放到了岛上,希望把岛上的山羊赶尽杀绝,使岛上的情况进一步恶化。终于,荷兰东印度公司的董事们以荷兰人的实用主义思考方式意识到,真正的圣赫勒拿岛才是他们想要的理想之地。1672年12月,荷兰东印度公司从桌湾派出一支小型舰队攻取圣赫勒拿岛,英国和荷兰随即卷入战争。虽然岛上的总督得到一些有关荷兰人可能发动袭击的情报,但是圣赫勒拿岛上的防御工事和卫戍部队并未进入战备状态。荷兰人在袭击詹姆斯敦受挫之后,在一个叛变的岛民发出的暗号的指引下,500名士兵成功登陆,并迅速占领了圣赫勒拿岛。詹姆斯敦的

第六章 穆哈港的衰落

总督和卫戍部队知道大势已去,便逃窜到将要起锚的一些英国船只上,去了巴西,其枪支弹药和补给物品则尽数销毁了。凭借远见和运气,一支护送东印度公司船只回国的英国小型海军分遣舰队在得知圣赫勒拿岛陷落之后,赶到那里,迅速炸毁了城堡,并俘获了那里的荷兰人。

英国东印度公司从暂时的挫败中认识到圣赫勒拿岛的重要战略价值,迅速把更多的士兵、殖民者、武器和必需品运往圣赫勒拿岛。虽然不满仍像将要爆发的火山下面的岩浆那样涌动,英国人还是使圣赫勒拿岛大致稳定了下来。1676年,年方20岁的早熟天文学家埃德蒙·哈雷(Edmund Halley)从剑桥大学休学,受东印度公司资助前往圣赫勒拿岛,负责绘制第一幅南半球的综合星云图,并观测水星的运转轨迹。他马上领教了圣赫勒拿岛的气候潮湿、云气弥漫。哈雷的天文学抱负既然因为气候而受挫,他就利用在那里的时间来观测南方季风造成的影响,形成了由他首创的关于大范围、高海拔地区气象状态的理论。这一成果最终于1686年发表在他编制的世界地图上。他在岛上又花费了两年的时间来观察向上运动的气流。最近的太空观测显示,巨大的圣赫勒拿岛的存在,扰乱了东南季风的流动,这种情况在圣赫勒拿岛以北200英里的地方都可以观察到。哈雷在南半球星云图方面的成就使他跻身于皇家学会,此外,他还在没有云层遮挡的时候至少观测到了几次水星从太阳附近穿过的景象。

圣赫勒拿岛上已经建立了奴隶制和其他殖民秩序。既然殖民者自己有时会在国产亚力酒的酒精作用下起来反抗圣赫勒拿岛的统治者，那么，岛上的奴隶自然也会起而效尤，1694年一些奴隶就爆发了反叛。白人反叛者可能被判处绞刑，但当局觉得把11个反叛的奴隶全部处死是一个太大的损失，所以将其中的3个剖腹处死并公开示众，其他的则仅处以笞打和烙刑，然后送还给其主人。在后来的几年里，有7个奴隶曾经试图乘坐偷来的小船逃跑。政府深知圣赫勒拿岛孤悬海中，没有采取追捕他们的行动，而是径直把那些人列入了死亡的记录。后来不断有人试图逃离圣赫勒拿岛，主要是奴隶，有时也有士兵。

除了这些情况，圣赫勒拿岛上的生活总体是平静的。岛上曾经发生过一次十分愚蠢的淘金热和一场同样徒劳无功的挖铜热。能力较强的总督被派到岛上去，改善先前无能总督留下来的烂摊子，其中包括英气勃发的总督罗伯茨（Roberts）。他通过建立灌溉系统开辟了更多肥沃的土壤，还发现了石灰资源，并建立了一个砖瓦厂。他的这些作为替公司节省了大量运输成本。这种奋发有为的风格，对于圣赫勒拿岛的传统来说却是一种诅咒，因而注定要遭到扭曲。岛上的制革工人将圣赫勒拿岛东部大森林里土生土长的红树的皮剥下来煮沸，提取一种用于制革的酸性物质。他们剥树皮的方式使树皮不能再生，结果树木死亡，只剩下光秃秃的枝丫和树干。这些奇怪的像骷髅一样的树木成了老鼠躲避猫的栖息地，而圣赫勒拿岛上的鸟类却大量灭亡。圣赫勒拿岛的森林以惊人的速度消失着。英国东印度公司为了腾出空地建造那些最终几乎全都倒闭的牧场，砍伐了大量圣赫勒拿岛特有的乌木，而野山羊则踩踏了剩余的乌木。当罗伯茨总督试图获取射杀山羊的许可时，伦敦总部告诉他："不能

第六章 穆哈港的衰落

杀害山羊，它们比乌木更有价值。"

在人类发现圣赫勒拿岛以后的 200 年时间里，由于人类和野兽无情放肆的掠夺，这里的自然环境濒临崩溃。脆弱的区域性小气候发生了变化，爆发了前所未有的干旱、洪涝。再加上没有森林的保护，圣赫勒拿岛千百万年来积累的肥沃的表土被洪水冲走了。有的时候，"咆哮的洪水把土壤连带上面的草木、薯类和石墙一并席卷而去，转瞬间消失得无影无踪"。大量冲刷到海里的土壤搅浑了圣赫勒拿岛周围数公里的海水。岛上的居民在慢慢地、不自觉地毁灭他们赖以生存的土地的时候，他们还饮用亚力酒来摧毁自己的身体。据说这种酒可以缓解食用大量薯类食品而带来的不良反应。1717 年，一向贵族气十足的东印度公司曾写信给圣赫勒拿岛的市政厅，说道："人们倾向于认为，圣赫勒拿岛上关于殖民地的古老谚语是真的：英国人建立的是拳击馆，荷兰人建立的是堡垒，而葡萄牙人建立的则是教堂。" 1723 年的人口调查显示，圣赫勒拿岛当时总人口为 1128 人，其中包括 50 个成年白人男子，79 个成年白人女子，251 个儿童，610 个奴隶，还有 18 个其他自由人。岛上有 120 个政府官员和其他雇员，并有 124 门大炮分布在岛上的 8 个地点。政府管理腐败，常常秉政不公，东印度公司的会计打死了他的奴隶男孩，但该事件被时任总督史密斯悄悄抹平了。

史密斯总督的继任者是拜菲尔德（Byfield）。在他的开明管理下，在圣赫勒拿岛种植咖啡的想法才引起了人们注意。他写信给伦敦的董事会："我们相信这里会十分适合咖啡生长……我们记得曾有一株咖啡树甚至在当地环境最恶劣的地方也生长得很好。"其实，这株神秘的咖啡树在此前的记录中从来没有被提到过,拜菲尔德可能是为了争取公司支持他发展岛上农业的总战略,才提出有过这样一株树的故事来。他这个并无恶意的谎言肯定取得了预期的效果,董事会给他回复的时候,命令他从穆哈采购咖啡种子。

拜菲尔德总督的任期不同寻常,给岛上带来了福祉,那时的人们比其他任何时候都更友善、和蔼。1727年,委员会的会议记录上有这样的话:"圣赫勒拿岛的居民和睦相处,没有邻里纠纷。散会。"拜菲尔德总督下令把森林圈起来,他推行严格的法令,禁止在公司所有还没有发展成熟的种植园内放牧。这样一来,至少岛上一些锐减中的森林得到了喘息之机。他下令进行的一项调查表明,每场瓢泼大雨仍然在造成严重的表土流失。拜菲尔德对岛上居民的善意使得他能够说服人们放弃先前的想法,开始淘汰山羊。这一点一经实行,当地的树苗就迅速地生长了起来。这些做法以及其他措施,在4年里为公司节省了2.5万英镑的开支,公司则奖励给拜菲尔德400英镑现金,表示对他的成就的认可。然而,这个黄金时期持续的时间并不长,1731年3月,一帮富民捏造了一个毫无事实根据的报告,向董事会控告拜菲尔德腐败和不公。后来证明拜菲尔德无罪,但他对这些忘恩负义的人心生憎恶,辞职离开了圣赫勒拿岛。于是,是拜菲尔德的继任者艾萨克·派克(Isaac Pyke)——此人曾经当过总督,人们对他深恶痛绝——亲眼看到了第一批咖啡树抵达圣赫勒拿岛。

1733年2月10日,从穆哈港起航的霍夫顿号船抵达了圣赫勒拿岛。理事会程序记录中写道:"押运员告诉我们,他们无法为我们弄到咖啡树，但给我们带来了大量咖啡浆果，可以从中获得种子，在季节允许的时候尽快种植。"在努力获得咖啡种子之后，关于咖啡的记录又呈现为空白，直到拿破仑被流放到圣赫勒拿岛之前不久的时候为止。尽管拜菲尔德曾经提出过建议，但似乎岛上并没有人曾经做出切实的努力来把咖啡作为一种经济作物加以培植。这可能是由于咖啡可以很容易地在野地里生长——虽然不一定会生长得很茂盛，而这恰好迎合了圣赫勒拿岛农民疏懒的天性。与荷兰人在爪哇以及法国人在留尼旺的成功形成鲜明对比的是，英国东印度公司把咖啡引入圣赫勒拿岛的举动没有带来什么成果。直到1814年，曾是东印度公司在加尔各答的种植园监管人的著名植物学家威廉·罗克斯伯勒（William Roxburgh）在圣赫勒拿岛南端沙湾的竹林里发现了咖啡树，他说："这是我见到过的最优良的咖啡树……从咖啡开花到果实成熟，每一个环节都是最棒的。"

在咖啡抵达圣赫勒拿岛到拿破仑被流放到该岛的80年间，咖啡可能并未引起人们的注意，但这段时间里充满了大量典型的圣赫勒拿岛式的冲突。岛上的生活似乎是英国乡村生活各种要素的混合，其中包括轻度犯罪、乖戾的牧师、与生俱来的乡村保守主义、贵族风气、在国际环境中养成的体现在劫掠成性的水手身上的殖民专制主义，再加上很少有想在这个岛上长期居住的奴隶、海盗和士兵。那些年间没有人培植咖啡，关于人们试图逃离圣赫勒拿岛的记录却数不胜数。1744年，有10个奴隶乘坐长船逃跑。1745年，有9个奴隶乘坐公司的船逃跑，不过他们十分愚蠢，把方向舵、帆和桨都落在了岸上。1747年，先是4个奴隶逃跑，然后有5人逃跑，

黑金：咖啡秘史

接着又有15人乘长船逃跑。没有证据表明这些风险巨大的出逃中有哪一次最终取得了成功。即使对有经验的水手来说，从圣赫勒拿岛出逃也会遇到巨大的困难。对那些装备不好、毫无经验，而且营养不良的奴隶来说，这实际上是根本没有希望的事情。他们不断逃跑的事实所说明的是，他们在岛上的生活是绝望的。在这个岛上，4个白人男子把一个女奴殴打致死，仅被处以6镑10先令的罚款了事，而这4个人中的每一个人都有犯罪的嫌疑。一个白人妇女用刻刀刺伤了她的黑人女奴，但被宣告无罪，原因是当时唯一的目击者是一个黑人奴隶——黑人奴隶反对白人的证词在法律上无效。甚至对已经获得自由的奴隶也实行歧视性的审判标准，一位获得自由的前女奴和一个士兵生了一个私生子，她被判为有罪，重新沦为奴隶，她的孩子也沦为奴隶。

第七章　奴隶制与咖啡殖民地

> 还记得做奴隶的日子么？
> 记得他们如何殴打我们，
> 如何让我们辛苦劳作？
> 还记得他们如何利用我们么？
> 直到最后把我们抛弃。
> 还记得做奴隶的日子？
>
> ——温斯顿·罗德尼，"做奴隶的日子"（1975年），载于《燃烧的矛》

奴隶可能不是人类最古老的一种身份，但是奴隶很早以前就开始存在了。这种制度的核心在于，奴隶的劳动是无偿的。虽然在我们这个时代，人们总是把对奴隶的非人待遇与非洲黑人联系在一起，但是在古代的时候，奴隶制却是不具有种族歧视色彩的。一些人，无论其种族、肤色或信仰如何，被从他们所属的共同体的边缘地带俘获过来，沦为奴隶。奴隶制带有鲜明的帝国特色，在以往的传统中，奴隶总是征伐之后的最主要战利品之一。以色列的儿童在埃及沦为奴隶。据估计，早期罗马帝国的奴隶人口大约为200万，

占人口总数的 1/3，其中包括俄罗斯人、斯拉夫人、哥特人、高卢人、凯尔特人、不列颠人、努比亚人和埃塞俄比亚人。罗马人、希腊人以及后来的拜占庭基督徒，在一定程度上都对奴隶制问题进行了思考，至少是讨论过这个问题，设法为人类的奴役同类找到依据，结果则通常都把奴隶制的合理性归因于神的意志。尽管如此，历史上还是经常有释放奴隶的事情，而且令人惊讶的是，那些实行过奴隶制的帝国的法律中都有关于对待奴隶的内容。伊斯兰教继承了其兴起地区更早时期的区域性统治者所建立的传统，在向北非、西非的扩张过程中，导致了大西洋奴隶贸易巅峰时期最大奴隶来源地的形成。阿拉伯商人在非洲东部自由地进行奴隶贸易，中国的帝王宫廷特别偏好被阉割的黑奴[1]。阿拉伯人在伊比利亚半岛不仅奴役了大量基督教徒——据估计 1311 年的格林纳达有 3 万名基督徒奴隶，并且参与到从西非各穆斯林王国向北穿越撒哈拉沙漠的贩运奴隶的活动中，每年贩卖的数量达到 2000 人。反过来，西非的穆斯林王国通过掠夺周边弱小的邻邦获得奴隶，并参与到奴隶贸易中，变得富有。

北欧各国在 11 世纪时或多或少地放弃了奴隶制，选择了更为复杂的农奴制。农奴制在气候寒冷的地区有一个特点：农奴可以在漫长的冬季自己去设法维持生存，因而减少了奴隶主的劳工开支。殖民主义的兴起使奴隶制重新盛行起来，并把奴隶制的所有邪恶带到了北欧，奴隶贸易随着殖民主义的扩张而日益发展。从葡萄牙人

---

[1] 中国历史上有黑奴，多称"昆仑奴"。——译者注

第七章 奴隶制与咖啡殖民地

沿着"航海家亨利"(Henry the Navigator)发现的航海路线缓慢行驶到未知的非洲西海岸开始,一直到迪亚士(Bartolomeu Dias)完成环绕好望角的航行并为达·伽马(Vasco da Gama)1498年驶往印度的航线开辟了道路,葡萄牙人终于在东印度创立起了贸易帝国。与此同时,奴隶贸易也追随着殖民扩张的鼓角步步推进。西班牙人将加那利群岛上土著的不留胡子的关契斯人(Guanches)变为奴隶。葡萄牙人成功地避开阿拉伯商人横跨撒哈拉的传统奴隶贸易路线,在达荷美和多哥之间的"奴隶海岸"(Slave Coast)建立了工厂。通过海运到达葡萄牙的第一批黑奴于1444年在拉各斯港直接出售。马德拉岛则在15世纪后期建立起使用奴隶劳动的糖料作物种植园,成了殖民地奴隶经济的典型。这种情况可能使克里斯托弗·哥伦布(Christopher Columbus)受到启发。哥伦布曾经住在那个岛上,并娶了当地总督的女儿为妻。他本是热那亚一家公司的糖料采购员,在访问几内亚期间了解到了奴隶贸易的情况。哥伦布是一名优秀的探险家,也是一个差劲的殖民者。尽管如此,他处于即将冲击新大陆海岸的黑奴浪潮的顶峰,这股浪潮先是为新大陆带来了糖料作物,随后又带来了咖啡。

哥伦布发现了现在分属于多米尼加共和国和海地的伊斯帕尼奥拉之后不久,把一群印第安泰诺人变为奴隶,并且将他们赠送给在塞维利亚的一个朋友。第二年,也就是1495年,他又向欧洲运回了大约400个奴隶。就这样,臭名昭著的将上百万奴隶从非洲强行运往西半球的大西洋奴隶贸易,最初却是反方向的,即从北美向西班牙运送的。哥伦布的尝试并没成功,在他的第二次运输中,一半奴隶死掉了。他们被认为"不是适合从事艰苦劳动的人，一患流感就受不了，生命期短"。无论如何，甚至在加勒比海地区，天花、霍乱加上征服，使得印第安土著人在一代人内消失殆尽。正是由于这样一个迅速形成的人口短缺，强壮、不易生病、生育力强的非洲奴隶被送去填补空白。

1510年，费迪南德国王批准将第一批"目前最好最强壮的"黑奴运往伊斯帕尼奥拉岛从事矿山劳作。此后便一发而不可收拾。黑奴在缔造美洲西班牙帝国的过程中发挥了越来越重要的作用。他们协同贝拉斯克斯(Velázquez)入侵古巴，跟随佩德拉里亚斯(Pedrarias)攻击巴拿马，帮助科尔特斯(Cortés)征服墨西哥，与皮萨罗(Pizarro)一同进入秘鲁。奴隶在侵略活动中常常扮演活跃的角色——皮萨罗甚至将他们中的一个人提拔为司令官，另一人为上尉。黑奴和他们的白人主子就这样在新西班牙组成为一个毫不神圣的同盟，共同对付被逐出家园的土著人，创建了一个把印第安人置于奴隶出身的黑人之下的强大的社会政治等级架构。18世纪后期，咖啡生产被引进到这些西班牙人控制的区域，这种等级架构开始发挥作用。在从墨西哥恰帕斯到秘鲁中部和南部美洲高原地区残存的土著居民争取土地、反抗剥削的斗争中，这种作用又再度显示出来。

除了澳大利亚和新西兰，东印度的其他地区从来没有成为"白人移民"形态的殖民地。这些地方各自被一小部分欧洲人掌握，他们依靠强大的军队力量、财富和组织性对远多于自己的当地人实行统治。与此相比，整个西半球的殖民统治有根本性的差异，人们在今天仍然能感受到这种不同。在那里，进行抵抗的印第安人大部分

第七章 奴隶制与咖啡殖民地

被欧洲殖民者消灭或者死于疾病。从非洲运来的黑奴成了种植园经济的基础,白人奴隶主主宰一切。这种模式由西班牙人首创,葡萄牙人于 16 世纪晚期将之用于巴西,后来英国人和法国人又在西印度群岛采纳这种模式,最后在美洲殖民地臻于完善。

16 世纪末,东印度的葡萄牙人和西印度的西班牙人开始感觉到来自其欧洲北部对手竞争的压力。后者最初采用的是半海盗的方式——正像德雷克[1]在加勒比海和太平洋所做的那样,后来很快成为对葡萄牙和西班牙垄断势力具有严重威胁的组织力量。在美洲和菲律宾群岛进行掠夺后装载宝藏的庞大西班牙舰队在西方海域越来越容易遭受攻击。在东方,葡萄牙海军力量迅速地被英国和荷兰超越。法国和英国在北美大陆的海滨地区建立了殖民地,并逐渐在加勒比海地区建立起殖民据点,并使其成为重要的咖啡生产中心。1655 年,英国人从西班牙人手中夺取了牙买加。1605 年,法国人从西班牙人那里夺取了伊斯帕尼奥拉岛的西部,并于 1697 年将之更名为圣多米尼加(现在的海地)。1635 年,马提尼克岛沦为法国人的殖民地。接下来的一些年中,背风群岛中的许多岛屿和沿海凹地成了英、法两大势力争夺的对象。荷兰人是东印度群岛的主宰者,他们的力量可能过于分散,在西方没有太大作为,只占领了圭亚那。

起初以及 18 世纪的大多数时间内,法国、英国和西班牙在加

---

[1] 此处提及的德雷克应指弗朗西斯·德雷克(Francis Drake),参看第十五章注释。——译者注

勒比海殖民地的经济支柱是糖料的生产和贸易。这是一种利润丰厚的经济作物，完全依靠奴隶进行生产。18世纪初，咖啡被引进以后，迅速发展起来。这不仅是因为那里土壤肥沃，更是因为当时那里已经有了成型的种植园经济和奴隶生产方式。咖啡树在较大岛屿的多山地区繁茂地生长，从而把同一种经济体系扩展到了新开发的地方，土地拥有者大发横财。当时咖啡种植并不构成与糖料作物的竞争，而是糖料作物的补充。到18世纪70年代，一个种植园每英亩土地能带来25英镑的利润，利润率为400%到500%之间。

此外，英国人已经认定奴隶贸易有利可图。于是，皇家非洲探险者公司在1660年获得批准成立，并向其股东——其中包括约克公爵——鼓吹，约克郡的货币几尼[1]是用来自非洲海岸的黄金铸造的。这家公司不久便向牙买加首任总督提供了300名奴隶。1673年，该岛上的奴隶数量迅速膨胀到了1万人。到1700年，牙买加又从由皇家探险者公司演变而来的皇家非洲公司——其总督是约克公爵詹姆斯——进口了多达2.5万名奴隶。法国是一个畜奴相对迟缓的国家，它当时在马提尼克岛、瓜德罗普岛及圣多米尼加岛上的奴隶总数为4.4万人，大多集中在马提尼克岛。据估计，到1700年，共有40万名奴隶从非洲运到巴西，主要在糖料种植园里劳动。1698年，在米纳斯·吉拉斯（Minas Gerais）发现金矿以后，巴西的奴隶数量剧增。葡萄牙人在他们的东方殖民地，尤其是在果阿，令人惊讶地对跨种族通婚十分宽容。种植园主经常娶女奴为妻，或

---

[1] 几尼（guinea），英国旧金币，每几尼大致折合1镑1先令。——译者注

第七章　奴隶制与咖啡殖民地

者是以女奴为情妇。今天巴西人对跨种族婚姻的宽容态度部分上就是那个时候养成的。到 1640 年，西班牙帝国已经向秘鲁输入了 15 万名奴隶，向中美洲地区输入 2.5 万名奴隶，运到委内瑞拉的为 1.2 万名奴隶，运到新西班牙的为 8 万名奴隶。这 8 万人中有 2.5 万人被送到哥伦比亚。17 世纪下半叶，西班牙占领区每年对奴隶的需求量为 4 万人。所有这些国家当时都还没有开始咖啡生产，但如果没有大量奴隶的流入，后来咖啡的普遍种植是根本不可能的。西半球之所以能在当今世界的咖啡贸易中一直处于重要地位，就是得益于以奴隶制为基础的殖民地种植园经济。

尽管先前奴隶数量就十分庞大，但是直到 18 世纪，奴隶贸易才达到了顶峰，同时先后在英国和法国出现了最终导致废除奴隶制的一些迹象。到 18 世纪末，杜桑·卢维杜尔（Toussaint Louverture）率领造反的奴隶控制了圣多米尼加，白人种植园主逃往古巴，在古巴开创了咖啡产业，而马提尼克岛则落于英国人掌控之下。反对西班牙殖民政府的独立运动在新西班牙和委内瑞拉同时展开。当时，奴隶制以及以奴隶制为基础的种植园经济仍是构成西半球帝国运行机制的重要组成部分。

咖啡业普遍把咖啡引入加勒比海地区归功于加布里埃尔·克利乌。关于这个人有一个生动的故事。1723 年，他航行到马提尼克岛，用最后一点水养活了他从国王植物园温室偷来的咖啡幼苗。这个故事在当时广泛流传。读者大可不必在意故事的细节，因为它们几乎肯定是不真实的，同样不真实的是称这批植物就是整个西半球咖啡的始祖。务实的荷兰人在 1718 年就已经将咖啡幼苗带到了苏里南，而且在1715年，法国人也已经在伊斯帕尼奥拉岛种植咖啡。虽然有理由相信克利乌的确曾在1715年把咖啡幼苗从巴黎带到了马提尼克岛，但是那时本来可以从马提尼克岛的一个邻岛上得到咖啡树，这个事实使克利乌的英勇形象大打折扣。这个故事最初的来源是克利乌本人，他原先是一个前景暗淡的殖民地总督，所以要抓住任何可能有用的说法来提高自己的声誉。

无论咖啡是怎样传入的，咖啡产业在西半球快速发展。1730年，英国人把咖啡引进到牙买加。1748年，西班牙把咖啡带到古巴，1750年传到危地马拉，1764年传到秘鲁，1779年传到哥斯达黎加，1784年传到委内瑞拉，1790年传到墨西哥。葡萄牙人则在1752年将咖啡引入了巴西。所有这些国家的共同点是都拥有大量奴隶，能够以惊人的速度建立起咖啡种植园。到1800年，委内瑞拉已经成了世界第三大咖啡生产国。

为满足殖民地种植园经济的需求，大西洋奴隶贸易在18世纪欣欣向荣。民间关于克利乌将咖啡引进马提尼克岛的荒诞说法忽略了这样一个事实：当克利乌带着宝贵的咖啡幼苗踏上马提尼克岛时，岛上至少已经有10万奴隶了。圣多米尼加（现在的海地）是法国的糖、巧克力和咖啡主要原产地，每个星期会抵达1艘由南特奴隶贸易者从非洲发来的满载奴隶的船。理查德·雷克（Richard Lake）是牙买加著名的种植园主之一，也是一个声名显赫的贩奴商。亚历山大·格兰特（Alexander Grant）在岛上拥有1.1万英亩土地，他用自己的船向英格兰出口糖料，然后再驶向塞拉里昂购买奴隶，带回牙买加。英国人依赖他们对海洋的控制，到奴隶制废除时，已经大致控制了美洲一半的奴隶贸易。英国奴隶贸易的投资者主要是布里斯托尔、伦敦和利物浦的富商，但这些城镇的其他居民也可以进行这种投资，他们可以购买某一艘贩奴船的股份。利物浦当地拥有"几内亚货"号 1/32 航行股份的普通的服装业商人、食品杂货商或者裁缝，与最富有的商人一样关注航行带来的收益。奴隶贸易跨越了宗教界限：英国的圣公会教徒、美国的贵格会教徒、法国的天主教徒及胡格诺派教徒、荷兰的加尔文派教徒和葡萄牙的犹太教徒，都需要设法去摆平他们的宗教道德良心同自己参与奴隶贸易之间的矛盾。约翰·牛顿（John Newton）是一艘贩奴船的船长，他后来成了圣母玛利亚的教区牧师。伍尔诺斯曾经在贩奴船的甲板上写下了他的赞美诗——《耶稣的名字听上去多么美妙》，而当时被俘获的奴隶正在甲板底下的污秽狼藉中痛苦地呻吟。涉足奴隶贸易在当时并不有损尊严，事实上，它带来的利益如此巨大，以至于常常成为人们赢得"尊严"的手段。

欧洲人普遍认为奴隶贸易是"把不幸的人们从巨大的苦难中解救出来"的一种途径。在 18 世纪末的废奴主义者将奴隶贸易的真相细节公之于众之前，人们没有注意到正是掠取奴隶的战争导致了非洲生活的苦难，是奴隶贸易造成了非洲的贫困。即使到 18 世纪末，仍然有像詹姆斯·鲍斯韦尔（James Boswell）那样反对废除奴隶贸易的人出来争辩说："废除奴隶贸易将会阻塞向人类施与仁慈的大门。"不过，他的顾问约翰逊博士（Dr Johnson）一贯坚定地反对奴隶制，他曾经在牛津的一次宴会上举杯祝酒，提议"为下次西印度黑人奴隶的起义干杯"——这使得鲍斯韦尔极度震惊。

大西洋奴隶贸易给其他贸易和制造业带来了好处。因为奴隶是需要花代价来换取的，而西非出卖奴隶的统治者在这方面有特殊的要求。他们最想要的是武器和火药，这是他们获取更多奴隶所依赖的东西。1765年，伯明翰的枪炮制造商爽快地把15万支来复枪提供给了他们。所谓"几内亚布料"是一种经过深靛蓝染色的、原产于印度南部的棉布，在西非海岸深受欢迎。这种布料最初由东印度公司运往英国，但是该公司章程不允许通过大西洋贸易来销售这种布料，于是这些布料就被转卖到了非洲。新英格兰盛产朗姆酒，130加仑朗姆酒可以换取一个奴隶。瑞典的铁制品也可以在西非国家当货币使用。德国的精致亚麻布、日本的丝绸，甚至英国的毛织品，都纷纷涌进非洲。这样，即使那些没有直接卷入奴隶贸易的人们，也从中获取了丰厚的利润。

贩奴船上的条件十分恶劣。每一次往返航行中，即使船员的平均死亡率也要高达20%。一旦到达目的地，奴隶们会被清洗干净，喂点食物，然后被拍卖掉，开始未来的生活。这种生活就是从太阳升起一直到夜里10点，在鞭笞督促下不停地工作。他们空闲的时候，必须照管菜园，以补充少得可怜的口粮。通常奴隶是不允许结婚的，因为大多奴隶主认为购买1个新奴隶比抚养1个小奴隶更便宜。到1808年美国废除奴隶贸易后，抚养小奴隶才变得比非法购买成年奴隶更节省成本。不论种植糖料作物、咖啡、烟草或者巧克力，奴隶都要不停地劳动，惩罚也十分严酷。一个法国殖民地的奴隶讲道："他们难道不曾把奴隶倒吊起来，装入麻袋淹死，在木板上钉死，活埋或者绞碎么？他们难道不曾强迫奴隶吃屎么？"

第七章 奴隶制与咖啡殖民地

奴隶贸易者通过复杂的金融、运输和中介网络来装运、贩卖、储存和走私奴隶，奴隶被当作和其他生产出来的商品一样。牙买加的金斯敦是向西班牙帝国和古巴哈瓦那非法出售奴隶的主要贸易中心，在奴隶贸易废止之后还是西半球最大的奴隶市场。做1个奴隶买卖的利润高达40英镑，在18世纪初的普遍利润率约为50%，到1800年时下降到了10%。

美国独立战争改变了西半球帝国的态势，阻塞了欧洲人，尤其是西班牙人的发财之路，美国霸权开始崛起。具有讽刺意味的是，独立战争爆发的象征性导火索是茶叶纠纷，而美国人在毅然放弃茶叶之后，采用了奴隶殖民体制的主要产物之一——咖啡来弥补自己的损失。

1772年，英国女王政府的财政大臣威胁东印度公司，要因为没有缴纳茶叶税而起诉它。东印度公司垄断着同中国的茶叶贸易，再加上英国人喜欢喝茶，这使英国政府高估了茶叶的需求总量。但问题是，当东印度公司被迫为那些逃税的茶叶缴纳税款时，已经出现了一种更受英国大众欢迎的饮料。东印度公司再度面临倒闭的危险，它和女王政府为解决茶叶过剩问题而采取的激烈手段，不折不扣地使英国丧失了它的北美殖民地。北美殖民地采取极端手段，干脆放弃了茶叶贸易，全身心地去拥抱咖啡。因此，本来无足轻重的波士顿茶党在人类历史上画出了一个转折点。波士顿倾茶事件之后，尽管"茶叶帝国"大英帝国已经开始衰亡，但它仍以超级大国的姿态继续在下个世纪的舞台上趾高气扬，而美国这个未来的"咖啡帝国"则将要依托北美大陆富饶的自然资源，建造起一个新的民

族国家。它所遇到的，只有被视为暂时阻碍的印第安土著。那些拓荒者、淘金者、向西部移民时运送移民或军需品的马车队、商人、妓院鸨母，以及到西部对付土著的军人注定会围坐在篝火边喝咖啡，而不是喝茶。

波士顿茶党的背景十分复杂。东印度公司从东方进口的商品经常会被再出口到北美殖民地，这自然而然地激发了北美居民对东方奢侈品的喜好，就像这个时候在英国本土形成了对东方奢侈品的兴趣一样。公司章程本身不允许进行再出口贸易，但是愿意进行那种贸易的商人却大有人在。英国向美洲出口的主要商品是纺织品和茶叶，同时还有铁器。在英国，茶叶取代咖啡成为新宠，似乎有迹象显示，美洲殖民地上也会出现同样的情况。然而，北美并没有紧紧追随英国，风靡英国的饮茶潮流没有使得北美人放弃咖啡。在同一个北美殖民地，这两种饮料和平共处，受到了同样的重视。20世纪20年代，受人尊敬的咖啡史学家威廉·H.尤克斯（William H. Ukers）把一些零散的资料收集起来，想要证明美国人开始喝咖啡的时间早于他们开始饮茶的时间。他接近病态地把咖啡看成一种美国所特有的，甚至是与爱国情怀相关联的饮料。他建议向世人展示随同"五月花"号运到美国的一套普普通通的杵和臼是"后来用于磨制'咖啡粉'"的工具。尤克斯片面地主张"茶叶＝英国＝坏""咖啡＝美国＝好"，使得咖啡深深地扎根到美国人的心灵中。但是正像他自己也承认的那样，在新世界最早提到咖啡的时间是1668年，在那个时候，新阿姆斯特丹的荷兰人已经有充裕时间，把茶推广到北美这块新生的殖民地。

第七章 奴隶制与咖啡殖民地

事实上,从17世纪50年代开始,茶叶在美洲东北沿海地区就十分受欢迎。在英格兰普遍知道茶叶之前,新阿姆斯特丹的居民已经喜爱上了茶叶。1674年新阿姆斯特丹更名为纽约之后——这块土地是用圣赫勒拿岛首批殖民者的最初目的地普洛兰岛与荷兰人换来的——仿照伦敦的沃克斯豪尔(Vauxhall)和拉纳勒夫(Ranelagh)而建立起来的茶园在曼哈顿一带兴盛起来。咖啡随后就来到了北美,咖啡馆在美洲城市像在欧洲各大城市一样流行起来。茶和咖啡这两种同样受人们喜爱的饮料与位居第三的可可一起蓬勃发展,到18世纪60年代,美国每年进口茶叶超过100万磅。然而,因为英国王室对茶叶征收十分苛刻且令人忿恨的关税——即使是对从英格兰转口运输到美洲的茶叶也征收繁重的关税——所以大部分茶叶是走私过来的。1767年之后,为了打击走私者,官方规定正常进口茶叶的商人可以被退回缴纳的全部关税,这就几乎完全杜绝了走私活动。然而,英国政府与美洲殖民地之间的关税仍是一个棘手的问题。每当英国计划征收一种新的茶叶税,并将征收的税款用于支付英国官员的薪水时,就会爆发抗议。有人劝告在美洲的新英格兰人放弃茶叶,去喝用拉布拉多生产的一种根茎做的、喝起来很有"质感"的饮料:

  放弃你们的武夷茶和熙春茶,[1]

---

  [1] 清后期外销精制绿茶分珠茶、雨前、熙春3种。熙春茶多由芽头和肥厚叶子叠合而成,大小参差。——译者注

放弃一切征收新税的东西；

为来自拉布拉多的产品建一个好仓库，

会有足够的拉布拉多供你们享用。

尽管美洲对"拉布拉多根茎"的需求并没有急速增长，但是到1770年，茶叶的合法销售额还是骤跌到了10万磅，于是茶叶走私再度兴起。这时候，东印度公司负债累累，英国财政部威胁要对之采取法律诉讼，而与此同时，东印度公司在伦敦的仓库却还积压着数额达到2100万磅的茶叶。在这种情况下，东印度公司提出了一个优雅的、殖民主义式的解决方案：他们给政府施加压力，说服政府于1773年起草了一个《茶叶法案》，这个法案批准东印度公司可以向美洲运输茶叶，其销售价格中包括的税额可以得到退回，而北美殖民地进口茶叶的商人的关税却得不到优免。经过一番政治上的讨价还价之后，该法案以点头方式予以通过。一位关注到此事的美国历史学家评述道："从来没有一项引起重大后果的法案像《茶叶法案》这样草率通过。"东印度公司低价向美洲倾销大量剩余产品，合法的茶叶商人和走私者的利益都受到了威胁。

正像巴黎的革命者后来不久要做的那样，心怀不满的美洲殖民者在咖啡馆会面，大多数是在波士顿的咖啡馆，其中的典型是联盟大街上的绿龙咖啡馆。绿龙咖啡馆的楼上是圣安德鲁会社（St Andrew's Lodge）的集会处。共济会中的一些分支在美国革命中扮演了重要角色，尤其是那些和苏格兰总会有密切关系的共济会分支，但不包括在伦敦的英格兰总会。苏格兰共济会在北美大地上蓬

第七章　奴隶制与咖啡殖民地

勃发展。这是一个十分奇怪的巧合，先前詹姆斯党用来反对汉诺威王朝的一些宗教仪式成了美国大革命中的要素。殖民地居民和英国王室之间即将爆发战争，而双方队伍里都有共济会成员。虽然没有确凿的证据表明双方阵营里的共济会成员相互勾结，但是英国在战争中犯下了一系列反常的军事错误，使得人们怀疑有那种事情。威廉·豪爵士（Sir William Howe）把华盛顿赶出纽约后却没有追捕他；1777年，亨利·克林顿爵士（Sir Henry Clinton）故意没有与从蒙特利尔向南开进的伯戈因（Burgoyne）的军队会合，这两件事都引起了人们的怀疑。

通常，英格兰的咖啡馆会为共济会召开会议提供房间，绿龙咖啡馆也不例外。圣安德鲁会社在绿龙咖啡馆举行的是省级的聚会，也就是说，圣安德鲁会社有权批准建立新的分会，圣安德鲁会社的会长约瑟夫·沃伦（Joseph Warren）也是共济会在北美地区的总负责人。1774年，圣安德鲁会社买下了绿龙咖啡馆，这个地方长期以来被美国历史学家看作"美国革命的总部"，而它的一个分支——"自由之子"则通常被看作是在幕后操纵波士顿茶党的组织。

茶叶帝国垮台的图谋是在一个咖啡馆内设想的，这听上去像是笑谈，绿龙咖啡馆和当时新英格兰的咖啡馆一样也是普通的小餐饮场所。咖啡只是众多饮料中的一种，其他还有葡萄酒、啤酒、巧克力饮料和茶水等。具有讽刺意味的是，殖民地进口咖啡和进口茶叶一样要缴纳重税，但咖啡从来没有像茶叶那样遭到责难。尽管如此，立誓要煽动起革命的共济会是由一群冷静而严肃的人组成的团体，中间不乏美国独立战争中的杰出人物，他们很可能限于喝几杯咖啡而不去喝其他浓烈的饮料。他们不大可能会在同他们那些已经在抵制茶叶的同道聚会的时候还喝茶。绿龙咖啡馆不仅是圣安德鲁会社举行会议的地点,也是其他一些秘密小组的集会处,例如负责协调整个东北部革命活动的"通信委员会"(Committee of Correspondence),其成员包括保罗·里维尔(Paul Revere)——他前往纽约传达茶党消息的故事富有传奇色彩,以及约瑟夫·沃伦。到那里聚会的还有北区密会(North End Caucus)和"自由之子"(Sons of Liberty)。"自由之子"的成员包括塞缪尔·亚当斯(Samuel Adams),他是一个著名的脾气暴躁的煽动者,曾煽动了1770年的"波士顿大屠杀"事件,以及保罗·里维尔。另外还有"九人忠心队"(Loyal Nine),它是"自由之子"的最具有军事倾向的激进分子核心。尽管不是所有这些组织的成员都是共济会会员,但共济会为即将到来的革命构建好了框架,从字面上说,它提供了在绿龙咖啡馆召开会议的形式,从隐喻上说,它树立了思想交流和塑造会员忠诚的样板。咖啡在17世纪的英格兰是启蒙运动的催化剂,它传入北美的时间比传入欧洲晚了20年,又命中注定地与争取独立的斗争联系起来。

新英格兰最繁华的贸易城市波士顿既是一个商业中心,也是持不同政见者活动的中心。虽然在革命最后在咖啡和茶之间做出选择之前,咖啡和茶一直是并列的文化因素,但从18世纪初以来,波士顿就以它的咖啡馆闻名于世。除了绿龙咖啡馆,波士顿还有王室咖啡馆、元首咖啡馆、伦敦咖啡馆和英国咖啡馆。这些咖啡馆的名字本身就蕴涵着革命前殖民地对大英帝国的忠心,这种忠诚甚至在

第七章　奴隶制与咖啡殖民地

革命中也不曾泯灭。所以，独立战争在很大程度上也是一场内战，是忠于王室者与美洲独立主义者之间的较量。忠于王室这一边得到英国军队和当地雇佣兵的支持，美洲独立主义者则得到法国人的支持。英国咖啡馆是英国军人和忠于王室者经常集会的场所，他们的意识形态与绿龙咖啡馆客人的意识形态相互对立。英国战败之后，英国咖啡馆改变了名称，其对美国人的态度也干脆来了一个180度的大转弯。

当英国通过《茶叶法案》并将运往美洲的茶叶装船时，波士顿鼓荡起了暴动的情绪。约翰·亚当斯（John Adams）极力主张："必须全面抛弃茶叶。"他在写给妻子的信中说："我必须戒掉喝茶的习惯，越早越好。"大陆会议通过决议，抵制茶叶消费。10月，沃伦和里维尔决定发布一份北区密会的决议案："为了我们的生活和未来……抵制东印度公司销售的所有茶叶。"11月，"自由之子"在"自由之树"上钉上了一张布告，声称茶叶承销人将放弃他们作为东印度公司茶叶代理人的身份，"忽视本声明者风险自负"。但这个声明还是被忽视了，很大程度上是因为哈钦森（Hutchinson）总督和他的家人也是承销人，他们还想设法从中捞上一把。

东印度公司的商船就这样一路从英格兰驶入动乱的洪流之中。公司在找到愿意卷入这样一场前程未卜的生意中的出口商时费了好大的工夫，茶叶运输必须计入公司账目，但却不能使用公司的船只来运输，否则就会违反公司的章程。1773年12月间，运载首批货物的船只——达特茅斯号、埃莉诺号、河狸号和威廉号——一直停泊在波士顿的格里芬码头。通信委员会四处散发传单说："东印

度公司可恶的茶船已经抵达港口,暴君已经策划好了毁灭反抗者的阴谋。"波士顿北区会议成立了一支警卫队,派往码头,名义上是为了保护海船,实际上则是为了阻止承销人卸货。在绿龙咖啡馆举行聚会的许多颠覆组织的成员都全面行动起来。有一首鼓舞斗志的歌被创作出来:

> 团结起来,莫霍克人——亮出你们的战斧!
> 告诉乔治国王我们不再为他的外国茶纳税!
> 他的威胁是徒劳的,根本不要去想
> 迫使我们的女儿和妻子喝那污浊的茶水!
> 小伙子们,团结起来,
> 赶往绿龙咖啡馆,聚集在我们首领的面前。
> 那里有我们的沃伦和勇敢的里维尔,
> 他们带领你们用双手去行动,用声音去呼喊
> 为了自由和法律!
> 我们祖国勇敢坚定的捍卫者们,
> 永远不要在真正的北方人中掉队,
> 为自由而战!
> 小伙子们快聚集到绿龙咖啡馆,到我们首领的面前。

虽然传说和现在的图片都把莫霍克人描绘成头戴羽毛、披着鹿皮的印第安人,当时的这些"莫霍克人"却是用毯子和灰暗的灯光来掩盖自己真实身份的。12月16日,"莫霍克人"在有2000人把

第七章 奴隶制与咖啡殖民地

守的格里芬码头没有遭遇任何抵抗就登上了商船。60个"莫霍克人"掏出斧头，把9万磅茶叶倾倒进波士顿港咸涩的海水里。船员们非但没有干涉他们，反而有时帮助了他们。当时一箱武夷茶（一种红茶）的重量将近400磅，需要很多人才能搬动和倾空。第二天早上，茶叶像海藻一样覆盖了海边。

茶叶成了英国压迫的象征，茶叶在美国的毁灭则是殖民地革命的象征，而接受咖啡成了美国人表现爱国的必要方式。不过，当时有一个解不开的谜：与美国人的期望相反，到19世纪初，东印度公司又重新向美国销售茶叶了。对英国来说，丧失北美殖民地带来的损失，一定程度上通过在东方建立起殖民帝国而得到了补偿。英国的康沃利斯（Cornwallis）将军于1781年在独立战争中关键性的约克顿战役中被击败，但他后来又成了印度的一位总督，在第三次迈索尔战争（Mysore War）中，他扩大了东印度公司在印度南部的领地范围，那里后来成了建立咖啡种植园的地方。如果美国革命没有取得胜利，西方和东方的殖民地相互联结的局面可能还会继续存在至少100年。如果是那样的话，英帝国就会成为真正的全球主导者，依然保持着绅士派头的中心地位；而美国崛起为一个全球大国并摆出全球霸主姿态的时间也就可能被大大延迟。

1789年4月，美国最成功的爱国领导人乔治·华盛顿作为候任总统奔赴纽约。他在商人咖啡馆门外受到纽约州州长和纽约市市长的正式接待。纽约18世纪建造的仿欧式咖啡馆不仅是商业活动的中心，也是政治活动中心，但却缺少欧洲咖啡馆的文学气息。这完全是由于当时的北美殖民地根本就没有什么作家。咖啡馆经常被

当作法庭开庭的场所，或者是作为理事会的会场，在革命期间，更是新闻传播的中心。咖啡馆交易场成立于 18 世纪 30 年代，那是一个非官方的拍卖场地和货物交换场地。它曾多次搬迁，后来被位于现在的"墙水街"（Wall and Water Street）拐角处的商人咖啡馆超越。商人咖啡馆曾是拍卖奴隶的地方。1750 年的一则报纸广告写道："新进口一批上好的黑鬼，明日 10 点在商人咖啡馆公开拍卖。"独立战争期间，商人咖啡馆是革命政府的所在地，见证了当时许多影响深远的事件。当英国人占领这座城市时，商人咖啡馆成为忠于王室者的贸易和新闻中心。战争结束后，商人咖啡馆仍然扮演这种角色。像伦敦的劳埃德咖啡馆一样，商人咖啡馆还是海上运输信息集散的中心。此外，商人咖啡馆记录了来到这个城市的著名游客登记的信息，包括他们在当地的住址，这是模仿欧洲咖啡馆把到欧洲温泉旅游的著名人物的信息刊登在地方报纸上的做法。商人咖啡馆也是召开共济会分会和无数重要社团会议的地方，其中包括创立这个城市的第一家银行"纽约银行"的会议和股票经纪人第一次公开交易会议等。小小的商人咖啡馆凝集了伦敦的劳埃德咖啡馆、乔纳森咖啡馆、耶路撒冷咖啡馆等许多咖啡馆商业活动的特色。然而，在 1804 年，商人咖啡馆毁于火灾，再未重建。商人咖啡馆对面的汤丁（Tontine）咖啡馆取代了它的地位，成了股票交易中心。这个咖啡馆是由出资购买一共 200 英镑股份的 157 名个体投资者建立的。1834 年，汤丁咖啡馆变成了办公场所，业务迅速发展，远远超出了股票交易范围。此后，纽约金融和商业组织日益制度化，金融、商业活动专用场地逐渐创立，其他的咖啡馆就逐渐变得清冷了。

17世纪晚期在伦敦市内发展起来的咖啡馆曾经吸引了一些专门领域的商人顾客，他们使这些咖啡馆在18世纪中叶的时候和更正规的公共机构——商会、社交俱乐部、餐厅融合到了一起。1个世纪之后，纽约市的咖啡馆经历了类似的过程，这反映了纽约市后来作为主要商业中心的发展趋势。在伦敦和纽约，到处都有小酒馆，但小酒馆的环境不适合人们在那里筹划挣钱的事情，也不适合讨论其他重要的事。于是，咖啡馆为那些致力于建造商业帝国的严肃人士提供了一个体面而又郑重的面谈场所，并且咖啡馆里的咖啡为务实、严密、冷静的思考补给养料，帮助他们实现目标。

波士顿茶党是一个反抗英国王室繁重税收的组织，尤其反对东印度公司向北美市场倾销过剩茶叶。这个组织其实既不抵触茶叶本身，也没有表现出对咖啡的偏爱，然而它却改变了这个刚起步的民族喝饮料的习惯。由于英国政府近乎专制的行为，喝咖啡带来的生理、心理、精神影响倏然渗透到正在崛起的美国人民当中，并影响到他们的民族认同感。正如咖啡是奥斯曼帝国联结其商业、文化、精神网络的一条纽带一样，咖啡对美国人民来说，也是他们帝国建造活动的有机组成部分。来自加勒比、南美和中美洲新种植园的咖啡，还为美国向西部的无情扩张提供了养料。

在咖啡馆里煽动起来的美国革命和法国革命对奴隶贸易有着深远的影响。美国人在极力摆脱殖民枷锁的斗争中，很快就把自己看作英国统治的奴隶，但却迟迟不能体会到他们自己的黑人奴隶也有理由去抱怨。一个贵格会信徒曾经写道：华盛顿曾经祈求上帝来

解救受压迫的美国人,而在当时也能听到来自遭受更沉重压迫的奴隶的"叹息和呻吟"。虽然1774年的大陆会议正式宣布禁止进口奴隶,但该决议并未实施过。刚刚获得独立的美利坚合众国有65万名奴隶,它和拥有80万名奴隶的西印度殖民地同样是依赖奴隶制度的。《1787年宪法》提到了奴隶问题,但只不过决定将有关废除奴隶制的讨论推迟到20年以后。1808年,美国国会再度讨论了废除奴隶制的问题,要求废除奴隶贸易的运动也迅速展开。然而,到这个时候,美国的奴隶人口又有了巨大的增长:据估计,就在这20年间,输入美国的奴隶数量比北美殖民地形成直到1787年之前进口的奴隶总数还要多。这就是美国革命理想及其性质的冷峻写照:一只手加强对他人的束缚,另一手极力摆脱他人的束缚。事实上,当时正在发生思想界和政治领域反对奴隶贸易的热潮,从任何意义上说,这场美国革命都应该去拥抱把所有人包括在内的《人权宣言》的基本原则。然而,事情却没有这样发生。其主要原因是政治方面的,这就是:如果联邦政府废除奴隶制,南方各州就不会加入美国;因此,美国人觉得,"与其让南方各州分裂出去,不如允许他们进口奴隶"。就这样,当时只有个别州能够并且的确废除了奴隶制和奴隶贸易,并没有出现联邦政府的统一裁定。此外,北方各州的奴隶商贩也从奴隶贸易中获取巨大利益。这种致命的实用主义留下的遗产就是美国内战,而且迄今为止,美国南方仍有强大的保守主义政治势力,这种势力以令人不安的方式显示出,当时遗留的问题到我们这个时代仍然没有得到彻底的解决。

法国大革命前聚集在巴黎普罗科佩咖啡馆(the Café Procope)

的思想家十分关注奴隶问题，其中包括孟德斯鸠、卢梭、狄德罗等。当他们坐在普罗科佩咖啡馆，品尝着由那些黑皮肤的、前景黑暗的奴隶们生产出来的黑色饮料时，也讨论了奴隶贸易的伦理问题，而这种饮料又恰好是奴隶贸易的直接产物。狄德罗写道，奴隶贸易是"一种违背宗教信仰、道德准则和自然法，并触犯所有人类权利的商业行为"。卢梭则斥责那种把奴役别人当作想当然的权利的想法是"荒谬和毫无根据的"。到1789年法国爆发大革命时，法国国民议会将奴隶问题提上了讨论日程。英国废奴运动的发动者托马斯·克拉克森（Thomas Clarkson）到巴黎检测水质时，随身携带了一张利物浦贩奴船布鲁克斯号的结构图，图上准确详细地标绘出船上奴隶的分布位置。这幅著名的结构图触动了法国国民议会的米拉博（Mirabeau），他仿照这张图做了一个用黑染料涂成奴隶形象的木雕。看到这幅作品的人都感到震惊，但产生的效果又不足以改变现状，有人争辩说，法国的繁荣昌盛要依靠殖民地和为之服务的奴隶。1791年，法国国民议会成为欧洲第一个谴责奴隶贸易的统治机构——尽管它只对当时的法律做了轻微的改动，其意义毕竟超过了英国议会的相关讨论。在英国议会的辩论中，来自切斯特的议员汤米·格罗夫纳（Tommy Grosvenor）坚持认为，奴隶贸易"不是仁慈的贸易，但屠夫所做的也不是一种仁慈的贸易，而羊排，毕竟还是好东西"。

　　法国发生的事件在圣多米尼加引起了极大的反响，那里有45万名黑奴，但仅有4万名白人和5万名穆拉托混血人。虽然奴隶制在哪里都是残忍的，圣多米尼加还是其中虐待奴隶的佼佼者，那里

的白人生活在担心奴隶暴动的恐惧之中,并无情地镇压他们的反抗。法国政府强迫圣多米尼加殖民地以固定价格向法国出售货物,这使得那里富裕的白人种植园主和先前美洲的殖民者一样,对宗主国政府感到愤怒。穆拉托人通常是富有的奴隶主,那些相对贫穷的白人对穆拉托人充满仇恨,而奴隶则像以往一样,处于这个动荡社会的最底层。圣多米尼加的偏远山区生长栗树,逃跑的奴隶聚集到了那里,他们信奉伏都教。[1] 有造反企图的奴隶自然而然地被吸引到他们那里。当时,圣多米尼加被认为是欧洲所有殖民地中最富有的,咖啡生产量占世界总量的一半。1791年,这里爆发了奴隶起义,约翰逊博士的祝酒词变成了现实。奴隶杀死了很多白人,摧毁了糖料作物种植园和咖啡种植园。白人坚守奴隶制的战争持续了数月,各个派别的人都用残酷的手段来保护自己的利益。当英法两国在此处开战时,这个不幸的岛屿变成了18世纪后期各类戏剧性政治事件一起上演的炼狱般的舞台。革命、侵略、独立、殖民化、解放、弑杀统治者、种族冲突、疾病、战争,所有这些词汇都成了那场历史上唯一取得胜利的奴隶革命的特征。奴隶起义的领袖杜桑·卢维杜尔带领他的人民迎来了下个世纪的曙光。咖啡生产减少了一半,大部分白人咖啡种植园主都逃往古巴——他们在古巴可以继续利用奴隶种植咖啡而不必担心奴隶造反。当时卢维杜尔考虑的是,如何处理拿破仑带来的小麻烦。

---

[1] 伏都教(Voodoo),一种源于西非的原始宗教。——译者注

第八章　大陆体系与拿破仑的咖啡替代品

> 咖啡，使政治家变得睿智，半眯着眼就能洞察一切……
> ——亚历山大·蒲柏，《夺发记》，第三篇章（1714年）

1769年，拿破仑·波拿巴出生于科西嘉一个小贵族家庭，他像一只雄鹰——拿破仑帝国的标志——翱翔在19世纪初期的长空中。对他的拥护者来说，拿破仑像天神一样。法国大革命后期，拿破仑先是凭借自己的军事天赋获得了权力。随后，他以管理者和政治家的远见卓识，高瞻远瞩地看到了借助法国大革命所创造的局面开创法国辉煌前景的可能性。从1798年到1799年间，拿破仑占领了埃及，随后他迅速晋升，成为执政官，然后是第一执政官。到1804年加冕为皇帝的时候，拿破仑的统治范围已经几乎覆盖了整个欧洲大陆，他颁布的不朽的《民法典》（Code Civil）成为他统治的基础。他所有的抱负都是为了法国，而且认为自己是"人民的皇帝"。拿破仑被他的宿敌英国人骂作专制的恶魔，英国人对拿破仑入骨的憎恨锻造出了这个国家两位最伟大的军事英雄：纳尔逊和威灵顿——他们最终使拿破仑一败涂地。精力旺盛是拿破仑的力量所在，也是他的弱点。臭名昭著的1812年冬季莫斯科大撤兵就是他与生俱来的急躁性格带来的历史性悲剧。战败使他被流放到厄尔巴岛，不久之后他从这个地中海的岛屿重回法国，随后于1815年又遭遇了滑铁卢惨败。他以为这次战败会使他被流放到英国的一个乡间邸宅去，结果却被流放到了圣赫勒拿岛，这如同雪上加霜，那个由粮仓改建的潮湿的木屋，根本无法抚慰这位用罗斯伯里勋爵（Lord Rosebery）著名的话来说是"被自己过度张扬的天才所摧毁"的人的心灵。

拿破仑帝国是从欧洲核心区逐渐向外扩张的，热带地区的种植园殖民地不能使他满足，他的理想要宏大得多。入侵埃及之后，他公开声称要继续扩张到印度："我想象自己建立起一种新的宗教，骑着大象，裹着头巾，开进亚洲，手里还捧着一本按我的需要而编写的新的《古兰经》。"

那是在1801年，当时已经是第一执政官的拿破仑同英国人签订了和平条约之后，决定料理一下圣多米尼加的局势问题。这块殖民地对法国的经济发展极为重要，绝对不能允许它独立。杜桑·卢维杜尔是名义上代表法国的总督，他曾经挫败了英国人的一次侵略，并与西班牙人暗中交易，在1795年签订的一项条约中，把圣多米尼加岛的一半割让给了西班牙。拿破仑制订了一项打算由他的妹夫查尔斯·拉克勒克（Charles Laclerc）将军负责执行的计划，派出一支入侵军队去恢复法国在圣多米尼加的统治。根据这项计划，开始的时候要允许原来的奴隶选出代表在新组建的政府中任职，然后违背诺言，逮捕所有闹事的人，重新使所有黑人成为奴隶。这样就可以使圣多米尼加恢复路易十六统治时的状况，只不过是统治者变成了拿破仑。但是，拿破仑在1802年恢复法国的奴隶贸易这件事，肯定使卢维杜尔察觉了拿破仑可能要动手的危险。

1802年初，侵略军占领了沿海大部分城镇，卢维杜尔在撤军时将一些最繁荣的城镇夷为平地，其中包括被誉为"美洲巴黎"的弗朗哥角（Cap Francois）。不久，拉克勒克将军承诺反叛的领导者投降后会得到优厚的待遇，大多数反叛头领投降。接着，拉克勒克收到拿破仑的指示，将这些人运回法国，卢维杜尔就是在法国监狱里悲惨死去的。当拉克勒克将军企图解除岛上其余黑人的武器装备时，卢维杜尔的死讯引起了又一场叛乱。这时，法国军队受到黄热病的袭击，实力大减，无法反击。当1803年与英国再度开战的时候，法国人别无选择，必须离开，于是签订了一份停战协议，用来掩饰这场败退。拿破仑闻讯大为光火，恶狠狠地说："该死的咖啡！该死的殖民地！"1804年1月1日，海地共和国宣布独立。

拿破仑对圣多米尼加问题的不满反映到他对加勒比地区所有殖民地的态度上，而且在某种程度上导致他以1500万美元把路易斯安那卖给大喜过望的杰斐逊。拿破仑认为，北美殖民地的战略意义和经济意义与圣多米尼加岛息息相关，圣多米尼加岛的陷落使路易斯安那对他说来成为多余的了。此外，欧洲战事的再度爆发使他忧心忡忡是另外一个因素。美国购买路易斯安那，连同新奥尔良的咖啡馆，使奴隶贸易问题成了美国国会议员讨论的重点。这个刚从法国手中购买的州是棉花生产迅速增长的地方。然而，一般认为，那里的气候使得贫穷的白人雇工无精打采，不愿工作。当他们把工会的规模扩大一倍时，雇佣劳力的成本高出了最初的预期：他们使先

前废除奴隶制所形成的局面发生倾斜。从而，海地奴隶起义的成功讽刺性地成了美国长期采用奴隶制并发展成为一个世界强国的原因之一。

法国远征埃及的失败，使拿破仑计划建立一个可以与他的西方帝国相媲美的东方帝国的梦想成了泡影。他声称自己在埃及花了大量时间学习关于穆斯林的知识："在和土耳其人讨论宗教问题的时候，我总是要准备7个咖啡壶煮咖啡，因为我要整个晚上保持清醒。"拿破仑在尼罗河战役被纳尔逊击败，损失了大量海军，在放弃美洲主要殖民地之后，不得不将注意力转向欧洲。这时，拿破仑控制着欧洲大陆，而英国海军则掌握着海上霸权，双方旗鼓相当，这种格局在1805年特拉法加海战之后尤为明显。欧洲大陆所依赖的包括咖啡在内的来自殖民地的产品突然来源中断，使拿破仑这位一直创新的人物在1806年建立了"大陆体系"。在这个体系中，法国支配下的欧洲制造商和农民受到鼓励，努力实现所有产品的自给自足。种植甜菜来满足人们对甜食的渴望，就是这种进取精神成功而且持久的成果。用菊苣来取代咖啡也是这种努力的一个方面，但却没有取得成功。即便如此，食用菊苣的习惯却在法国一直保留到了今天。无论如何，法国是一个讲究美食的国度，但是到了不再因为经济需求而不得不食用菊苣的时候，法国人还要往咖啡里加入菊苣，这使它邻国的人们无论如何也难以理解。

大陆体系的概念一看就是不合常理的，它是一个没剩下多少船只的欧洲大陆对控制着海洋的英伦列岛的封锁政策。不过，通过禁止英国的船只进入欧洲大陆上的任何港口，包括俄国的港口，拿

第八章 大陆体系与拿破仑的咖啡替代品

破仑能够获得拥有一支占主导地位的海军才可能带来的好处。由于大陆体系，被孤立到欧洲大陆海岸之外的英国，无法同它最重要的邻国发展贸易。在这种情况下，欧洲大陆为了使大陆体系在战略上达到尽善尽美，必须实现完全的自给自足，不再依赖进口货物，既不要英国的产品，也不要殖民地的产品。这时，还得指望失去了最关键贸易伙伴的英国发展海上贸易和工业生产的计划也都落空。大陆体系是一场经济战争，需要依靠法国的科学和工业技术发明来对抗挑战，这一点至关重要，因为英国在制造业和工业方面居于世界的最前列。这时，法国人自己制造出种种需要来推动发明和创造，一场工业革命的浪潮席卷了法国大地。拿破仑对一位实业家讲："我们俩都在同英国人作战，但是你的作战方式比我的作战方式更高妙。"曼彻斯特的棉花、布雷德福的羊毛、斯塔福德郡的陶器、谢菲尔德的钢铁，以及其他大量的英国产品，先前自然而然地会被提供给法国，但现在法国不得不自己去生产了。美国的棉花呢？法国自己种。古巴的蔗糖呢？法国有自己的甜菜。圣多米尼加的咖啡呢？法国的气候条件不适合咖啡生长，但既然其他需求的东西都找到了替代品，咖啡的短缺便也促成了一种很差劲的替代品出现，这就是菊苣。

除了有一条和矢车菊一样的褐色长根之外，这种开淡蓝色花的、欧洲本土起源的植物没有其他显著特征。菊苣不需要抵抗热带害虫的袭击，不含咖啡因，也不含类似咖啡的美妙味道和香气。然而，菊苣是人类以其智慧所能发现的最接近咖啡的东西。首先是德国把菊苣的根烘焙并研磨成粉状，作为咖啡的替代品，当时腓特烈大帝（Frederick the Great）全面推行了一场反对咖啡的运动。在为时很长的统治期间，腓特烈亲眼目睹了德意志咖啡消费的激增，并且确信咖啡是毁掉工人阶级的祸根，对于能买得起咖啡的人说来则是另外一回事。在 J. S. 巴赫（J. S. Bach）的剧本《咖啡大合唱》（1732）中，一位年轻的德国资产阶级妇女威胁她的父亲说：

> 我不会答应任何求婚者，
> 除非他在结婚协议上保证，
> 允许我
> 想喝咖啡就喝咖啡。

腓特烈还深信，从医学上说，咖啡能使男人变得女性化，导致女人不孕。1777 年，腓特烈以其典型的普鲁士风格颁布了一道提倡消费啤酒的敕令："我的臣民对咖啡的需求越来越大，以至于大量金钱流往国外，这是不能容忍的……我的臣民必须喝啤酒。国王陛下是喝啤酒长大的，他的祖先和官员们也是这样。"他开始对咖啡课以重税，烘制咖啡公司的资质也控制得十分严格。那些喝不起啤酒的工人不得不去寻找一种能代替他们所喜爱的咖啡的饮料。经过对小麦、大麦、无花果、玉米等彻底调查试验之后，菊苣在所有等而下之的替代物中脱颖而出。

在咖啡传入德国之前，德国人就习惯了喝大量度数很低的啤酒，这是北欧人的共同特征。有人说，欧洲北方各民族在 17 世纪突然振作起来，就是这些民族由长久沉醉于啤酒的状态转变为喜欢

第八章 大陆体系与拿破仑的咖啡替代品

咖啡的结果。德国人虽然迷上了咖啡的味道，但咖啡带来的影响却不受德国人欢迎，因为如果德国人用喝啤酒的豪爽方式来饮咖啡，就会引起滥用咖啡因的病症。所以，当冯·海因（Van Heine）少校把一种新的烘干的菊苣粉投放到市场时，他取得了巨大的成功，这既是由于腓特烈大帝对咖啡的苛刻，也是人们考虑到自身健康的结果。

拿破仑虽然没有发明用菊苣替代咖啡的做法，但他热情地欢迎使用菊苣，用它解决大陆体系中的咖啡问题。拿破仑的密友朱诺特（Junot）违禁进口了咖啡这种奢侈品，他无法接受菊苣，尽管如此，拿破仑还是有效地发布并推行了把菊苣当作完美的咖啡替代品的敕令，要人民欢迎菊苣："你们的妻子在家里应该喝瑞士茶，因为它和印度茶一样好；而菊苣和阿拉伯的咖啡一样有益健康。"在今天，如果想让消费者认同某种商品的优点，就必须动用大量营销人员进行营销，而拿破仑则用一种相当堂皇的手段——皇帝的命令——改变了大众的口味。

尽管在拿破仑于1812年从莫斯科撤退后，大陆体系随之瓦解，第一帝国随着3年之后的滑铁卢惨败也最终崩溃，但法国人保留了喝菊苣的嗜好，这或许是出于一种奇怪的怀旧情结。大陆体系的经济规则此前已经遭到了长期破坏，首先是由于走私英国货，随后是允许法国人向英国人出售后者急需的粮食以换取黄金。后来，法国没有完全禁止进口英国商品，而是采取了对英国商品征收重税的政策。1813年，咖啡在伦敦每英担的价钱是40先令，而在汉堡则可以卖到500先令。最终，英国人恍然大悟，意识到法国的战争资金实际上来自贸易，于是决定封锁欧洲大陆。尽管拿破仑凭借他不同寻常的天才做出了巨大的努力，但最终还是常规思想占据了上风。拿破仑曾经以为，荷兰人、德国人和瑞士人为了拿破仑帝国统治给他们带来的自由，会愿意做出一些个人牺牲。但是最终，正如他自己所说的那样："当我这样想的时候，他们却为了一杯加点糖的咖啡，拉住了我要使世界获得自由的双手！"

第九章　拿破仑和圣赫勒拿岛

> 圣赫勒拿，这是一个小岛……
>
> ——年轻中尉拿破仑在奥松于地图集上做的标注

1815年夏天，拿破仑在滑铁卢被英国和普鲁士联军打败。10月16日，他被流放到了圣赫勒拿岛。想从这个岛上逃跑纯属异想天开。小岛上的防御工事十分强大：每个能够俯瞰大海的战略地点都布置了火力。而且，防卫者吸取荷兰人入侵的教训，在高地上布置工事，火力覆盖所有岛内通道。一名初次来访的人写道："从每一个角度都能看到炮台，到处是枪支、门、射击孔和不断交换目光的士兵。"圣赫勒拿就像永远停泊在南太平洋上的一艘坚不可摧的舰船。

尽管此前大约100年用来自也门的咖啡种子种植的咖啡树到这个时候已经不见踪迹，直到1814年罗克斯伯勒的报告中才重新出现，但有一篇作者身份不明的报告声称，拿破仑在流放圣赫勒拿岛期间曾经说过："圣赫勒拿岛的唯一可取之处就是咖啡。"这篇报告认为这位先前的皇帝、大陆体系的缔造者、有名的爱喝咖啡的人，这时明确认可了咖啡这种被忽略的植物的品质是可信的，并且值得

进一步的思考。拿破仑是历史上被记述得最多的个人,有大量资料显示他在感官享受方面的习惯如何,但具有讽刺意味的是,竟然是咖啡成了拿破仑和他最讨厌的看守赫德森·洛(Hudson Lowe)总督之间交恶的理由。

咖啡并不是传播到这个小岛上的唯一植物。1792年,臭名远扬的布莱(Bligh William)船长和一群塔希提游客从南海返航时路过这里,把他要带到牙买加去的供给品中的10棵面包果树树苗,以及一些适合山地生长的稻米种子和西米种子留在了圣赫勒拿岛。布莱离开之前,公司理事会写信给他,描述了"期待用从这个世界一端的植物在世界的另一端建立起一个郁郁葱葱的飘浮花园时难以言说的振奋"。布莱船长来到圣赫勒拿岛的时候,正是东印度公司顾问约瑟夫·班克斯(Joseph Banks)爵士曾大力推动的世界经济作物时代的开端。出于战略上的考虑,迅速崛起中的英帝国到处建立种植园,圣赫勒拿岛仅仅是其中的一个。从研究植物本身及其适应陌生环境的能力角度来说,其目的是具有科学性的,但是其背后的根本原因,在于促进具有潜在价值的作物在英国领地范围内的种植,从而减少本国为了生活必需品供应而对变化无常的外国人的依赖,并确保英国人自己能够赚取生活必需品生产的利润。正如前面已经看到的那样,咖啡是最早被用于这种意图的作物之一。英国人对所有植物,从金鸡纳树(能够提取奎宁的植物)到茶叶,进行了商业价值评估。使某一特定地区的产品全球化,这是东印度公司实现经济主导地位的基本手段,后来也成为大英帝国实现其经济主导地位的基本手段。这种手段消除了地方垄断,使新的种植技术投入生产,

第九章　拿破仑和圣赫勒拿岛

带来利润,更重要的是,使大英帝国控制了生产过程。19世纪50年代,当东印度公司面临解体时,公司的一名主要辩护人约翰·斯图亚特·穆勒(John Stuart Mill)曾经说道:"我们的西印度殖民地是英国生产糖料、咖啡以及其他几种热带产品的便利之地。"

在布莱船长来到圣赫勒拿岛之前几年,这个小岛经历了一次周期性发生的叛乱,原因是士兵被限制去拳击馆打拳。结果有99名士兵被捕,9名士兵被处死。这是平常的事情,自从圣赫勒拿岛被东印度公司强占之后,叛乱就成了岛上生活中的常事。有趣的是,当人们讨论是否将圣赫勒拿岛作为拿破仑的流放地的时候,从来没有人提到圣赫勒拿岛叛乱和暴动的历史是一个问题。真正的危险远不是会有人试图从海上过来把拿破仑救走,而可能是这位皇帝会运用他那巨大的煽动力将岛上不满的群众集结起来。想象一下,士兵人数增长了10倍,而这个岛的茕茕孤立与物资匮乏毫无改变,这种情况下,不出现叛乱的念头才是奇怪的事情。对这位业绩辉煌的皇帝来说,率领一支叛军占据监禁他的岛屿,抵抗来重新夺回这个岛屿的英国人,或许是一个不错的结局。他们可以重新建立一个微型的大陆体系。如果拿破仑统治了圣赫勒拿岛,并能吸取管理厄尔巴岛的经验,结果将对他是十分有利。在被流放于厄尔巴岛——其人口和面积是圣赫勒拿岛的4倍——的短短10个月中,拿破仑是一个忙碌和进取的皇帝:他修缮街道,清理垃圾,在中心城镇尔颇特奥费里奥的街道上安装路灯,设计了一个旗帜,建造了一个剧院,把他漂亮的妹妹波琳的表演搬上了舞台,发展农业,采集和出售瓶装矿泉水,在山上种植栗子树以防止水土流失。圣赫勒拿岛树木稀少，地表土不多，农业生产屡受挫折，山羊、猫和老鼠泛滥成灾，并且其政府腐败无能。如果拿破仑无与伦比的天才能被运用到圣赫勒拿岛的管理上，这个岛将受益无穷。然而，事实是拿破仑那无休止的精力无处释放，转而内攻，戕害了他自己。

用圣赫勒拿岛的标准来看，19 世纪初期管理圣赫勒拿岛的总督们算是很有活力的了，但是以拿破仑的标准来看，他们都是一些懒惰而无所作为的人。虽然贝亚特森（Beatson）和威尔克斯（Wilks）两位总督倡导农业进步，但却没有材料提到什么人曾经冒险将咖啡引进圣赫勒拿岛。贝亚特森写了许多关于山羊的著作，尽管他的前任做了大量园林化方面的工作，但山羊还是使得圣赫勒拿岛上的造林和园林工程困难重重。他任命高级牧师塞缪尔·琼斯（Samuel Jones）为"无主绵羊和山羊监察员"的举措，就反映出他对各种畜牧业的重视。当伊卡罗斯（Icarus）号船于 10 月 11 日到来，并传来令人震惊的消息——拿破仑·波拿巴，这个直到最近的战败之前一直是世界上最令人畏惧的人，即将乘坐诺森伯兰号（Northumberland）来到圣赫勒拿岛开始他的流放生涯时——山羊、桉树、遵纪守法的人的抱怨和叛乱的士兵等地方性的小问题，都显得微不足道了。

最新的一次人口调查表明，当时圣赫勒拿岛有 700 名白人，975 名士兵，1400 名奴隶和 450 名非白种自由人，总计 3500 人。这些居民们的生活由于这位前皇帝出现在朗伍德（Longwood）用粮仓改建的城堡中而在接下来的 6 年里发生了翻天覆地的变化。那个地方命中注定成为上演一场幽闭恐怖歌剧的场地，拿破仑的流放就是那

第九章　拿破仑和圣赫勒拿岛

场歌剧。从此,开始实行晚上 9 点到第二天黎明的宵禁,只有战地指挥官下达书面许可时才可能解除当天的宵禁。又有 2280 名士兵和 500 名军官来到圣赫勒拿岛,这使岛上人口总数几乎翻了一番,随之而来的是食品短缺和住房紧张。牛肉、羊肉、猪肉、火鸡、马铃薯、鹅、鸡、鸭等的价格上涨。鸡蛋以前是 3 先令 1 打,现在成了每个 1 先令。航运受到严格管制:除了(东印度)公司的船只,其他任何船只除非极度需要并经过检查,否则不得进入詹姆斯敦大道。有两艘双帆船不停地在岛屿周围巡逻,一旦在 60 英里范围内发现任何船只,它们就会拉响警报,500 支枪立刻对准来船。渔船必须注册,而且只能于白天在海岸附近捕鱼,这直接导致了鱼类供给的短缺,只有有钱人才能消费得起,而以前岛上鱼类产品供给十分充足。当然并不是所有的东西都短缺:在拿破仑流放期间,岛上有 279 个非婚生儿童接受了洗礼。

得知被判囚禁在这个岩石嶙峋的小岛上时,拿破仑肯定感到恐惧。1815 年,拿破仑第一次也是唯一一次逼近圣赫勒拿岛,他站在诺森伯兰号船的甲板上,透过望远镜仔细观察了圣赫勒拿岛的情况,然后不情愿地说:"这不是一个好地方。我留在埃及要比到这里好得多。"那时还没有确定他的住处。拿破仑抵达圣赫勒拿岛之前,科伯恩上将和威尔克斯总督察看了岛上所有的房屋来选择最合适的地方。科伯恩同意总督的意见,认为朗伍德最合适,但需要做大量改建工作。这个决定做得很仓促,因为朗伍德地方的天气可能是圣赫勒拿岛上最恶劣的。那里位于海拔 1760 英尺的高度,面对无休无止的风并且永远是潮湿的。房屋原本是一个粮仓,没有抵御恶劣气候的设施。烟囱漏烟，许多房间的地板是直接铺在土面上的，屋顶是淋了焦油的帆布，一到阳光强烈时就热得难受，而墙壁使用的是不坚固的木头。朗伍德的唯一优点——如果算是优点的话——是戴德乌德平原（Deadwood Plain）上有充裕的空间，可供那被认为必不可少的 2000 名监视这位被流放的皇帝的士兵活动。

拿破仑在晚上登陆，以避免等待一睹其面的人群围观，然而岛上的居民点着了火把，使他还是在众目睽睽下走过。拿破仑在东印度公司土地总管波蒂厄斯（Porteous）的家里度过了一夜——波蒂厄斯的宅邸是詹姆斯敦最壮观的。第二天，拿破仑和科伯恩一同骑马去检查朗伍德。如果拿破仑当天的确看到了那个所在，他的意见也没有被记录下来。他不想再在闷热乏味的詹姆斯敦待一晚上被人观看，在回来路过一个叫作双枪鞍的地方时，选中了一所叫作布莱阿斯（the Briars）的房子，这是威廉斯·巴尔科姆（William Balcombe）一家的住宅。威廉斯·巴尔科姆为东印度公司工作，同时又是一个独立的代理商。房子的花园中有一个虽小但舒适的亭阁，其中有一间小屋足够这个沙场宿将安顿下他总是喜欢睡的行军床。

交织的命运经常出现在圣赫勒拿岛的历史上：拿破仑的死对头威灵顿公爵在大约 10 年前从印度返回欧洲途中来到圣赫勒拿岛，下榻于同一个亭阁。那时他刚刚在印度马哈拉施特拉的战争中，尤其是在其决定性的阿萨耶（Assaye）战役之后一举成名，获封阿瑟·韦尔斯利（Arthur Wellesley）爵士——他自认为那是他一生遭遇的比滑铁卢还要艰苦的一场战役。而这时，在滑铁卢战役中被他

第九章　拿破仑和圣赫勒拿岛

击败的那位将军就住在圣赫勒拿岛上他曾经住过的地方。威灵顿公爵得知这件讽刺性的事情以后并非无动于衷,他写信给科伯恩的继任者马尔科姆海军上将说:"请你告诉拿破仑,我觉得他的爱丽舍宫十分舒适,希望他也喜欢我住过的地方……我们之间调换居所,真是欧洲事务的一个可笑结局。"

在布莱阿斯的日子是拿破仑在圣赫勒拿岛度过的唯一算是快乐的时光。这主要是由于巴尔科姆家的5个孩子,特别是叫贝奇(Betsy)的活泼少女带给他的乐趣。那些畏惧拿破仑的成年人无法想象,贝奇竟乐于和拿破仑亲昵随便地相处。当拿破仑想教她打台球的时候,贝奇好玩地说她"想用球去砸皇帝的手指头"。贝奇与皇帝之间的亲昵关系对她的家庭产生了巨大的影响:他的爸爸成了拿破仑和其随从的用品承包人——很有可能是他向朗伍德的人提供了咖啡饮料——后来他牵连到把情报传出圣赫勒拿岛的事件中,全家人被屈辱地赶回了老家。

拿破仑虽然欣赏漂亮的女性,但似乎对肉欲享乐并不太感兴趣。他被认为是一个冷漠的情人,而且食物和饮料也不能引起他太大的兴趣。在诺森伯兰号船上,他总是早早离开餐桌,使得科伯恩上将颇为不悦,拿破仑则说:"我不愿意像英国人那样在饭桌前吃两三个小时,喝得酩酊大醉。"他似乎觉得英国人的喝酒习惯很好玩。为了戏弄一群到朗伍德看望他的英国官员,他先用法语问:"喝酒吗?"然后又用不地道的英语问:"喝吗? 喝吗?"贝奇·巴尔科姆写道:"他对于英国绅士的酒量有一个夸大的概念,每次我们宴会结束后,他会问我我的爸爸喝了多少瓶酒,然后放声大笑,扳着指头,通常会数到 5。"在流放生活的后期,拿破仑进行了一次少见的远足。他令人意外地来到普利森特山上威廉·多夫顿(William Doveton)爵士的家里,固执地追问爵士的女儿格林特里(Greentree)的丈夫多长时间会喝醉一次。当格林特里告诉拿破仑,她好多年都没看到丈夫喝醉的样子时,拿破仑很惊讶。这位威廉·多夫顿爵士是圣赫勒拿岛上一个气度高贵的人物,他在唯一一次访问伦敦时,曾在大街上遇见一位认识的夫人,当时他建议等"行人都过去了"再进行他们之间的交谈。拿破仑本人喜欢喝一点掺水的香贝坦红葡萄酒。他对在圣赫勒拿岛受到的待遇有种种不满,其中之一是,英国人提供的红酒虽然质量极佳而且供应充足,但都是来自波尔多的酒。

拿破仑吃饭一直很快。他担任第一执政的时候,曾经提醒一位拜访者说:"如果你想好好地用餐,请和第二执政一起吃;如果想胡乱用餐,请和第三执政一起吃;如果想吃得快的话,那么就和我一起吃。"拿破仑总是突然离开餐桌,"就像受到电击一样"。曾到朗伍德做客的乔治·宾厄姆(George Bingham)爵士这样评论他的经历:"晚餐很丰盛,但只持续了 40 分钟,然后我们就到画室去玩牌了……真是吃得乏味。和拿破仑生活在一起的人很少大声说话,他在餐桌前只顾吃饭,极少对任何人说话。他在房间里点燃许多蜡烛,使屋里像烤炉一样热。"乔治的话算是说得很有礼貌了,因为他没有提到那一群群在进餐者腿边窜来窜去的老鼠。但拿破仑对这些老鼠却习以为常。有一次,他正要戴帽子的时候,有一只老鼠从他的帽子里跳了出来。他认为比起朗伍德周围布置的岗哨来,这些

第九章 拿破仑和圣赫勒拿岛

老鼠对他的生命算不上什么严重的摧残。

拿破仑的文书助理是拉斯·卡斯（Las Cases），她在圣赫勒拿岛陪伴皇帝，后来因为被发现私自向外部传递消息而被驱逐。拉斯·卡斯曾注意到，拿破仑的嗅觉特别灵敏，诺森伯兰号船上的油漆味就使他受不了。在搬进朗伍德之前，他派助手到新装修过的房子里检查是否还有油漆味。当助手汇报还有油漆味时，他便勃然大怒。他曾经雇用了一个漂亮的马德里女佣，特别喜欢，但后来发现自己无法忍受她身上散发的气味，便断然把她解雇了。一位传记作家评论说："这是嗅觉过敏在作怪。对拿破仑来说，最理想的女人是不散发任何气味的女人。"拿破仑宣称，即使他闭着眼睛，只要接近科西嘉，他就能知道。他还一直抱怨朗伍德有潮湿发霉的味道。拿破仑酷爱洗澡，经常长时间泡在浴池里，整天用科隆香水擦拭身体。当圣赫勒拿岛上科隆香水短缺时，他的仆人就以草本植物为原料制作了一种替代品。后来，巴黎让·巴杜（Jean Patou）的女装设计师兼香水制造者让·查理斯·凯勒（Jean-Charles Kerleo）重新发明了这种香水的配方，如果有人提出要求，还可以闻一闻，但这种香水是不供销售的。今天的朗伍德，尽管房屋已经彻底重建，只有通往房前门廊的石阶还是原来的，但仍然散发出一种霉菌与忧郁混合的流放气息。

在圣赫勒拿岛时，拿破仑虽然对食物不怎么感兴趣，但却常喝咖啡。每天早上6点吃早餐时喝咖啡，10点吃完午餐后也喝咖啡。8点开始的晚餐将要结束的时候，他总是要喝从一个银壶倒在他那些价值不菲的杯子里的咖啡，杯子是拿破仑在1806年命令塞夫尔瓷器厂特别制作的。这些杯子很小，蓝色，上面用镀金的象形文字和仿照维旺·德农（Vivant Denon）《埃及景象》中的画面来装点。宾厄姆注意到了这些杯子，他说："餐后甜点盛在塞夫尔瓷盘里，配着金制的刀叉和汤匙端上来。那些咖啡杯是我见过的最漂亮的杯子，每一个杯子上各有一幅埃及画面，承杯的浅碟上则各有一位名人的画像。在法国，买这样的一个配着浅碟的杯子要花费25个几尼。"一向慷慨大方的拿破仑把一套杯碟送给了马尔科姆夫人——她的丈夫就是接替科伯恩海军上将职位的那个人。贝奇·巴尔科姆曾经在拿破仑的陪同下，拜访马尔科姆海军上将住在圣马太教区牧师居住地附近的助手马雷夏尔·伯特兰（Maréchal Bertrand），他们一起品尝拉·帕热斯（La Pages）烹制的"香气扑鼻的"咖啡，但他没有提到那种咖啡的产地是哪里。在威廉·多夫顿爵士家中举行的一次即兴的野餐式午餐聚会上，拿破仑带去了冷馅饼、罐装熟肉、凉的火鸡肉、用咖喱烹制的肉、枣子、杏仁、一道非常精致的色拉，还有咖啡。格林特里夫人品尝了咖啡，觉得"发酸，难以下咽"。圣赫勒拿岛的沙湾一带坐落着普莱森特山，被500码的竹篱笆围绕着，那就是18世纪30年代从也门来的咖啡树最初栽种的地方。人们很容易会做这样的推测：威廉爵士会告诉拿破仑说，他住的房子里就能看到那栽种咖啡树的地方，他甚至可能为拿破仑准备一些采自竹篱中的咖啡。不过，因为岛上没有加工咖啡的专家和设备，爵士的咖啡很可能加工得很不好，于是就导致了格林特里夫人所抱怨的"发酸，难以下咽"的味道。有趣的是，格林特里夫人居然真的当着拿破仑的面抱怨咖啡味道不好。如果是拿破仑本人亲自带来的咖啡,她按说不会那样有失优雅,也不会去伤害她父亲的待客热情,除非其中还涉及其他什么原因。普莱森特山边草地上的野餐中究竟发生了什么事情,再也没有人知道了。这件事发生在 1820 年 10 月,那正是拿破仑突然对园艺产生了兴趣,并且郑重其事地种植了几棵咖啡树之后不久的时候。那些树后来都受不了朗伍德无休止的风,悄然死去了。

拿破仑肯定在成年以后不久就开始喝咖啡了。当他在 1795 年追求他的第一任妻子约瑟芬(Josephine)的时候,约瑟芬就曾把她家在马提尼克的地产上出产的咖啡提供给拿破仑品尝。约瑟芬出身的塔舍家族从 17 世纪以来就在那里拥有自己的种植园,起初种甘蔗,在加布里埃尔·克利乌将咖啡传进那个岛屿之后又开始种植咖啡。种植园里有 150 个奴隶,都受到很好的对待,但那个种植园并没有给约瑟芬带来收入,因为在她与拿破仑交往的时候,那个岛被控制在英国人手里。可能是受到约瑟芬的影响,拿破仑于 1802 年重新开始了法国的奴隶贸易。当然,这除了受约瑟芬的影响,还因为拿破仑受到了来自南特、波尔多、马塞等地区的要求允许奴隶制的压力。并且,拿破仑从圣多米尼加反叛的例子中看到了丧失殖民地会带来怎样沉痛的经济损失,也是其中的原因之一。

然而,就圣赫勒拿岛的情况而言,恰恰是维持殖民统治的做法带来了沉痛的损失。虽然圣赫勒拿岛仍然归东印度公司所有,但在拿破仑流放期间,英国国王接管了圣赫勒拿岛,并且为保持该岛的高度戒备状态支付大大增多的开支。受人尊重的威尔克斯总督被给予一份退休金,打发离开,由海军上将科伯恩和马尔科姆先后担任

临时总督,直到国王选定的总督赫德森·洛爵士于 1816 年 4 月到任。赫德森·洛沉默寡言,乏味无趣,在流放地的日子对他来说是度日如年。但陪同拿破仑来到流放地的拿破仑的所谓四福音传道者之一蒙托隆(Montholon)——其他 3 位是伯特兰、古尔戈(Gourgaud)和拉斯·卡斯——曾经写道:"来自天堂的天使也不会像新总督那样让我们喜欢。"实际上,无论赫德森·洛有什么优点,他不是一个天使。随着同拿破仑关系的迅速恶化,他沉浸到捍卫他对拿破仑监护所的控制权的事务中——人们嘲笑地称那个地方为"赫德森堡"。他会在半夜醒来,神经质地写下如何加强安全防备的新点子。他面对的是一个内心苦涩无聊而又冷酷无情的对手——拿破仑。拿破仑在 1818 年 12 月曾经说过:"无论别人怎么说,我可以使这位总督名望大增,也可以让他恶名远播……无论我说他什么,是举止粗鲁还是想毒死我,大家都会相信。"

不过,这两个人的第一次会面看上去还是融洽的。赫德森曾是科西嘉巡逻骑兵的指挥官,熟悉埃及,并且和拿破仑对战过几次,他说:"我们可能向对方开过枪,在我的经历中,这种事最后总会导致良好的关系。"拿破仑喜欢衡量一个人的涵养,他对洛的最初印象可能是不错的。有人说曾经听拿破仑说过:"这位新任总督寡言少语,但看起来彬彬有礼。"不过,另外的资料则说拿破仑这样评价过赫德森:"我见过普鲁士人、鞑靼人、哥萨克人、卡尔梅克人以及其他各类人等,但是还从来没见过像赫德森那样一张令人反胃、不堪入目的面孔。"

有意思的是,虽然人们经常提到拿破仑在圣赫勒拿岛上喝咖

第九章　拿破仑和圣赫勒拿岛

啡，但是在向朗伍德运送的食物和酒类的详细记录中却不包括咖啡。其中只有一次例外，赫德森有一次把咖啡作为礼物送给拿破仑，而这个礼物与这两个人在1816年4月第二次会面时的失和颇有些关系。那时，关于拿破仑的活动，已经形成了详细的日程表。那些咖啡原产于哪里还不能肯定，可能是来自岛上沙湾一带的咖啡树，但蒙托隆坚持说是赫德森从印度洋上的法属留尼旺岛得到的。从表面上看，这似乎是不可能的，因为东印度公司的商船很少停靠在留尼旺岛，而且圣赫勒拿岛不会欢迎法国船只的光临。然而，当时留尼旺岛的咖啡在非洲南部海角地区畅销，那个岛与开普敦之间的私人贸易也十分兴旺。所以，当时完全可能有留尼旺岛的咖啡进入圣赫勒拿岛，然后经由赫德森的手被送到了朗伍德。

不管咖啡来自哪里，当拿破仑要求许可他在岛上单独漫步的要求被赫德森拒绝之后，拿破仑对赫德森的愤恨明显起来，咖啡则成了拿破仑和赫德森矛盾的一个焦点。那次聚会之后，拿破仑告诉拉斯·卡斯："总督的脸多么阴险可憎啊……和这样一个人单独在一起，连咖啡都不想喝了。"另一个说法是，赫德森走后，拿破仑突然命令一个仆人把咖啡扔到窗外，说是咖啡里面有毒。蒙托隆的说法是，赫德森把咖啡送到了朗伍德，朗伍德的管家怀疑咖啡里有毒，后来是拿破仑让人把咖啡拿到厨房，并说："在这个恐怖的地方，好咖啡是很珍贵的。"这可能就是那位身份不明的评论者关于拿破仑曾提到"圣赫勒拿唯一的好东西就是咖啡"这个说法的出处。

无论那次关键性的聚会中究竟发生了什么，肯定的事实是，他们的关系已经完全破裂，无法挽回。后来，直到拿破仑于1821年

去世,赫德森只去看望过他的这位被监护者一次。那是一次短暂而充满敌意的会面。拿破仑想用侮辱来激怒赫德森,而赫德森则愠怒而冷漠。在一出对拉丁人的急性子被北方人的冷漠挫败的滑稽模仿中,拿破仑后来说他希望赫德森·洛离开时会砰的一声把门关上。

拿破仑和赫德森是私下会面的,因而所有上面这些说法都是道听途说。即使人们客观转述了拿破仑的话,也无法保证拿破仑言语的客观性。拿破仑打扑克和下象棋的时候会不知羞耻地作弊,也会同样不知羞耻地为了自己的利益玩弄舆论。这并不是无谓的恶作剧,他希望消息泄露出去,使英国公众关注他所受到的待遇,而那些消息的确传到了他在英国的支持者那里。巴尔科姆一家就因为被怀疑外传此类机密消息而被驱逐出了圣赫勒拿岛。据说由蒙托隆写给赫德森的一份劝谕的信,事实上就是受拿破仑指使而写的。1817年,这封信在伦敦公开发表,并导致霍兰德勋爵(Lord Holland)在上议院表达了对拿破仑处境的关注。殖民大臣巴瑟斯特勋爵(Lord Bathurst)拒绝考虑霍兰德勋爵的担忧,并因此受到拿破仑的抨击。拿破仑发表在1818年的《观察者》上的文章声称:选择圣赫勒拿岛来监禁他,是为了造成他"缓慢地像自然消亡一样地死去"。

圣赫勒拿岛孤零零地坐落在通往印度的航线上,经常有东印度公司的人往来经过,而且,虽然有防范的措施,仍旧阴谋丛生。所以,虽然人们会以为在朗伍德这样一块狭小的地方,所有的人都熟知别人的事情,因而会很容易发现朗伍德所发生事件的真相,但实际上,有关的说法各不相同,而且通常各有自己的用意。除了正直的马雷夏尔·伯特兰,拿破仑随行人员所写的东西似乎都只是为了发表，不考虑是否符合历史。他们沉浸在他们所处的极端情境带来的四处弥漫的忧郁中，在书写流放的历史时，流露出一种感觉，宛如围绕着一颗渐渐陨落的恒星旋转的、行将寂灭的行星。

无聊的流放生活继续着。拿破仑一度喜欢上了园艺，建立了一个中国茶馆，并在卧室外面种了一片咖啡树，成为后来被叫作马尔尚花园的一个中心景观。这片咖啡树在风中渐渐凋零，并且随着拿破仑热情的消散而死去，拿破仑随后也去世了。尽管官方说拿破仑是死于胃癌，但至今仍有争议。最近，蒙托隆夫人的一个后人披露，当蒙托隆夫人访问圣赫勒拿岛的时候，她成了拿破仑的情妇，她于1819年在岛上所生的孩子约瑟菲娜（Joséphine）就是拿破仑的骨肉。根据这个故事接下来的说法，当蒙托隆夫人离开圣赫勒拿岛时，她的丈夫给拿破仑服下了剂量很小的砒霜，动机不是由于妒忌而想杀死他，而是想使拿破仑显示出生病的症状，好使拿破仑回欧洲治疗，这样就可以使自己迷途的妻子回到身边。结果，砒霜与拿破仑服用的其他药物产生了剧烈反应，最终导致拿破仑死亡。在圣赫勒拿岛的拿破仑头发样本中确实发现了砷（砒霜）。但是，在拿破仑更早的1805年的头发样本中也发现了砷，而且拿破仑3个姐姐的头发样本中同样也含有砷。这就消除了关于拿破仑在圣赫勒拿岛中毒而死的猜疑。

马雷夏尔·伯特兰回忆说，拿破仑在去世前几天不停地要求喝咖啡，他的新"医生"安托马尔基（Antommanhi）——他实际是名解剖室助理——允许他喝了几匙。然后，随着这位皇帝病情的进一步恶化，伯特兰写道："那天早上，他央求了20次，要求喝一点咖

啡。回答是:'不能,阁下。''医生,能不能允许我只喝一匙?''不行,阁下。现在不行,您的胃炎太厉害了,您可能会更早就呕吐的。'这一天,他可能已经呕吐9次了。是多么巨大的变化吞噬了他!望着这个曾经拥有巨大权力的威严的人在乞求一匙咖啡,像个孩子那样一遍遍地央求而无法得到,却一直也没有发怒,我的眼中涌出了泪水。如果在他生病的其他时候,他会把医生赶出门外,无视医生的建议,做他想要做的。现在,他却像一个孩子那样温顺。这就是那个伟大的拿破仑,可怜兮兮,谦卑驯服。"

1821年5月5日5时49分,拿破仑在挪到朗伍德画室的行军床上逝世。赫德森检查了他的尸体——这是近5年来他第一次看到拿破仑。他要求拿破仑的一个随从确认那的确就是拿破仑的身体。负责检验尸体的是安托马尔基,他至少还保持着清醒。另外5个英国医生在一旁核实验尸结果,认定拿破仑的死因是胃癌。一个持不同意见的人发现拿破仑的肝脏似乎有些肿大,但赫德森在最后的报告中删除了这一看法,因此形成了将近200年的关于拿破仑死于阴谋的说法。因为该报告上面没有安托马尔基的签名,那些阴谋论就越发流行。安托马尔基当时拒绝签名,因为验尸报告上写的是波拿巴将军,而不是波拿巴皇帝。参与拿破仑监护的各方面人员的狭隘与鄙琐,一起把拿破仑推到了尽头,然后继续纠缠着他。

尸体检验做完之后,为了自己后世的利益而展开的对拿破仑身体器官的竞争就开始了。连他被药水浸泡起来的生殖器也被冠冕堂皇地陈列在法国的一个博物馆里。当时需要制作死去的拿破仑的身体塑像,而制作塑像所用的巴黎石膏很难得到。于是伯顿医生把詹姆斯敦所有的希腊女神、诗人、作家和其他英雄人物的石膏像都买了下来,把它们捣碎,用这种混合出来的石膏粉制作拿破仑的逝者面部塑像(death mask)。用多位神祇和天才的塑像糅合到一起制成的死去的拿破仑留下来的唯一塑像一定有什么地方特别地吸引人,结果,伯特兰偷走了面部塑像的正面部分,给伯顿留下的是远不那么令人振奋的颅骨背面。拿破仑的尸体被穿上他最喜欢的卫队骑兵上校穿的墨绿色制服,安置妥当,先是由显贵人士瞻仰,然后供岛上所有居民对之表示敬意。对几乎所有的人来说,这是他们在拿破仑被流放于此地将近6年的时间里,第一次看到这个他们看不见却又影响着他们日常生活的人。随后,圣赫勒拿岛陷入了后拿破仑流放时代前程未卜的混乱之中:地产价格狂跌,拿破仑活着时一匹马的价格达到70英镑,而在这位皇帝死后,却仅值10英镑。这个岛屿刹那间失去了它并不曾追求过的特殊性。

拿破仑在他的遗书中写道:"我希望我的骨灰安息在塞纳河的岸边,和我深爱的法国人民在一起。"但是,英国人认为他的遗体构成对英国安全的威胁。罗斯伯里爵士说:"死去的拿破仑回到欧洲带来的是仅次于活着的拿破仑回到欧洲的窘境。"于是,拿破仑在死后受到了再度流放。他被下葬于靠近哈特门(Hutts Gate)的美丽的峡谷中,挨着一条小溪——拿破仑生前坚持要他在朗伍德饮用的水都从那条小溪汲取而来。凑巧的是,这个地方的名字就叫作赛尼河谷(Sane Valley)。葬礼依照应有的礼仪隆重举行。3000名士兵组成的卫戍部队在通往墓地的整条路上一字排开,山间回响着海上舰船和陆地上的大炮隆隆的共鸣,乐队演奏着肃穆的军乐。下葬

以后,墓地周围的小柳树只剩下光秃秃的枝丫,叶子和细枝都被人们当作纪念物拽光了。随后,被埋葬的这位伟人展示出难以笼罩在坟墓下的魔力,关于他的记忆开始被人们开发利用了。

拿破仑的坟墓一直由3个士兵守护着,士兵负责人说:"墓地的周边都有士兵巡逻,如果他从坟墓里爬起来,马上就能捉住他。"这个士兵后来参观了朗伍德,并赞美说那里的德农咖啡餐具:"是我见过的制作得最漂亮的。"朗伍德的陶瓷器皿有不容忽视的重要性:英国韦奇伍德(Wedgwood)陶瓷公司迄今享有推销"拿破仑常春藤"(Napoleon Iry)瓷器系列的巨大利润,这是该公司最畅销的产品系列。每件瓷杯的底部都显著地标着"拿破仑常春藤。与1815年圣赫勒拿岛上所使用的一般无二"。不过,根据韦奇伍德公司自己的记录,事实却完全不是这么一回事。在摄政王的要求之下,该公司确实通过一个政府工作人员向朗伍德送去过该公司生产的古典风格的淡蓝色早餐餐具和一套白色与金色相间的晚餐餐具,晚餐餐具中的每个盘子上都有手工绘制的"典雅的英国风景画"。这套晚餐餐具对拿破仑来说是一种特别的羞辱,因为他曾经希望被流放到英国乡村一个体面堂皇的大宅子里,但却没有实现。韦奇伍德公司送给拿破仑的那套饮茶和咖啡的器皿是有"葡萄藤浮饰"的瓷器,完全不同于那种"拿破仑常春藤"系列瓷器的模样。而且,没有任何证据表明拿破仑曾经使用过那套有"葡萄藤浮饰"的瓷器。

那套真正的德农咖啡系列餐具目前收藏在卢浮宫,是1950年从拿破仑公主那里购买来的。它被陈列在一个丝绸铺垫的橱窗里,虽然用金色在石蓝色底面上仿书的象形文字,以及绑着绳子的弯曲

第九章 拿破仑和圣赫勒拿岛

的梯子、羽毛和箭构成的画面略有点滑稽，但正像当代人所描绘的那样，令人赞叹不已。绘画极其精细，但令人惊奇的是，画面中最突出的是河流、清真寺、三种颜色交融的城堡，而不是古代的庙宇。碟子上的埃及显贵肖像清晰可辨。几个杯子上出现的裂纹或缺口，使这套餐具更有了一种经过使用的沧桑感。半闭上眼睛，很容易想象到朗伍德摇曳的烛光，客厅里郁闷的热气，还有那咖啡端来时杯盘轻动发出的声响。拿破仑皇帝是随意使用所有这些杯子来喝咖啡么，还是像个小孩子一样喜欢其中能够唤起他特殊回忆，比如河对岸那些摇曳着的棕榈树的一件？他也可能沉浸在逃离流放地的细节纷呈的遐想中。第一眼看到圣赫勒拿岛的时候，他就说过，当初如果留在埃及，他的命运要比到这里来好得多。那套德衣咖啡饮具一定曾勾起他对埃及的向往。

圣赫勒拿岛居民对历史的态度是冷漠的，朗伍德作为前皇帝住所的功用既然已经完结，很快就被恢复为农家房屋。拿破仑去世仅仅 9 年以后，就有报道说，他的卧室改成了一个马圈，而拿破仑去世前度过大部分最后时光的画室窗前的空间，则被一台打谷机占据了。墙上的壁纸随着流放时光的远去，被一条条地撕下来，显出裸露的墙壁，上面满是胡乱书写的文字，其中最多的是法文，在那里诉说这所荒凉的房屋不久以前曾经居住过一位被流放的皇帝的故事。

葬礼结束数周之后，拿破仑剩余的随从人员搭乘一条路过的运送牲畜的船离开了圣赫勒拿岛，随后赫德森·洛爵士也离开了。赫德森虽然遭到法国人的辱骂，但这个小岛上的居民却由衷地把他作为废除圣赫勒拿岛上的奴隶制度的人铭记心中。1818年,在岛上发生一次鞭打年轻女奴并激起公众愤怒的事件之后,他平静地向圣赫勒拿岛的议会指出:圣赫勒拿岛是东印度公司属地中唯一仍然容许奴隶制的地方。他恰好是用了10分钟的时间,使得议会投票废除了奴隶制。当然,废除奴隶制的真正实现并不像在议会通过一下这么简单,依照当时流行的做法,所发生的情况是,现有奴隶的状况不变,但他们所生的孩子将是自由的,只是这些孩子必须要去教堂并要上星期天学校。1821年7月,赫德森离开圣赫勒拿岛的时候,他收到岛上居民一份称颂他的功绩的致辞:"阁下在这里卓有作为,您提出了一个在这个已经长期认可奴隶制度的殖民地预计不会得到支持的方案,并得到了岛上居民毫不犹豫的一致赞同;这一结果充分证明,我们对于您为我们的利益着想的信念无以复加。"

拿破仑流放结束后的新任总督沃克(Walker)准将仍是由东印度公司任命的。他继承其之前几任总督的开明路线,也试图进行农业改革、推行教育项目和其他一些有意义的工程。在他之后继任的达拉斯(Dallas)总督则建造了一个从詹姆斯敦通向梯山(Ladder Hill)的900蹬的阶梯。直到现在,那里仍然是岛上最引人注目的景点。1829年,八哥这种鸟被从印度引入圣赫勒拿岛,它们最终成了对该岛水果种植者的严重威胁。

当这些地方性事件发生的时候,一系列将会对圣赫勒拿岛产生比拿破仑流放到该岛影响更大的事情正在酝酿中。强大的东印度公司遭到了来自议会的对于其对华贸易垄断权,包括其茶叶贸易控制权的强烈反对,最终做出了让步。东印度公司不再享有进入广州的

第九章　拿破仑和圣赫勒拿岛

独占特许权，它由一个贸易公司转变成了代表英国国王管理印度次大陆事务的中介。公司的股票仍然可以交易，而且有大量身价无数的股东，但是从根本上说，东印度公司已经不再是股东们一直希望的那样一种基于贸易的商业公司了，而是变成了它向来不赞成的那种疆域性势力。作为妥协的一部分，1834年，国王从东印度公司手中接管了圣赫勒拿岛。既然印度次大陆被一个不再对贸易感兴趣的公司所管辖——麦考莱（Macaulay）把这称作"为最奇怪的帝国设计的最奇怪的政府"——圣赫勒拿岛被纳入国王常规性的殖民控制体系中。这对岛上居民的生活影响深远，至今犹存。圣赫勒拿岛每年从东印度公司得到的9万英镑的津贴基本消失了，工资被削减，东印度公司发放的高额养老金也被胡乱削减，士兵和公务员被解雇。这种降低成本的残酷做法剧烈地冲击了岛上的经济，当权者大笔一挥，岛上居民就从相对富裕的状态跌入了贫困的深渊。东印度公司拒绝对以前的雇员承担任何责任，把所有抱怨推到国王身上，而后者对此置若罔闻。与此同时，国王把圣赫勒拿岛总督一职当作用来赠予退休臣僚优裕生活条件的奖品，而岛上种植园中的房屋从此就成了对岛上事务漠不关心的粗暴的上校和冷漠的将军们相继占据的地方。

1836年，达尔文路过这里，他目睹了岛上的贫穷。在停留的6天里，达尔文以他特有的巨大热情深入调查了岛上的植物和动物。奇怪的是，他居然没找到圣赫勒拿岛唯一土生土长的、独特的丝鸟（wire bird）。不过，他的确注意到，许多新近获得解放的奴隶在政府过度吝啬的政策下沦于无事可做和极度贫穷的境地。具有讽刺意

175

味的是,当岛上被解放的奴隶陷入极度困境的时候,这个岛屿本身却成了反对奴隶贸易活动的中心。一个海军中将主持的法庭在圣赫勒拿岛成立起来,皇家海军士兵往返于西非沿海地区,搜捕贩奴船只,并将之带到圣赫勒拿岛。船主在那里接受审判,船只被拆毁,而奴隶们则被安置到鲁珀特山谷的"非洲解放营地",有吃有穿。一旦他们的身体状况恢复——他们来的时候身体状况通常十分糟糕,很多人活不下来——就会被运到西印度或者英属圭亚那去,在那里他们可能找到就业的机会。到这支海军分遣队在1864年离开时为止,大约有1万名奴隶在"非洲解放营地"里待过。这一反对奴隶贸易的活动"因为"一个特殊的物种给小岛带来了毁灭性的后果。1840年,一艘巴西贩奴船被海军带到岛上,船只被按照程序拆毁,拆下来的木料被储存在詹姆斯敦的一个贮木场。这批木材里很快滋生了大量白蚁,这种生殖能力特别强的白蚁在随后的50年里持续繁殖,吞噬了整个小岛。人们先是在书里发现了白蚁,尤其是公共图书馆的神学书籍。据愤世嫉俗的记述者说,那些书是经人读过次数最少的书。后来詹姆斯敦所有房子的通梁都被白蚁蛀蚀了,整个镇子就像遭受地震袭击一样坍塌了。甚至城堡也在白蚁的侵袭中垮掉,必须完全重建。白蚁又逐渐蔓延到乡村,给那里的建筑物和树木带去了绝望。

第十章　奴隶制、巴西和咖啡

巴西一直是美洲奴隶贸易的主要集散地。由于是葡萄牙殖民地，巴西的大西洋贸易主要由葡萄牙奴隶贩子的活动所构成。他们先是在安哥拉，后来是在莫桑比克角周围一带进行运作。安哥拉位于英国、法国、荷兰和美国贩奴船最喜欢去的那些港口以南——这些国家的贩奴船很少抵达安哥拉，因此，葡萄牙人的奴隶贸易是相对自成体系的，甚至还有自己的保护圣徒：圣约瑟夫（St Joseph）。罗安达当地那些臭名昭著的"奴隶棚"就是定居在那一带海岸的葡萄牙人经营的。奴隶的数量在一开始就很大。基于1494年签署的《托德西利亚斯条约》，葡萄牙在哥伦布发现"新大陆"后不久就建立了巴西殖民地。这个强横的条约是早期天主教殖民主义决策者狂傲野心的典型例证，它引发了深远的后果。条约的主题很简单，就是如何在西班牙和葡萄牙这两个角逐对手之间分割这个星球。由教皇亚历山大六世最终拍板的这个条约是在托德西利亚斯签署的——这个坐落在西班牙北部的小镇除了曾经发生这次事件以外，一切平淡无奇。根据《托德西利亚斯条约》，双方以通过亚速尔群岛以西100里格[1]

---

[1] 里格（leagues）是旧时长度单位，1里格=5.556公里。——译者注

的一条经线为分界线，此线以东属于葡萄牙，以西属于西班牙。达·伽马在1498年出没在印度西海岸的卡利卡特一带，正是根据这个条约，葡萄牙人获得了在印度洋继续探险，寻找"基督徒和香料"的权利。同样，1521年科尔特斯征服阿兹特克，1532年皮扎罗征服印加王国，都是西班牙人严格履行条约规定义务的结果。显而易见，条约的措辞并没有体现出关于地球是圆形的的意识，所以在1543年，西班牙船队一直向西行穿过了麦哲伦海峡，宣布占领菲律宾群岛，而菲律宾群岛距离葡萄牙向东航行后获得的香料群岛北部仅仅几百英里。

《托德西利亚斯条约》签订6年之后的1500年，佩德罗·卡布拉尔（Pedro Cabral）发现了坐落在条约规定的葡萄牙势力范围之内的巴西。结果，那里的土著印第安人饱受葡萄牙人反复无常的殖民习性带来的苦楚。土著居民人数一开始有700万，后来锐减到20万，而这20万人也被赶进了亚马逊原始森林的深处。尽管葡萄牙没有很快向巴西腹地推进殖民，但是蔗糖和奴隶很快就出现在了巴西的沿海地区。到1820年，在巴西大约有200万奴隶，他们被运送到巴西之后，平均只能活7年，而当时，整个巴西的人口大约也不过400万。由于葡萄牙人严格控制着对巴西的贸易，并对每一个在巴西出售的奴隶征税，葡萄牙本国也越来越依赖于巴西奴隶贸易所带来的收入。一位海商为了保护奴隶贸易而写信给国王说："任何反对奴隶贸易的事情都构成对人民、商业以及陛下您的利益的危害。"

1807年，葡萄牙国王的儿子多姆·佩德罗（Dom Pedro）从入侵葡萄牙的拿破仑军队手中逃往巴西。1822年，他宣布巴西脱离他的祖国葡萄牙而独立，并自立为皇帝。具有讽刺意味的是，这场革命正是受拿破仑和法国大革命成功的影响而发生的，其结果却是促使南美洲的许多殖民政权挣脱欧洲殖民枷锁而获得自由。流放中的法国皇帝常常思考领导一场拉丁美洲革命的可能性，他长期以来一直认定殖民主义注定会失败，并且在1809年写信给立法机关说："法国皇帝绝不反对美洲大陆国家的独立……无论墨西哥人民或是秘鲁人民，希望保持与其祖国的统一还是希望实现光荣独立，法国绝不会反对他们的意愿……但这以他们不与英国建立任何关系为条件。"

1831年，佩德罗把权力交给了他的幼子。1840年，这位新皇帝正式宣布成为佩德罗二世（Pedro II），而这恰好是被捕获的巴西贩奴船把白蚁带到圣赫勒拿岛的那一年。圣赫勒拿岛在南大西洋的地理位置使它成为拦截从安哥拉海岸开往巴西的贩奴船的绝佳之地。

尽管巴西早在1831年就在名义上宣布禁止奴隶贸易，但事实上这种活动并没有停止，而且由于从巴西东南部的帕拉伊巴河谷引进了咖啡，里约热内卢港的奴隶贸易活动反而更加繁荣起来。巴西人喜欢讲述咖啡传入他们国家的浪漫故事，这个故事已经浪漫得根本不去假装有事实的根据。故事说，南美洲的委内瑞拉东边有两个邻国：法属圭亚那和荷属圭亚那，两个国家都种植咖啡。出于谨慎，两国都禁止向邻国和任何其他地方出口咖啡种子。后来，这两块殖民地之间发生了边界争议，一位名叫弗朗西斯科·蒂梅略·帕

列塔（Franciso de Mello Palheta）的巴西外交官被请来裁决。这时发生了一件风流韵事：法属圭亚那总督的夫人爱上了这个外交官，在分别的时候，这位夫人送给他一束鲜花作为礼物，而这束鲜花中夹杂着一些成熟的咖啡浆果，举世无双的整个巴西咖啡业就是从这几个浆果起源的。值得注意的是，巴西所有关于咖啡的神话都重复同一个主题——在前面讲的这个故事以及加里布埃尔·克利乌和巴布·不丹的故事中都是一样——机智的外国人克服超乎想象的困难使咖啡在某个国家兴盛起来。在故事中加入性的色彩是巴西人特有的习惯，但这些故事从整体上说都不可信。咖啡传入巴西的真实经历很平凡：1774年，圣方济各会一个名叫若泽·马里亚诺·达·孔塞桑·维洛佐（José Mariano da Conceição Velose）的修士从他的一个荷兰朋友霍普曼那里得到了一些咖啡种子，并把它们种在了圣安东尼修道院的花园里。

　　抛开那些浪漫的说法，残酷的现实是：世界上最大的咖啡经济体系是建立在继续推行早已被欧洲各国废除了的奴隶制基础上的。直到1888年，巴西才最终明令禁止奴隶制。这对咖啡经济产生了重大影响。1880年，一位国会议员这样说过："巴西就是咖啡，而咖啡就是黑奴。"不过，在19世纪初期，巴西经济还是以糖料作物为基础的。巴西的糖料产量巨大，所以有一句俗语说："糖会讲葡萄牙语。"在大陆体系时代，拿破仑发现了甜菜，成功地使世界摆脱了依赖需要在热带种植的甘蔗提炼的食糖的状况。他用菊苣代替咖啡的尝试并不那么成功，没有把那些消费咖啡因的人群解放出来。日益增长的咖啡需求促使巴西的种植园主从经营

第十章 奴隶制、巴西和咖啡

糖料作物转向经营咖啡。糖料作物主要生长于东北部的巴伊亚一带，而咖啡适合生长在气候比较温和的南部地区。甘蔗种植园主对土地的过度开垦已经使原本肥沃的土壤衰竭，所以种植园主和他们的奴隶们像蝗虫一样迁移到里约热内卢北边的红紫土地带。在这块略呈紫色的处女地表有沉积千年的森林腐殖土。在那里开垦的第一步，自然是砍掉腐殖土上面的树木，这样就开始了一场产业化规模的"刀耕火种"，其后是大规模的咖啡种植。伴随而来的是土地营养成分的逐渐消耗和严重的土壤流失。一旦土地丧失了自我修复的能力，就会被抛弃，新一轮的开垦又会重新开始。如果是小规模的刀耕火种活动，其周边的自然环境会迅速覆盖那些一度贫瘠化的土地，使之恢复肥力。19世纪的巴西咖啡种植者的规模化经营却与此不同，它紧密地伴随着不可避免、广泛蔓延的环境灾难。

收获咖啡需要大量的人力。巴西在整个南美大陆上部署了奴隶劳力，咖啡种植产量达到了迄今为止难以想象的规模。一个个覆盖几十平方英里土地的巨大咖啡种植园，在丘陵间尽情地舒展着，一望无边的咖啡树一排排地列在那里，好像是整个大地被一把巨大的耙子耙过一样。由于当地的气候条件，种植园主不需要为咖啡树遮阳，这节省了大量工作。

大面积的种植园，加上在世界其他地方已经禁止的奴隶劳动，这两点优势使巴西的咖啡产业在国际竞争中立于不败之地。另外，佩德罗二世快速引进了现代经济体制下必要的基础设施，如公路、铁路和港口等，这降低了巴西分销和出口咖啡的成本，提高了效

率。技术也为确保充足的奴隶来源提供了帮助。1848年,第一艘贩奴蒸汽船横跨大西洋前往安哥拉。巴西被那些新兴的国际银行看作安全的投资目标,例如,巴西的铁路就是由伦敦巴林银行投资兴建的。咖啡带来了丰厚的利润。拥有奴隶的种植园主极为富有,同时又倾向于让他们的奴隶遭受令人毛骨悚然的痛苦,包括无休止的劳动、饥肠辘辘、残酷殴打、谋杀和原因不明的死亡、强奸、折磨、淫乱……还有在种植园使用儿童劳动。以前,巴西人认为,从国外进口新奴隶要比让"本土的"奴隶繁殖生育便宜得多。后来他们意识到"很小的孩子就可以捡咖啡豆",于是巴西种植园主的观念改变了,逐渐地让奴隶结婚、生孩子。直到今天,使用童工仍旧是咖啡产业中的一大社会问题。

当1888年巴西最终废除奴隶制时,种植园主在政治上接受了这项禁令,这只是因为在当时看来,奴隶可以被从欧洲移民过来的廉价劳动力所取代——尤其是来自意大利南部的移民。地产价值的降低也有利于从使用奴隶劳动到雇佣劳动的转变。巴西的咖啡产业依赖于大种植园,这到今天仍然是巴西咖啡业巨大竞争力的基础。巴西的咖啡业虽然也受市场波动的影响——有一段时期巴西的火车用过剩的咖啡豆做燃料——但是巴西地势平坦,便于使用包括机械采摘在内的新的技术发明,这能够使生产成本降低。在第一次世界大战前的10年里,巴西的咖啡生产量达到顶峰,占国内生产总值的90%。其大部分被出口到美国,其次是德国。巴西的咖啡产量是它的邻国兼竞争对手委内瑞拉的10倍,产量达到顶峰时曾占世界市场90%的份额。巴西在咖啡市场上独领风骚的地位,建立在奴隶劳动的基础上。推迟解放奴隶的时间，使它成为西半球最后一个解放奴隶的国家，最大限度地延长了以低成本保持咖啡生产增长的时间。所有这些，使巴西规模性经营的咖啡业至今依然占据优势地位。

第十一章　万国工业博览会

到了1840年，英国人终于认为让拿破仑回到祖国不再有危险了。挖掘拿破仑遗体的仪式庄严肃穆，在午夜时分举行，这离拿破仑当年在暴雨中随着火把来到这个岛屿的时刻正好相隔了25年。石板、水泥和其他障碍物被士兵们一一移开，终于看见了桃花心木做成的棺材，这时天已破晓了。棺材被打开时，拿破仑的遗体保存完好。围观的人们走上前去，他们看到，拿破仑比人们最后一次看到他的时候更有生命的气象，不像是已经掩埋了多年的尸体，头上甚至还长出了短发，指甲也变得更长了。

拿破仑的遗体被运回巴黎，安置于荣军院的圣路易斯教堂地下室中6个芬兰红色的巨大石棺之一，当时有一群潸然落泪的将军们看着他入殓，地下室里还有许多刻写着拿破仑丰功伟绩的碑文。一种弥赛亚式的崇拜围绕着这位死去的皇帝渐渐形成了。作家和艺术家们不断用一种不加掩饰的偶像崇拜的方式来描写拿破仑。作家奥诺雷·巴尔扎克（Honoré de Balzac）写过一部题为《乡村医生》的书，他在这本书中把拿破仑比作了基督。据说，这位作家一天要喝60杯咖啡。皇帝的回归不仅是影响法国国民心理的一件大事，而且在许多其他国家也影响深远,比如在波兰,人们把拿破仑抬高到了把波兰人从沙俄的枷锁中拯救出来的神圣解放者的地位。

对拿破仑的崇拜后来虽然已经不太张扬了,但仍然以强有力的方式存在着。在荣军院的圣路易斯教堂中,每年都会举行一次纪念拿破仑逝世的正式活动,以此提醒人们,即使是在第三共和国时期,这位皇帝还是受到人们非比寻常的尊敬。仪式中前排的座位总是被预先订下,以很刺眼的方式写着是留给拿破仑家人的席位。在教堂院落的墙外,有一个周围用栅栏围起的不大的纪念花园,种着柳树,里面有两块巨大的墓碑,使人不由得会联想起圣赫勒拿岛拿破仑墓地的模样。

因为和拿破仑的关联,圣赫勒拿岛获得了某种程度的声誉,它的乡间咖啡业也曾有过一次短暂的兴盛。竹园(Bamboo Hedge)的主人G.W.亚历山大(G. W. Alexander)向伦敦的咖啡代理商威廉·伯尼公司(William Burnie & Co.)送去了一些咖啡样品,得到的评价是质优味美,并且建议每100个重量单位卖7英镑。受到这种潜在的"可观而且有保障收入"的鼓励,亚历山大扩大了咖啡种植的面积,到1845年,那里的咖啡在伦敦咖啡市场上卖到了比其他任何咖啡都高的价格,一便士一磅。[1] 1851年,马格努斯(Magnus)先生把他在圣赫勒拿岛种植的咖啡送到了专门为万国工业博览会而建造的海德公园的水晶宫进行展览。这次博览会展览的物品包括

---

[1] 这个价格与稍后说到的1先令6便士一磅的价格差距很大,疑此处有误,但原文如此。——译者注

从世界各地收集来的珍奇物事,其中包括此前不久作为战争赔偿品从锡克人那里得来并被献给维多利亚女王的科依诺尔钻石。其他罕见展品还包括一架供在游艇上使用的大钢琴和用河马牙做成的假牙。

这次万国工业博览会(英文全称为 The Great Exhibition of the Works of Industry of All Nations)是维多利亚鼎盛时期功利主义的最突出成就之一,单从展品目录和合订在一起的评审团报告中就可以大概看出当时帝国思想极度复杂的理路。万国工业博览会最早出于阿尔伯特亲王(Prince Albert)的设想,但是其总评审主席是坎宁子爵,他是由分别评价不同种类产品的分评审团的主席们组成的总理事会的主席。总评审主席可以向参展者颁授理事会奖章,这是最高荣誉。其他分评审团的主席可以颁发鼓励奖章或者荣誉提名奖。咖啡属于"饮品制作原料类",这一类的分评审团有6名成员,评委主席是爱德华·德洛德(Edward de Lode)。这个评审团当时曾被要求就一些古怪的东西做出评价,其中包括"加德纳医生的精制咖啡叶"。根据他代表分评审团所写的报告,该产品"值得关注。因为当用类似泡茶的方式来浸泡的时候,它会成为一种非常美味的饮品……但是由于这些叶子只能从状态极好的叶子中选择出来,因而采集这种叶子会损害树丛,所以,采用浆果制成的咖啡虽然可能不是最便宜的,却肯定是最合适的"。

评审团的报告对来自绝大多数重要咖啡生产国的样品之品质不佳表示失望,同时又对来自英国殖民地的咖啡样品有一些溢美之词——那些地方以前从未以生产这种产品而为人所知。来自沙捞

第十一章 万国工业博览会

越的婆罗洲咖啡样品被展出后,因为"上好的颜色和比重"而获得了奖章,评委们在此之前从未看到过来自沙捞越的咖啡样品。该评审团的报告还提道:"诺福克岛送来了一种优质的咖啡样品,看上去属于柏培拉品种,色泽很好,适于烘焙,是一个极有价值的品种……"柏培拉是红海沿岸一个古老的港口。如果这个品种到今天还存在的话,依然会价值不菲。评审团的报告中还提道:"一种锡兰的野生咖啡也参加了展出。这种咖啡和孟加拉地区的野生咖啡一样没有什么价值。"这些说法,使咖啡的历史更加复杂,足以使研究咖啡史的学者们辗转难眠。

报告提道:"葡萄牙送来了来自其各个殖民地的品级不同的咖啡:有来自圣托马斯的一般货,有来自佛得角的较好产品,有来自帝汶岛的次等货,当然也有来自马德拉岛的上等货。"除了帝汶岛的咖啡之外,上述这些咖啡实际上直到今天还罕为人知。

英国人带来的展品引起了许多尖锐的批评。"由'声名卓著的东印度公司'提供的亚丁咖啡的样品并不是优质的……这些样品不干净,没有经过细致的筛选。亚丁咖啡,又名穆哈咖啡,和其他红海地区的咖啡品种一样,首先由阿拉伯船只运到孟买,在那里经过筛选,然后再运往英国。咖啡豆总是很扁小。印度的气候被认为可能会改善这种咖啡的味道。"报告里的这些话表明,在咖啡贸易的初期,东印度公司运输咖啡的通常路线是从穆哈到孟买,然后去往英国。这种让出发于印度的咖啡经受季风过程以便造成经历长期海上运输效果的做法,可能是出于前面所说的要以此改善咖啡口味的目的。

在这些各具魅力的竞争品之中,赫然出现了圣赫勒拿岛的咖啡。"从这个岛送来了一种极好的咖啡样本,它产自 S. 马格努斯先生的私人花园。这些咖啡得到了荣誉提名奖。"由于荣誉提名奖是给予参展产品中位列前四分之一的展品的,所以还不构成圣赫勒拿岛的一次辉煌胜出,但它是一个很切实的肯定。咖啡是圣赫勒拿岛送到大展会的产品中成绩最佳的品种,此外,"圣赫勒拿岛还推出了用伟大的拿破仑死后直到被送往法国之前的葬身地生长的柳树做成的鼻烟壶"。

万国工业博览会不仅给英国一个展示它在农业、商业、工程和制造业方面已经怎样走在世界前列的机会,而且突出地展示了这个民族前所未有的帝国精神。新的、高度机械化的生产和发售产品的方式被发明出来,同时,这个帝国为这些商品提供了一个庞大的市场以及廉价原材料的产地。英国已经成为世界上最强大的经济力量。这些巨大财富的出现被认为是上帝的馈赠。上帝已经在不知不觉间被从教堂搬迁到了财神殿,它依然是创世主,但是人类已经兢兢业业地承担起了更多实践性的任务。犁地播种的简朴日子已经让位给蒸汽机嘶嘶作响、铸造厂轰鸣的摩登时代。类似整座桥梁那样的架构可以用钢铁在工厂里制作出来,分拆着运到它们从未出现过的目的地。消费品以前所未有的数量从生产线上倾泻而下。在层级性的商业体系中,咖啡属于一种传统的手工采摘和检验的热带产品。这次博览会预示着咖啡业的可观前景,而 20 世纪工业和市场的巨大力量则使这种前景成为了事实。

由于荣誉提名奖的激励,圣赫勒拿岛的土地所有者决定种植咖

第十一章　万国工业博览会

啡,从而使圣赫勒拿岛进入了一个周期性的活跃时期。虽然当时岛上的报纸曾评论说:"这些地主们没有更大规模地种植咖啡……是出于策略上的考虑。"尽管如此,在朗伍德成为法国财产之后,一些有企业家头脑的咖啡种植园主依赖这个地方与拿破仑的关联而在巴黎的沙龙中为其产品找到了市场。在法国,报纸这样写道:圣赫勒拿岛咖啡的品质被认为至少相当于最好的穆哈咖啡,如果不是更好的话,要价是每磅 1 先令 6 便士,这略高于伯尼曾经做出的估价。这个价格比当时繁荣的咖啡市场的一般价格略高一些,人们希望这样的一个价格足以鼓励一些拥有资本的种植园主移民到岛上来。但是到 1871 年,岛上政府陷入了严重的债务危机,濒临破产。为了削减开支,政府以 1500 英镑的退休金打发掉了许多政府雇员,而这些人马上就利用这笔钱迁移出去。丧失资本和劳动力的结果几乎是灾难性的,很多处境类似的岛上居民离开了那里,回到祖国或者迁移到好望角。咖啡种植业的发展就这样停止了。到 1833 年,园艺家丹尼尔·莫里斯(Daniel Moriss)博士——他后来作为克乌花园(Kew Gardens)的主管而被封为爵士——看到岛上一些地方,包括种植园房屋的周围,生长着一些非常好但缺乏照料的咖啡。他认为这个岛能够生产"数量可观的非常优良的咖啡"。这个观察是准确的。但是,在圣赫勒拿岛上,潜在的前景常常难以实现。终于,在 1874 年,岛上引进了亚麻并将其作为主要作物。这是政府第一次在农业项目上投入持续的热情,亚麻也带来了收入。结果,关于咖啡的几乎所有想法都因为种植亚麻而被忽视了。咖啡树没人照管,咖啡豆没人采摘,岛上也没有什么人喝这种本岛

生产的咖啡了。

1876年，不久后成为咖啡商的诗人阿瑟·兰波（Arthur Rimbaud）乘坐苏格兰船"漫游酋长"号靠近了詹姆斯敦。他来自爪哇，作为一名荷兰雇佣兵参加到荷兰反对亚齐（Achin）的殖民战争中——作家穆尔塔图利在他的著作《马克思·哈维拉，或荷兰贸易公司的咖啡拍卖》中曾经预言到那场战争。兰波不久后装扮成一名水手而搭上这艘苏格兰船返回欧洲。但是，"漫游酋长"号在好望角一带遭遇风暴，折断了桅杆，像此前遇到这种情况的船只一样，来到圣赫勒拿岛进行修理。兰波身无分文，所以他无力交付登陆需要的一镑费用，只能游上岸，来到了朗伍德。据说，他曾在那里的来访者登记簿上签署了自己的名字，但后来这个登记簿丢失了。没有任何记录表明他对这个岛上的咖啡有怎样的了解，不过，在其后的短短几年之间，他可能至少对圣赫勒拿岛咖啡的历史产生了兴趣：他后来经营的哈勒尔咖啡是也门咖啡品种的直系祖先，而圣赫勒拿岛咖啡是从也门咖啡品种衍生而来的。这样，22岁的兰波在逃离一场殖民战争的中途，用非法方式造访了他的国家最成功的帝国统治者曾经流放的驻地，而他参加的那场战争曾经在一个关于虚构的咖啡贸易商的故事中被预言过，他自己又在那之后不久就成了一个真正的咖啡贸易商。他在当时还不知道，朗伍德拂面而来的微风偶尔带来的咖啡花香，就来自他后来了如指掌的同一个咖啡品种。诸多奇特的关联就这样把法国最优秀的象征主义诗人卷入其中，而这位诗人曾经对通感（synaesthesia）进行过探索，并使很多人了解了它。这种感觉是一种奇妙的神经学上的状态，它使处于这种状态的人能够在一种美学情调中听见颜色，品尝到形状，以及产生其他混成的感觉。阿瑟·兰波在咖啡历史的精细网络中，在植物学中，以及在环绕世界的帝国中所获得的地位，也许会使他心旷神怡。

第十二章　哈勒尔与兰波：摇篮和炼狱

> 皇帝，老家伙，你是个黑人……
>
> ——兰波，《地狱一季》

> 这个世界上唯一能够肯定的事情只有巧合。
>
> ——列昂纳多·夏夏

在咖啡黑暗的历史中，兰波应该说是一个反英雄主义的角色。他的事迹发生在构成这个故事特色的3个不起眼的偏远地区之间，这就是圣赫勒拿岛、巴达维亚和咖啡的摇篮哈勒尔。不可思议的是，他成了一个咖啡贸易商，从而成了历史上唯一一位从事咖啡贸易的知名人士。更重要的是，他那种晦涩、躁动不安、富于幻想的本性可能是在那个孕育了神秘的咖啡炮制术的同一个摇篮中诞生的。拿破仑显赫的功业和超凡的胆识使他至今是人们心目中的英雄，而咖啡则像一根神经把他的帝国和流放地编织在一起。兰波与拿破仑完全相反，他富有创造力但近于疯狂，却也自愿选择了和拿破仑同样的被流放命运。

兰波在20岁的时候就放弃了他耀眼新星般的文学生涯，因此像所有英年早逝的才子一样被人们永久怀念。令人感到困惑的是，

第十二章 哈勒尔与兰波：摇篮和炼狱

他为什么要这么做，他在后来的职业生涯中是否曾经显露出他年轻时那种耀眼的创造力？有人认为，他退出文坛是因为极度的傲慢，因为他相信他已经实现了他能做的一切。兰波在1875年之后的主要作品是一些关于金钱的家书和商务信函，这些作品的引人注目之处恰好在于其显示不出一点文学才气，似乎他在故意展现他具有这样做的能力。

兰波是直到20世纪末还对摇滚歌词产生巨大影响力的唯一作家，他的"感官狂乱"（derangement of senses）的创作格调如果不是疯狂地，也肯定是明显地同与音乐行业形影不离的毒品文化紧密相连。鲍勃·迪伦（Bob Dylan）风格的60年代歌词受到兰波很大的影响；吉米·莫里森（Jim Morrison）作为一个放荡不羁的抒情诗人，实际上再现了兰波的形象。帕蒂·史密斯（Patti Smith）也承认自己受到兰波的影响。在19世纪的法国作家中，人们对兰波的描述最多，崇拜他的人对他的忠诚也十分具有传奇色彩：一些人极度渴望模仿他们心目中的英雄，甚至跑到马赛把一条腿弄断，因为兰波在去世前不久就遭受了这样的厄难。

兰波在1854年出生于法国北部的一个省城。他的父亲是一位后来抛弃了家庭的军人，他的母亲则来自一个家教严格的天主教资产阶级家庭。少年时期的阿瑟·兰波在学校表现出众，被看作是所有学生的典范。不过当时也有一位睿智的教师从他天使般的仪表和敏锐的淡蓝色眼睛中看出，他很容易变坏。这种情况的确发生了，而且，即使是用他那些不遵守常规的同时代人的眼光来看，他仍然变得够坏。那些人认为，年仅17岁的兰波和比他年长的诗人朋友保罗·魏尔伦（Paul Verlaine）充满暴力的暧昧关系是地道的丑闻。在那场丑闻里，他的行为粗野、鄙俗、淫荡，并且酗酒、为所欲为，他使自己在社区人人侧目。然而对魏尔伦这样的人来说，兰波是一个杰出的、具有火山喷发般创造力的诗人。魏尔伦认为诗人只有如痴如狂才能充分发挥想象力，而苦艾酒就是进入痴狂状态的首选"催化物"。正因为如此，兰波对通感极有兴趣。在其著名的诗歌《元音》中，他赋予每个元音一种特定的颜色，而且当他用钢琴演奏谱曲后的《元音》时，他使每个半音阶的音符都带上一种色彩。他的这些尝试及其节奏紧凑、生动但不押韵的散文诗影响了法国整整一代的画家和作家。

兰波 15 岁时开始发表作品，但是他最知名的作品《地狱一季》是在他和魏尔伦的关系疏远之后创作的，那时他 18 岁。魏尔伦曾经试图勒死他的妻子，但没有成功，之后他抛弃了她，和兰波一起在伦敦生活。后来，他们因为一条鲱鱼闹翻了，魏尔伦回到欧洲大陆，想与妻子破镜重圆，兰波则一路尾随魏尔伦而来。魏尔伦开枪打中了兰波的手，并因此进了监狱，兰波则创作了充满绝望的《地狱一季》。对于一个截至当时虽然并非一帆风顺但一直生活在欧洲的年轻人来说，他的诗歌表达了一种对于沙漠、热带和黑人文化的强烈痴迷，带有一种精神崩溃般而又充满幻觉的东方风格。《地狱一季》无疑是一篇富有想象力的非凡杰作。

后来，他常常周游欧洲各地，经常身无分文，徒步游走。1873 年到 1875 年期间，他创作了一些有关旅行的诗歌和随笔，后来在魏尔伦的鼓动下，那些作品以《光源》为书名发表。此后，他就不

第十二章　哈勒尔与兰波：摇篮和炼狱

再创作了。在 20 岁的韶华之年这样决绝地放弃自己才情横溢的诗人生涯，肯定是前所未有的。兰波的崇拜者和传记作家对研究他退出文坛后的生活事迹十分着迷。但是，从文学的角度看，他们的做法就像在天际中根据一架消逝了的飞机留下的喷气线来辨识那架飞机一样，事倍功半。我们说过，1876 年，兰波在逃亡之前，曾经在巴达维亚逗留了 1 个月，随后去了朗伍德。他曾去过塞浦路斯、汉堡，而且不知为什么还去过斯卡伯勒（Scarborough）。他帮助他的家人修缮了在拉罗什（Roche）的住宅，想变成一个务实的人，这和他在《地狱一季》中强烈表达的倾向形成鲜明的对比。他在那篇作品中写道："所有的事情都让我感到恐怖。老板、工人、所有的农民，都是那样的鄙琐不堪。"

1880 年，兰波从塞浦路斯来到亚丁，并被总部在里昂的咖啡贸易公司马泽朗（Mazeran）、维安纳伊（Viannay）、巴尔代（Bardey）等合作公司雇用。他做些分类、包装之类的卑微工作，工资也不高，但是他给巴尔代留下了良好印象。巴尔代委任他到在哈勒尔新成立的办事处工作。兰波在给家人写信时，有意夸大公司对他的重视，他说他在哈勒尔将会拿到他经营的贸易量价值的 2% 作为提成，而事实上合同上写的是 1% 的提成。经过 20 天的旅行，兰波于 1880 年 11 月抵达了哈勒尔。

哈勒尔城周边广阔的乡村就是将要在从穆哈到麦加，再到开罗的红海地区的新兴咖啡文化中崭露头角的那个咖啡品种的故乡。哈勒尔是埃塞俄比亚唯一一座有城墙的城市。这个城市很有可能是由 7 世纪来自哈德拉毛（Hadramaut）的移民创建的。10 世纪时，有

大量奴隶从泽拉和柏培拉这两个古老的港口被运往阿拉伯国家,而哈勒尔是当时主要的内陆奴隶集散地。哈勒尔后来变成了信奉伊斯兰教的阿达尔(Adal)的首都,与在其西边的信奉基督教的埃塞俄比亚以及奥罗莫部落不协调地同时并存。哈勒尔被看作伊斯兰世界继麦加、麦地那和耶路撒冷之后第四重要的城市。

哈勒尔的城墙里有一座一层建筑,里面存放着大量从奴隶拍卖市场到王宫所需的各类物品。晚上,一群鬣狗在城外游荡,寻找白天人们丢弃的垃圾当作食物。作为其人民被奴役的那些部落与通往红海沿岸泽拉港的荒漠之间的一片阿拉伯飞地,哈勒尔是一个理想的奴隶集散地。有人认为,哈勒尔地区的咖啡正是由奴隶贸易带来的。咖啡最初野生在奥罗莫部落居住的西部高地上,而奥罗莫奴隶是阿拉伯奴隶贩子最常猎取的对象。正是这群奥罗莫人习惯在传统的血族兄弟结盟中食用咖啡。18世纪的探险家詹姆斯·布鲁斯也曾观察到,奥罗莫人"摘下咖啡树上的果子,在烘焙、研磨之后,和着油脂揉成球状",然后食用,或者保存起来供长途旅行时食用。詹姆斯·布鲁斯说,这样的一个球"能支撑他们一整天"。因为吃咖啡球时可能会掉下碎屑,所以从西部高地到哈勒尔的奴隶贸易路线上会零星地长出咖啡树。但是,这种观点没有考虑到,咖啡豆在和黄油混在一起之前已经经过了烘焙和研磨,这样的咖啡豆不可能再次发芽。更可能的是,奥罗莫人在被奴隶贩子带往哈勒尔时,只是随身带着咖啡果在路上吃,并把咖啡果的核儿吐掉,就这样,那些成熟的咖啡种子就沿路长成了咖啡树。

哈勒尔一直是个十分闭塞的城市,直到探险家理查德·伯顿

第十二章 哈勒尔与兰波:摇篮和炼狱

(Richard Burton)1855 年来到哈勒尔之后,欧洲人才知道有这样一座城市。理查德·伯顿曾经对那里的咖啡和经久不衰的奴隶贸易做出过评论。他曾拜谒了那里的埃米尔,这位埃米尔"并不介意接受咖啡和棉花自由贸易的原则"。10 天之后,他回到了沿海城市柏培拉。他的旅行"不过是一次艰难坎坷的冒险",可能正是他从哈勒尔到红海沿岸港口的旅途中体会到的艰难激发了人们在也门种植咖啡的设想。从哈勒尔到沿海地区之间的那条横贯沙漠的路线要经过非洲最敌视外来人的地区。其中有特别让人恐惧的达纳奇尔(Danakil)部落,他们习惯把人杀了之后,将睾丸割下晒干,然后串起来当项链挂在脖子上。

理查德·伯顿来到哈勒尔的 25 年之后,兰波到达那里,一切都没有多大变化。他很快就感到无聊,抱怨他所做的工作"十分荒唐,能使大脑僵化",并梦想着哪天能参与到修建巴拿马运河的事情中。兰波的信函和笔录所描述的咖啡贸易细节与 150 年前弗朗西斯·迪金森对穆哈的记述极为相似。1881 年 12 月,兰波回到亚丁港,他写到他可能再也不会回到哈勒尔了。他全身心地投入经营摩卡咖啡的事情中去。摩卡咖啡是传统咖啡的直接后代,等同于也门或埃塞俄比亚的咖啡。后来,兰波又感觉自己"像头驴似地做苦工",觉得这份工作也十分无聊,甚至担心自己会变成白痴。结果,他签订了一份新的合同,又回到了哈勒尔。这次,他在哈勒尔开始了更远的探险旅行。1884 年,巴黎地理学会的杂志发表了他前往奥加登的旅行报告。在前往加拉部落的一次旅行中,他被加拉人用黄油做熟的绿色咖啡豆款待;另一次,兰波为了获得在泽拉旅行的准许,不得不和泽拉的苏丹穆罕默德·阿布－贝克(Mohamed Abou-Becker)共进咖啡。这位苏丹其实是一个对抢劫欧洲商队饶有兴趣的强盗,兰波这个咖啡商自然不会喜欢他。会见的时候,苏丹对一个仆人拍了拍手,示意上咖啡,那个仆人从另一个茅屋跑出来,端上咖啡。兰波没有描述他们是怎样制咖啡的,但是看上去似乎那时已经采用了冲泡经过烘焙的咖啡豆的方法。兰波追随伯顿和布鲁斯的足迹在这片土地上旅行,体验了咖啡各种古老的用途。从这个意义上说,他不仅是一个咖啡神秘起源的探访者,也是一个全身心投入咖啡生意中的经营者。

这个时候,兰波开始用从法国进口的设备进行摄影,试着品尝当地的咔特,但他觉得那种咔特的口味不怎么样。后来,他再一次感到厌烦了:"天啊!像这样来来往往有什么用!这样的一种疲倦,在这样陌生的种族中间探险,这么多充塞了我的记忆力的语言和这么多不可名状的麻烦……谁知道我的生命在这丛丛山峦中能持续多久?我可能会无声无臭地消失在这些部落当中。"就在这个时候,自1875年以来就占领了埃塞俄比亚的埃及人撤退了,这使这个国家陷于日甚一日的混乱。欧洲帝国主义的利益冲突所造成的紧张气氛也波及了哈勒尔。兰波又一次回到亚丁,为他的公司采购咖啡,平均每个月经手支出20万法郎。据说,那时兰波金屋藏娇,包养了一个阿比西尼亚情妇。兰波像过去一样,又开始筹划周游各国,在同一封家书中提到了印度、东京(越南北部一个地区的旧称),还有他以前去过的巴拿马。没过多久,兰波又觉得他做武器买卖会更成功,开始向正在与阿比西尼亚皇帝约翰内斯(Johannes)打仗

第十二章　哈勒尔与兰波：摇篮和炼狱

的绍阿（Shoa）国王梅内利克（Menelik）出售武器。法国人支持梅内利克，主要是由于英国人正在支持并武装阿比西尼亚皇帝约翰内斯。兰波与两个法国人合作，但是这两个人很快都死去了，其中一人死于癌症，另一人丧命于中风。梅内利克出的价钱并不高，兰波的大部分收入都用在了替两个合伙人还债上。这符合兰波的性格，他被认为是一个诚实守信、勤恳能干、小心谨慎的商人，就是在自己生活相对拮据的时候，对穷人也很大方。兰波做了两年的军火生意，没有赚到钱，但梅内利克取得了胜利，在欧洲列强瓜分非洲的形势下确保了埃塞俄比亚的独立。梅内利克的胜利还给兰波的一位从亚丁来的瑞士朋友——工程师阿尔弗雷德·伊尔克（Alfred Ilg）带来了荣誉，他成了梅内利克的首相。兰波返回哈勒尔。1890年，他开始收到巴黎文学界的来信，称他为"亲爱的诗人！"。这时他作为诗人的名声渐渐响亮起来，但他对这些却丝毫不感兴趣。他还是在哈勒尔当一个"黑人化的法国人"，从事着咖啡、橡胶、象牙、麝香、纺织品、炖锅、头盔的生意，偶尔也做军火生意。他与伊尔克的关系以及由此而形成的与新皇帝梅内利克二世的宫廷的关系似乎对他的生意很有利。不过，他并不看好他所经营的咖啡，在给伊尔克的一些信中，他多次提到"糟粕一样的咖啡""一文不值的咖啡"，还有"掺杂着哈勒尔房屋地板上的渣滓的污秽"。尽管如此，他的信函和账目都表明，他一直在积极投身于咖啡贸易。

自从《光源》在1886年出版之后，他的写作只限于一些信件，其中多是写给母亲或妹妹伊莎贝尔的。他的家人似乎对钱十分关心，因为他总是附带把一部分收入寄给在法国的家人，并提到那里的气候，抱怨每天的生活和自己的身体状况，他说："哈勒尔没有执政官，没有警察局，也没有公路。一个人只能骑骆驼去那里，孤独地生活在黑人群中。不过一个人很自由，而且气候也不错。"

可是，兰波的身体每况愈下，先天膝盖骨癌突然发作，不得不痛苦地离开哈勒尔。他躺在一个担架上，经过12天的路程，终于穿越沙漠，来到红海岸边的泽拉。他在亚丁看了一位医生，医生建议他立即返回法国。回到法国后，他在生命微弱的回光返照中，看到了《地狱一季》里的自己。生病期间，包括在马赛做截肢手术的时候，他的妹妹伊莎贝尔一直照看着他。他曾在《地狱一季》中写道：

> 我将带着钢铁般强健的肢体回来，
> 肤色黝黑，横眉怒目；
> 人们将因我这样的外表，
> 把我归于一个强壮的种族。
> 我将拥有黄金，因而残酷无情。
> 女人们会照看我们这些从热带归来的凶暴而又伤残的人。
> 我将会投身政治。
> 获得解救！

可是兰波并没有获救，至少是从身体的意义上说没有得救。他在1891年去世，年仅37岁，和他伟大的追随者吉姆·莫里森去世时的年龄相同。在哈勒尔，依然有鬣狗在城墙外觅食，而咖啡贸易从整体上说已经丧失了往日具有的浪漫色彩。人们不再痴迷它神秘的起源，不再对稀奇古怪的发现感到好奇，不再关心光天化日下的黑幕交易。到 20 世纪，咖啡和其他消费商品一起进入了现代社会，被包装、装箱、贴上商标，进入市场。它紧紧追随着 20 世纪的时代精神，随着士兵走进战场，随着维和部队进入占领区，在超市货架上激起消费者的购买欲望，吸引消费者走进咖啡连锁店。咖啡激励着新兴中产阶级的理想，刺激着婴儿潮中出生的一代人做出他们的商业计划，并落入一小撮跨国经营的人手中，为他们的目的服务。那些实际上生产咖啡的人则在很大程度上被时代所遗弃，因为，到 20 世纪末，咖啡已经实现商品化和公司化，而只有西方人才知道如何去操纵这类事情。

第十三章　现　代

影响咖啡全面进入消费者社会的主要障碍是包装问题。只要咖啡还是以绿色浆果的形式分销，为了满足当地市场需求而被小批量地烘焙，它就永远不可能成为大宗商贸的交易对象。然而，围绕咖啡烘焙和包装的技术问题令人难以想象地棘手。

一家咖啡制造厂通常有许多烘焙机，所需机器的数量通常取决于生产的规模。在各种专业化咖啡烘焙机中，普遍使用的是滚筒烘焙机，这种机器并不是用来烘焙大量同一种类咖啡的，而是用来烘焙多品种且每一品种数量都不大的咖啡的。烘焙机下面由煤气加热，咖啡豆加热到一定程度之后，烘焙机的铰链门打开，咖啡豆被倒进冷却盘中。在烘焙的时候，青咖啡豆经过金属管被吹到烘焙机上方的一个漏斗里，然后利用沙石清除器吸附并除去咖啡豆中的杂质。当达到规定的 220 摄氏度时，咖啡由漏斗进入烘焙机的圆桶里。圆桶不停地转动，其作用一是确保圆桶里的温度分布均匀，二是确保咖啡豆的表面不会长时间地贴在炙热的金属圆桶表面。烘焙大概要 10 分钟。通常是负责烘焙的技师判定咖啡豆的颜色，他靠眼睛对照着样品决定咖啡豆是否已经被充分加热，是否达到了预期的颜色。这种判定十分关键，而且难度很大。烘焙的过程不可能戛然停止，因为咖啡豆被倒入冷却盘时，热量仍然在作用于咖啡豆。冷却盘是一个打孔的金属圆盘，工厂里的大功率气泵把冷气压到盘中。金属桨叶不停地翻动咖啡豆，以确保咖啡豆冷却的程度一致。烘焙技师的技能水平只有在咖啡豆被冷却到室温程度时才能看出来：如果他把握时间正确，咖啡豆应该呈预期的颜色。这是一种高技能的预判。在18世纪的巴黎，大概只有两个人具有烘焙咖啡的高超技能。虽然技术不断进步，在一种热源上面转动滚筒的技术原理基本上保持未变。

在烘焙过程中发生的一系列复杂的化学反应促成了咖啡独特的香气和味道。其间最明显的是咖啡豆内部水分在加热时作用于细胞结构，使之变得比原来增大了大约一倍；另一个变化是，烘焙使碳水化合物被破坏，糖分子被焦糖化，从而使咖啡豆由淡绿色变成了棕褐色。最重要的变化是在咖啡豆内部变热时发生的热解过程，碳水化合物和脂肪结合成新分子——通常所说的油，咖啡油里包含了咖啡独特的香气和味道。青咖啡豆里不含油，烘焙之后才会产生油。目前已经发现咖啡豆包含800多种不同的化学成分，比如糠基硫醇、糠醛、恶唑和乙基呋喃。另外还含有微量的三甲胺，臭鱼中也含有这种元素。像香水一样，咖啡奇特的成分造就了它自身的奇迹。

绝大多数咖啡油的成分极其复杂，科学家们无论如何努力都无法尽善尽美地将之仿造出来，这就是为什么所有的人造咖啡都味道不佳的原因。咖啡油的重量在咖啡中不及3%，但如果没有咖啡

油，咖啡就没有任何香气和味道。事实上，我们所买的咖啡的总重量中，97%是被烘焙过的植物有机体和咖啡因，其中，占总重量3%到6%的咖啡因在烘焙过程中不发生任何变化。考虑到被烘焙过的一个咖啡豆的重量大概相当于原来孕育了咖啡豆的咖啡浆果的六分之一，那么可以这样来理解：使咖啡豆经历从咖啡树丛到冷却盘的整个过程就是为了提取那仅占咖啡浆果重量2%的独特成分。

在为时大约10分钟的烘焙过程中生成的咖啡油里，包含着咖啡机体转变的奇迹。咖啡豆从烘焙机落到冷却盘上时，仍然散发着热气，咖啡豆要经过一番挣扎才能留住体内的咖啡油。具有讽刺意味的是，保留咖啡油的最大障碍就是咖啡豆本身，因为咖啡豆在被烘焙后的24小时内，每千克咖啡豆会产生12公升二氧化碳气体，这差不多是经过包装的每袋咖啡体积的6倍。这就需要一种十分复杂的包装技术。与咖啡产业中其他重要机械，如主要针对咖啡生产贸易阶段需求的咖啡烘焙机和研磨机不同的是，咖啡包装机械以及相关技术要在销售中直接面对商品架前的消费者。因而，咖啡包装当中采用的种种方案，反映着咖啡在烘焙之后令人惊讶的变化。

人们储藏咖啡的方式常常是不恰当的，似乎忘了咖啡是怎样敏感的一种东西，忽视了若不妥善储藏将会使香味流失。干燥的褐色咖啡豆或咖啡粉形态使咖啡的高度敏感性并不容易被看出来，所以人们经常把它们装在罐子里，放在厨房阴暗处的架子上几个星期。在速溶咖啡风靡的国家和地区，更是如此。比如英国人，他们以同样的方法来对待真正的咖啡和速溶咖啡这两种不同的东西，主要原因是速溶咖啡的制造商们故意将速溶产品做得尽量和真正经过烘焙与研磨的咖啡看上去一样。速溶咖啡在罐子里放上数周或者数月没有问题，而真正的咖啡则需要更细心的对待。易挥发的咖啡油很容易被氧化，从而使咖啡的香味消逝，那时人们喝到的就是走了味的、口感不佳的咖啡了。

在理想情况下，咖啡应该被一气呵成地完成烘焙、研磨和炮制这3道程序，这是传统咖啡仪式中的普遍做法，在埃塞俄比亚、也门以及中东地区的游牧民族贝都因人中流行。在客人面前烘焙青咖啡豆很显然能带给人感官的刺激，而且还能够延长给客人上咖啡的时间，这是一种表达对客人极度尊重的朴素方式。再者，青咖啡豆可以长时间储存，而一旦经过烘焙，就开始丧失香味。从技术上说，如果传统的贝都因人用密封的锡罐储存烘焙后的咖啡，那么不到一天，里面很强的气压就会把锡罐的盖子拱起来。即使可以解决这个问题，烘焙后的咖啡豆也会很快被罐里的氧气氧化。虽然烘焙后的咖啡中只有很少一部分成分具有香气和味道，但是看来只要有极少量的氧气，就足以引起咖啡变味。因此，密封容器保存咖啡的效果并不好。被烘焙的咖啡豆本身是抗氧化的第一道防线：咖啡封闭的细胞结构防止其本身与空气接触过多，这样，如果没有过度损伤，可以保存数天。如果要长期储藏的话，就必须避光，因为光照会加速氧化速度。而且要放在阴凉地方，如电冰箱、冷冻库里，这样能减缓咖啡被氧化的速度，储存一个月。研磨咖啡会使咖啡的细胞结构暴露在外，与空气接触面变大，容易被氧化，24小时之后就会明显走味。我们看到，现在的贝都因人帐篷里也出现了发电机

和很多白人喜欢使用的物品,这些东西都是为了适当地储存咖啡,而这样一来,贝都因人那种传奇般的"折叠起帐篷就可以静静地迁徙"的自由生活方式,也就开始改变了。

产生气体和走味对开发大消费市场更是严峻的问题。因为在这里,咖啡要经过许多环节和漫长的运输过程,才能最终冲泡和饮用。咖啡烘焙厂家尝试采用创造性的现代包装技术来实现把膨胀气体排出容器的同时又阻止有破坏性的氧气进入包装袋的双重目的。工程师们马上提出要采用"阀门"。这的确是最高明的解决方法,但是使得这种阀门可靠有效并且成本划算的研发,却花去了1个世纪的时间。

一种解决方法是,在氮气或二氧化碳之类惰性气体吹拂的环境下把咖啡装入一个大罐,并通过阀门释放出过多的气压。这是餐饮业经常使用的真空零售袋和香料袋的前身。为了进一步让磨制后的咖啡与空气隔离,企业里生产研磨咖啡的人有时也会使用特定设备不断地向研磨机吹送氮气。在排除气体过程的后期,采用这种方法能够使咖啡较少接触氧气。然后再进行包装。

真空的马口铁或者锡箔袋是产业化咖啡业使用最久、最普遍的包装形式。1900年,洛杉矶的希尔兄弟(Hills Brothers)率先发明了这种包装技术,后来逐渐被北美和其他地方采用。这种包装使消费者产生了一种错觉:咖啡经过真空包装后就可能被完美地保存了。但情况并非如此。虽然从一开始就采取了防止咖啡接触氧气的措施,但在包装过程中使咖啡完全处于惰性气体的环境中在经济上是行不通的。因为,这要求传送供应系统、包装材料甚至机器都与周围大气隔离。而且真空包装是要吸除包装袋中的任何残余空气，达到除去氧气的目的，但在整个生产环境下不可能有绝对真空的状态，所以包装袋中始终会残留一点氧气。从贝都因人和密封罐的例子可以看出，哪怕一点点的氧气就足以使咖啡明显地走味，况且，咖啡的分销过程通常要经历很长时间。真空包装袋里的氧气很少，这意味着对咖啡的破坏性比非真空包装小，但最终的产品仍然远不是完美的。

真空包装咖啡存在另一个更为糟糕的问题。在从装咖啡的罐子或箔袋里吸除气体时，也就吸除了咖啡细胞结构中的气体成分。包装一旦被打开，立即有空气进入包装袋，再次向顾客证明他们购买的咖啡在包装时不含一丝气体。然而就在这个时候，咖啡立刻发生氧化反应，尽管制造商竭尽全力，还是不能避免这种情况发生。一旦真空袋被启封，咖啡走味的速度比任何其他包装的咖啡走味速度都要快。

阀门是保留咖啡香气和味道的最佳技术手段。其原理是在咖啡被包装之后，通过增强压力挤出残留在袋中的氧气。在烘焙和研磨之后，立即在惰性气体环境中，用带有阀门的软箔袋包装咖啡。咖啡自身会释放一些气体，但在压强的作用下，包装袋内的氧气被有效地排出。数天之后，咖啡包装袋内的气体成为惰性的，实际上就是无氧环境，这样就可以防止咖啡走味。利用此方法包装的咖啡的货架期长达 1 年，没有任何走味变质情况，味道跟新鲜的咖啡差不多。此外，当打开软包装时，也不会出现大量气体突然涌进包装袋的现象。

咖啡包装袋上的阀门的形状各式各样，从高利尔（Goglio）公司生产的短塑料接管，到几乎看不到的透明拉环。最简单大方的阀门是由德国斯图亚特市的博世（Bosch）公司生产的，这是杜姆克博士（Dr Dumke）智慧的结晶。它在 20 世纪 80 年代开始被采用，后来成为咖啡生产者和消费者那些精于咖啡品鉴之人共同的选择。作为一种专利产品，它只可以应用在博世公司生产的包装机上，这意味着要使用这个系统，就必须有可观的资金投入。此外，每个阀门本身也需要几美分的成本。它还要求严格的生产线制度管理，以确保机器生产中的每个环节都协调一致，运转正确。如果真的能够做到这些，消费者的确能够买到纯净新鲜的咖啡，受益匪浅。在异国他乡购买一种陌生的咖啡品种，远不如在家乡购买用不透明的包装袋包装的咖啡：咖啡生产厂家不大可能在投资这种包装机械时却装进不好的咖啡，在大多情况下，这种咖啡是最新鲜的，这能补偿其他很多花费。

从历史的角度说，真空包装有效地把咖啡从"就地加工，就地享用"的模式中解放出来。这种专利化的工业生产过程使得咖啡的品牌宣传、长链条分销与集中化的采购和生产得以发展。它把咖啡带入了现代社会。另一种使咖啡能够进行公司化经营的方式是速溶咖啡的发明。这种可溶饮料的发明似乎是一种可以接受的、比原先的咖啡更方便的替代物，它成了 20 世纪众多大获成功的故事之一。像速溶咖啡这样的饮料替代品得以在市场上享有主导地位的例子，极为罕见。

1771 年，一种混合咖啡在英国获得了专利。19 世纪后期，苏

第十三章 现　代

格兰了生产了一种露营咖啡精。这种饮料的包装瓶上是一种典型的帝国设计学院的图案。图案上有一个帐篷，帐篷上面飘着一面旗帜，上面写着"准备好了，准备好了"。帐篷前站着一位穿苏格兰方格裙的地道绅士，一名深色皮肤、戴着缠头的仆人毕恭毕敬地把咖啡端到他的面前。露营咖啡不可避免地成了后现代社会露营活动的经典用品，尤其在美国大行其道。1901年，一位最先发明可溶茶的日本发明家在美国发明了一种速溶咖啡，在齐格勒的北极探险中就使用了这种咖啡。后来，1906年，这种咖啡被命名为浮士德速溶咖啡。一位居住在危地马拉的比利时人乔治·华盛顿（George Washington）凭借一个秘密配方创办了一家以自己名字命名的公司，但这个秘方后来被他的家庭医生窃取了。一位曾在危地马拉居住的德国人弗雷德里克·伦霍夫·怀尔德（Frederico Lehnhoff Wyld）博士在法国创办了一家速溶咖啡工厂，后来由于一战爆发而宣告破产。第一次世界大战期间，咖啡首次成为士兵必备饮食的一部分。由于战壕不具备煮咖啡的条件，军队对速溶咖啡的需求激增，这种情况首先发生在美国。到战争结束时，军队每天对速溶咖啡的需求量高达16800千克。冲泡速溶咖啡的水很快就能被烧开，甚至也可以用冷水去冲，只为吸收其中的咖啡因。就这样，速溶咖啡成了美国士兵的伙伴，成为他们应急口粮中的一部分。咖啡像香烟一样，能让人感到舒适、亲切。速溶咖啡在世界大战中蓬勃兴起，在和平年代却不然。停战以后，这个刚刚兴起的产业急速走向低谷。第二次世界大战则再次把它捧上了云端。

简单方便再次成为速溶咖啡兴起的关键原因。1941年，美国

国内咖啡消费量创历史最高水平。这毫不奇怪,当年12月珍珠港事件爆发之后,美国卷入战争,咖啡也跟随着进入了战场。战争期间,一个美国士兵每年的咖啡消费量为14千克,大约是国内最大消费量的2倍。战争期间,工厂的紧张生产与战场上的厮杀结合,使咖啡因成为提供战争能量的重要化学原料。有这样的一种理论,说资本主义的成功取决于咖啡因,因为在理论上,咖啡因能使工人的工作时间延长到每天24小时。如果这种理论中包含一定程度的真理,那么战争进一步证明了这一点。美国国内消费的是烘焙和研磨咖啡,而生产速溶咖啡的厂家却发现,准确地说,军队会购买他们能够生产出来的任何东西。

速溶咖啡既然成了一种被接受的饮品,到了战后的岁月,它就很容易从烘焙和研磨咖啡制造业那里分割一部分市场份额。不仅在美国,在全世界都是如此。大概是世界大战和随后的世界和平,为速溶咖啡打开了许多以前不熟悉速溶咖啡的社会的大门。甚至在欧洲这个传统咖啡文化的中心地带,速溶咖啡也对传统咖啡造成了威胁。到20世纪50年代后期,速溶咖啡占据了美国咖啡市场的三分之一。然而,也就在那个时候,美国的普通咖啡质量严重下降,使得真正的咖啡与速溶咖啡之间的区别明显模糊起来。速溶咖啡业的这种迅速膨胀是由一系列因素造成的:一是美国军队遍布世界各地;二是在竞争激烈时期,速溶咖啡商越来越多地通过使用廉价的罗巴斯塔咖啡来降低价格;三是崇尚便捷的文化的兴起;此外还有追求时尚的因素。比如,在麦克阿瑟时代的日本,喝咖啡反映着一种追求所有美式事物的风尚,自20世纪20年代以来一直缓慢兴起的咖啡馆，到那个时候变得到处都是了。

如今，咖啡风靡全球，但是，在也门的国际饭店里很难找到正宗的也门咖啡，在印度的国际饭店里，也找不到正宗的印度咖啡，却到处可以找到雀巢速溶咖啡。在一种全球化的文化中，品牌比制作过程更重要。这种情况的发展中，有人提出了一种建议，将速溶咖啡生产过程中形成的残渣用于家禽养殖业。

速溶咖啡与真正咖啡最大的相似之处在于它们都可以用咖啡这个词来形容自己。除此之外，二者之间的其他任何相似处都纯属巧合。这并不是说速溶咖啡不应该在社会中有任何地位，但是我们应该认识到它究竟是一种什么东西：它是一种方便的、有时带来愉悦的、含咖啡因的类咖啡热饮。不过，速溶咖啡生产商的主要目标就是尽量模糊消费者对二者不同点的感知，因为一旦在速溶咖啡和任何真正的咖啡之间进行一个简单的品尝测试，速溶咖啡和真正咖啡之间的竞争游戏就结束了。咖啡生产厂家试图利用两种手段把这种咖啡替代物与真正的咖啡混淆起来，一是技术发展，二是市场营销。

主要的咖啡公司都对速溶咖啡的制作技术进行巨大投资，德国和英国厂家在其中可能居于领先地位。从本质上来讲，速溶咖啡的生产首先需要进行大规模的咖啡酿制，然后用各种方法将之浓缩，这可以通过蒸发水分或低压榨取来实现，然后，再将浓缩的咖啡制成粉末状、微粒状或冻干的细粒状。各个制造商都会对生产速溶咖啡的技术进行保密。大规模的研发项目以及对广告的大量投资，意味着速溶咖啡已经成为大型公司的游戏。英国的咖啡市场就由典型

的跨国公司——雀巢公司主导着。雀巢公司通过使它的咖啡产品成为一种传奇,接近于垄断了市场,而且凭借其极为有效的广告和品质战略,使雀巢咖啡的价格高于市场平均价格。雀巢公司在它的速溶咖啡产业中获得了27%的利润,这种收益被叫作"商业天堂",而其他食品生产部门一般说来只有5%到15%的利润。雀巢国际公司在英国的速溶咖啡部门被认为是整个雀巢公司最赚钱的产品部门。

但是对于速溶咖啡生产厂家来说,一个基本事实是,他们无论如何努力,其产品都无法和真正的咖啡一样好,所以他们不得不引导咖啡消费者接受那些对厂家有利的咖啡观念。毫不奇怪,质量较好的速溶咖啡在外观上与研磨咖啡非常相似。这种外观强化了这种速溶咖啡具有真正咖啡口味的消费期待,并且唤起那种无意识的方便食品意识:"噢,它们看起来一样,可能真的就差不多。"同样,有一种很有创意的被叫作"增香"的狡猾技术,即在装速溶咖啡的罐内表层加入一种模拟研磨咖啡香味的芳香剂,消费者打开盖子后,第一印象就是一股扑鼻而来的咖啡清香。这种香味不会持久,也不是煮咖啡时散发的香味,只是一种假象。暴露出速溶咖啡低劣品质的最明显事实是它走味并不明显,即使是在咖啡储藏罐口敞开的情况下也是如此。那些对构成真正的咖啡香味必不可少的易挥发的咖啡油在生产速溶咖啡的过程中已经完全受损,所以此后没有必要刻意去保持咖啡油。速溶咖啡没有明确的保存期,因此包装袋上一般不会出现有关如何储存咖啡的建议。总之速溶咖啡不走味,因为里面几乎不含有什么可走味的东西。

第十三章 现　代

速溶咖啡还有其他不易察觉的缺陷。每杯速溶咖啡的咖啡因含量比烘焙和研磨咖啡的咖啡因含量高，甚至比真正的罗巴斯塔咖啡还要高。速溶咖啡便于弱化罗巴斯塔咖啡的严重不足，所以在速溶咖啡中加入罗巴斯塔咖啡对生产商来说是一个难以拒绝的诱惑。然而，这种情况会使咖啡消费者摄入更多的咖啡因。

一些生产低价位速溶咖啡的厂商试图模仿与其竞争的高价位咖啡产品，这些生产商用结块的粉末假冒冻干工艺加工出来的细小咖啡颗粒。最初的速溶咖啡生产技术——喷雾干燥法能够使冻干咖啡产品具有一种浓浓的"阿华田"（Ovaltine）香味，该技术于1965年推出，是一项显著的进步。然而速溶咖啡的真正问题是，它违背了生产优质咖啡"新鲜烘焙、新鲜研磨、新鲜炮制"的基本原则，而人们对此莫衷一是。速溶咖啡的成功完全依赖于它的方便性，虽然这是靠欺骗消费者的感觉和思想而实现的，速溶咖啡还是大行其道，许多人似乎真地喜欢它胜于喜欢真正的咖啡。随着速溶咖啡生产商熟悉了由"香浓咖啡热"造成的新的市场环境，故意混淆真假的问题变得越来越尖锐。一些机械制造商为满足餐饮业主的需求，制造出速溶咖啡烹压机，看起来跟烹压香浓咖啡的机器一模一样。其他速溶混合品，如咖啡粉、牛奶巧克力，则欺骗性地称自己是"卡布奇诺"。这些情况引起了诚实正直、喜爱香浓咖啡的公民们的不满，他们抗议自己钟爱的饮料被不正当的谋利行为所利用。然而，这种行为不过是最初允许那些厂家把他们的速溶饮料称为咖啡的错误决定的必然后果。

速溶咖啡的市场营销也同真正咖啡的营销没有明显界限。其潜

在策略是把速溶咖啡营造成与真咖啡一样令人满意的咖啡属亚种。因此，速溶咖啡生产商也经常出售烘焙咖啡和研磨咖啡，所以，倡导"咖啡馆"符合他们的利益。在"咖啡馆"的旗帜下，他们销售许多咖啡品种，所有这些产品都被假定是经过生产商或零售商用极谨慎的方式和专家水准加以区分的。这样，冻干的哥斯达黎加阿拉比卡咖啡与那些咖啡替代品被置于同一档次，而消费者则产生了这样一种印象：两者的口味并没有根本上的差别，只是人们的爱好不同而已。这样做的最终效果是，速溶咖啡拖着真正咖啡的后腿，逐渐提高了社会地位。在英国，速溶咖啡占据了咖啡总销量的80%。这种情况对整个咖啡贸易造成巨大的影响，而恰恰是咖啡贸易本身养育了速溶咖啡这个怪胎，尽管咖啡业同时也承认优良咖啡有独到的品质。这意味着，咖啡业倾向于使真正咖啡和速溶咖啡的差别模糊起来，而不是使之更清晰。英国几乎是全球范围内唯一全心全意崇尚速溶咖啡的国家。这部分是由于英国人本来极度爱好喝茶，部分是由于英国人从来不关心饮食文化。但更主要的原因是，20世纪50年代后期，英国人刚刚从战时配给制度中解放出来时，渴望能用增加了的可支配收入去购买新颖的东西，而此时雀巢和麦斯威尔两家公司主导的咖啡业在营销中大力宣传真正咖啡与速溶咖啡没有明显区别的观念。速溶咖啡适应了工业时代工人阶级家庭忙碌、直率的生活节奏，以其便捷省力的优点赢得了家庭主妇的欢心。"速溶"成为人们的追求和渴望，并且还是茶叶包装不能模仿的招牌。到20世纪90年代，咖啡文化兴盛的时候，速溶咖啡在国民心中已经根深蒂固，真正的咖啡再没有机会取代速溶咖啡了。

第十三章 现　代

1956 年，商业电视出现，速溶咖啡品牌也开始将之作为首选的广告媒介。因为泡茶所需的时间要超过 3 分钟的广告休息时间，而冲泡速溶咖啡则不会错过节目。那些想一直守着电视机的人可以在观看速溶咖啡广告的同时为自己泡好咖啡。电视与速溶咖啡文化之间形成了一种古怪的共生关系。在一定程度上，这也是一种广告经营的成功范例，许多营销专业的学生对雀巢公司的广告佩服得五体投地。雀巢公司持续多年的广告，在唤起和增加购买欲望的意义上说，是极为成功的。

大体上说，咖啡中最活跃的成分咖啡因是和健康有关的主要问题。美国国家航空航天局（NASA）的科学家曾进行了一次演示咖啡因对生物影响的有趣实验，普通的蜘蛛不幸成为实验的对象。这个实验有点残忍：给蜘蛛服用各种刺激神经的物质，然后把实验蜘蛛所织的蜘蛛网与没服过刺激神经药物的蜘蛛所织的网相比较，并进行分析。选择的物质有咖啡因、苯丙胺、大麻和水溶氯醛——最后一个是供人类服用的镇静催眠药。实验结果对于摄入咖啡因的人来说是个坏消息：用了大麻的蜘蛛织的网接近完美，只是忘了把网织完；用了苯丙胺的蜘蛛织网速度接近疯狂，但织的网很小、缝隙很大；服用了水溶氯醛的蜘蛛精神恍惚，织成的网最小；而服用了咖啡因的蜘蛛织的网与正常的由中心向四方辐射形的蜘蛛网完全不同。结论是：咖啡因对蜘蛛的织网能力的影响最大。

我们人类不是蜘蛛，我们完全知道这个实验的结果意味着什么。不论我们是否要把食用了咖啡因的蜘蛛的狂乱行为和学生喝下

大量速溶咖啡之后的混乱情绪看得一样，事实上咖啡因这种人类选择的毒品，这种一半的人类每天喝的东西，本质上就是强效的杀虫剂和灭菌剂。咖啡因的杀伤力事实上强大得足以把咖啡树本身杀死。

人类在众多事物中居然会对一种杀虫剂情有独钟，这不能不说是极为荒唐的。除了茶叶和咖啡之外，大约有 60 种热带和亚热带常青植物会运用一种狡猾的战略，它们的叶、茎和果实中能产生一种味苦的含碱咖啡因，这种成分可以导致各种甲虫、蛀虫、蚂蚁和其他虫子胃痛并引起它们神经崩溃。除了茶和咖啡，包括可可树、冬青茶、柯拉果、可可坚果，以及巴拉圭冬青茶中也包含这种成分。咖啡树有大约 900 种昆虫天敌，包括潜叶虫、树干蛀虫、介壳虫、浆果蛾、浆果蛀虫和粉介壳虫。显而易见，这些植物需要尽量地产生咖啡因，因为这些天敌当中的任何一种泛滥，都会导致大约 10% 的成果损失。

公元前 500 年左右，中国最先记载下了茶中所含咖啡因会引起的作用，中医学认为茶中所含的咖啡因成分有消食、减肥、解毒、明目等益处。我们已经看到，咖啡中所含的咖啡因被载入药典的时间要晚得多。最早的直接评价茶和咖啡差别的实验是在 18 世纪晚期进行的。在人权被发明之前，进行一些特殊的科学实验很容易，对于国王来说就更是如此。瑞典国王古斯塔夫斯三世（Gustavus Ⅲ）对当时有关茶和咖啡的争论十分感兴趣，他利用自己的君主权力开始用人做实验。国王把由于谋杀而被判处死刑的一对同卵双胞胎减刑为终身监禁，其中一位每天喝 3 碗茶，另一位每天喝 3 碗咖啡，并且每天吃同样的饭菜。喝茶的囚犯先去世了,死时82岁。这使人们认定,喝咖啡更有益于健康,这也是为什么今天瑞典的人均咖啡消费量位居世界第一的原因之一。

咖啡因的发现是受到诗人、哲学家兼科学家歌德(Wolfgang von Goethe)的启发的。1819年,他邀请一位年轻的瑞士化学家古斯塔夫·冯·伦格(Gustav von Runge)演示他的发现:颠茄有放大猫的瞳孔的作用。歌德对伦格的能力十分满意,于是他又给伦格一些咖啡豆,鼓励他去分析咖啡豆的化学结构。几个月后,伦格发现了咖啡因(即化学家们所说的 $C_8H_{10}N_4O_2$)。伦格离开歌德家的时候,差点忘了带他的猫,歌德提醒他别忘了带上他的"密友"——始终把猫带在身边是巫婆和炼金术士的传统。

这件事和歌德早期研究炼金术的经历不无关系。他年轻时在意大利生活,曾酷爱喝咖啡,是威尼斯的弗洛里安咖啡馆和罗马的格雷科咖啡馆的常客。1779年30岁生日的时候,他开始有意克制饮用咖啡和酒精饮品,他显然是意识到了那种习惯的害处。这恰好是他对炼金术的态度发生微妙变化的时候,那时他开始把对炼金术的一般兴趣发展成一种他称之为"插管术"(encheiresis)的科学研究兴趣,这种"插管术"是一种在自然事务之间建立神秘联结的方法。要研究这种课题,就需要掌握一种符合时代精神的分析的方法。尽管歌德晚年以作家闻名于世,但是他对植物学、地质学和色彩理论的科学研究在当时也很有影响。光学和色彩理论也一直是其他顶尖科学家和炼金术研究者的兴趣所在,其中包括生活在100多年前的牛顿。或许,歌德极力探索的"插管术"正是炼金术、咖啡和浮士

德在歌德这个多变人物身上交叠的表现，歌德启迪了对咖啡因的发现，咖啡因则是编织咖啡秘史网络的化学细线。

伦格发现咖啡因之后，乌德里（Oudry）很快将茶碱从茶叶中离析出来，最终，若贝特（Jobat）发现两者其实是一样的。对茶和咖啡中活性成分的离析和命名，使此前围绕饮茶和喝咖啡进行的争论别见洞天，而这又是和19世纪饮茶、喝咖啡的风行全球同时发生的。在那以后，咖啡因的使用或滥用再也没有遭到严重的质疑，结果是咖啡因全面渗透到80%的人类生活中，无论是通过喝咖啡、喝茶，还是喝其他软饮料。为了扩大市场，咖啡因产业必须发掘新的消费群体，并开始以年轻人为目标。在美国，青少年对含咖啡因的软饮料的消费量已经超过了其对牛奶饮料的消费量。同时，与20世纪70年代后期的情况相比，5岁以下儿童消耗的牛奶量减少了16%，而他们对软饮料的消费则增加了23%。有人担心，欧洲也正朝着这样的趋势发展。此外，正在发生的还有市场营销战略的转变。以前，软饮料生产商以调节口味为理由添加咖啡因，但是现在，新一代的"能量"饮料则使用一种毒品文化的语言来描述其产品的功效，如眩晕、飘然、亢奋等。这种不祥的动向在咖啡因产业的批评者看来，是在使年轻的消费者去习惯使用化学品来调节情绪和自己的表现，并认为那是自然而且必要的。研究红牛饮料的人就声称这种饮料能够驱除司机的疲劳，这种说法其实是在告诉人们喝那些"能量"饮料具有正面作用。

一些为了促销其他饮料产品的厂家不时掀起反对消费咖啡因的活动。在信奉福音主义但反对饮茶和咖啡的营养师约翰·哈维·凯洛格(John Harvey Kellogg)的影响下,查尔斯·波斯特(Charles Post)于1895年发明了称为"波斯敦"(Postum)的烘焙谷物咖啡,并将之推入美国市场。查尔斯·波斯特逐渐使消费者意识到了咖啡因饮料的危害,他创新性的广告活动被认为是广告营销的杰作,其标语宣称:"可以肯定地说,三分之一的咖啡饮用者患有深浅不同的疾病",说这样的话是这位前"万灵油"推销者的典型风格。波斯特依靠"波斯敦食品咖啡"创建了一个拥有数百万美元资产的企业,不过他最后不得不将包装袋上的"咖啡"两个字去掉。

在1906年,德国汉堡的路德维希·罗泽柳斯(Ludwig Roselius)申请了一项使咖啡脱去咖啡因的程序专利,他把这项专利称作"咖啡魔法"(Kaffee Hag),后来许多美国人和法国人也这样做。不含咖啡因的咖啡带来的商业潜力强烈地刺激着咖啡产业,商人们投入大量资金研究开发从未经烘焙的青咖啡豆中除去咖啡因的生产技术。在大多数咖啡品种中,咖啡因约占干咖啡豆总重量的1%到2.5%。高品质的阿拉比卡咖啡的咖啡因含量是劣等罗巴斯塔咖啡所含咖啡因的一半。一杯速溶咖啡的咖啡因含量则是一杯研磨咖啡中咖啡因的两倍。香浓咖啡由于是用快速蒸压法制作的,并且使用的咖啡较少,所含的咖啡因也较少。含咖啡因最少的咖啡豆是不见经传的野生马达加斯加品种,但不幸的是,这种咖啡的味道苦涩。植物学家一直在试图让这种自然生成的低咖啡因品种和味道上好的阿拉比卡咖啡杂交,但至今没有取得成功。

脱咖啡因程序包括把青咖啡豆浸泡在溶剂里。随着时间推移,

人们对健康的忧患意识增强——饮用脱咖啡因咖啡的消费者的健康意识比饮用含咖啡因的咖啡消费者的健康意识更强——浸泡咖啡豆的溶剂也跟着改变。"咖啡魔法"脱咖啡因程序最初用的溶剂是纯苯,后来用甲基氯化物。可是后来经过实验证明,老鼠服用大剂量甲基氯化物会引发癌症,结果被美国食品药品监督管理局(FDA)禁止。咖啡本身含有少量的乙荃醋酸盐,喝入咖啡时,它会在嘴里把咖啡因分解。这使厂家纷纷声称自己在生产"天然的"脱咖啡因咖啡,即使咖啡因的分解实际上是在大型化工厂里通过复杂工序进行的,他们也这么说。1979 年,瑞士的菲克(Coffex)公司引入了一种"水处理"技术,并取得了巨大的成功,其部分原因是,"瑞士水处理脱咖啡因咖啡"这个说法会使人不由自主地想起高山上莽莽苍苍的草地。有一种更新的被叫作"超临界二氧化碳"处理的方法,能够生产出更高质量的脱咖啡因咖啡,但它没有能够在商业界取得人们期望的优势地位。

不论采用何种方法,任何溶剂都会破坏咖啡的香味,但是因为处理工序不同,影响也会有所差异。咖啡因是一种苦味的植物碱基,即使是最优良的阿拉比卡咖啡,咖啡因含量也很高,因此,脱咖啡因的咖啡有一种甜味,而且经过脱咖啡因处理之后的咖啡更易走味,这又会使那种甜味加重。

由于许多知名品牌的烘焙、研磨咖啡以及速溶咖啡成功地将脱咖啡因的咖啡产品纳入其产品销售系列,对咖啡因的严厉批评已经渐渐消沉了。可能购买脱咖啡因产品的消费者的批评极为温和,他们会说:喝咖啡可能会导致睡眠不佳或者"继续饮用的倾向"。当然，也有一些激烈反对饮用咖啡的组织，他们宣称喝咖啡会导致小便失禁或者看见 UFO 在夜空中咆哮而过的倾向；但这些说法并没有影响到那些品牌咖啡的地位。结果，潜在的后现代"万灵油"推销员风格的一些广告素材被忽视了，这个世界再也看不到下列这种广告语："我认为所有的男人都患有腿部多动症，直到我给我的丈夫买来了德克斯特（Dexter）牌脱咖啡因咖啡。"

第十四章　咖啡、科学、历史

现在有一种听上去很美妙的假设，说咖啡种植在某种程度上已经走出了殖民主义和帝国体系的阴影，迎来了一个更文明的、光辉灿烂的时代。然而，越来越明显的是，虽然乐队换了，但演奏的仍然是从前的曲调，地方上那些工资水平仅能维持生存的劳工在为发达国家的市场生产成本最低的咖啡。与从前相比，主要的不同是，强大的跨国公司已经认识到，放弃那种已经成为负担的原本意义上的殖民方式，要使他们好过得多。它们不再秉持古老的"贸易跟着国旗走"（Trade follows the Flag）的信条，而是利用诸如世界贸易组织、世界银行、国际货币基金组织等现代世界性的机构来实现他们在位于曼哈顿、巴黎和柏林的理事会所追求的目标。对于那些其国家不得不在政治上屈从于世界性的机构和它们所服务的公司的需求的穷困农场主来说，民主只是一种迫使他们的劳动枷锁获得合法性的束缚和谎言。正如我们所看到的，包装技术为咖啡的公司化经营铺平了道路，围绕咖啡所进行的科学研究不仅创造了上述变化的理论基础，使跨国咖啡公司日益牢固地控制了市场，而且开始影响政

第十四章 咖啡、科学、历史

府的决策和学术环境。正在形成中的咖啡科学正在不知不觉中成为咖啡公司逐利的牺牲品。

巴黎优雅的第八行政区的一所僻静别墅的第四层是咖啡科学的秘密中心所在之处。这里的国际咖啡科学协会（ASIC, Assaiation Scientifique Internationale du Café）秘书处负责协调世界上有关最有价值农产品的最新科研成果的传播。它是一个为包括欧洲茶业联合会在内的多个组织提供服务的独立机构。对于国际咖啡科学协会来说，这个中心像分发往来信件的处理室，但更重要的是，它负责组织每年两次的展示世界各地实验室咖啡研究的大量成果的会议。咖啡是世界上受到科学审议最多的食品。

如果有人想知道哪个学术机构被商业利益侵蚀的话，国际咖啡科学协会就是一个有趣的案例。1966年，雷内·科斯特（René Coste）创建了国际咖啡科学协会，它当时是法国政府部门的一个分支研究机构。正是在科斯特的组织下，创造出了著名的"阿拉巴斯塔"（Arabusta）咖啡，这是一种把阿拉比卡咖啡的口味优势和罗巴斯塔咖啡的顽强生命力结合到一起的杂交品种。这种植物的唯一缺点是没有繁殖能力，因此它虽然引起了植物学界的极大好奇，但不具有商业价值。国际咖啡科学协会从一个依靠政府部门提供少额资助来运作的组织，逐渐发展成了一个接受企业界代表，随后又接受企业投资的机构。今天，虽然科斯特仍然是国际咖啡科学协会的荣誉主席，但该协会已经不再是法国政府的一部分。国际咖啡科学协会一直吹嘘自己是"世界上唯一完全独立地从事咖啡树、咖啡豆、咖啡饮料研究的科学组织"。然而，该组织声称自己一直缺乏资金

223

的说法被揭穿了，不得不承认它主要依赖由咖啡企业提供的经济资助。瞥一眼这个协会理事会2002年的成员名单，就能确切地看到，企业在该协会中拥有足够的席位，加利福尼亚的毕兹（Peet's）公司的格里·鲍德温（Gerry Baldwin）总裁、第一副总裁埃内斯托·伊利（Ernesto Illy）、副总裁A. 伊利（A. Illy），雀巢公司生产技术中心的科技秘书R. 利亚登（R. Liardon），雀巢公司的秘书兼财务主管M. 布兰克（M. Blanc），菲利普·莫里斯所拥有的卡夫公司、萨莉有限公司下属的多伊维·埃格伯特（Doewe Egberts）公司、夏威夷GM咖啡旗下的综合咖啡（Integrated Coffee）的总经理也都榜上有名。国际咖啡科学协会所声称的"完全独立"，不可避免地由于它的成员构成、资金来源和管理方式的性质而大打折扣。

国际咖啡科学协会在咖啡生产国和消费国之间轮流召开会议。1995年，会议在京都举行。日本最大的咖啡生产商，上岛（Ueshima）咖啡公司的总裁在那次会议上致词。他归纳了代表发言的内容，总结出来的要点是："总共只有5篇生理学方面的论文，这表明咖啡已经被承认是一种健康的饮料。"他硬是要这么说，有什么办法？京都会议体现了国际咖啡科学协会的典型做派。会上共有12篇主题发言和138篇代表发言，其中43篇是由日本科学家发表的。代表们可以讨论各种话题，例如，"关于巴布亚新几内亚地区抗锈病咖啡品种的研究""咖啡浓香对大脑功能的影响：正电子发射层扫描局部大脑血流以及相关电位研究""口中的咖啡香味：喝咖啡时鼻腔翕动频率分析"等等。他们发现"咖啡香味可以用来改善精神病症状中的不适感而且没有任何副作用，因为咖啡香味是在情绪层面上发生作用的",这归功于"咖啡香味对大脑功能独一无二的影响"。这种讨论所涉及领域的宽度和深度令人难以想象,要想对这些领域有一个详尽的概观,就必须具备超乎寻常的多学科专业知识。

许多研究论文来自学术团体,法国人在这个领域居于领先地位。设在法国蒙比利埃的 ORSTOM 就是其中的佼佼者,这是一个研究热带植物的政府机构。我们能够追溯咖啡树从埃塞俄比亚到哈勒尔再到也门的足迹,就是借助于这个团体一位科学家领导的小组所进行的基因研究。同样,像人们期望的那样,咖啡企业自身也做出了许多相关的研究。问题是,我们不知道由什么人来审查这些研究。

国际咖啡科学协会对外关系的性质很难说清,但可以肯定,它是一个更大的、覆盖整个欧洲并用很多缩写字母来表示的咖啡研究组织系统的一部分,而这些组织都不愿意就咖啡对人体健康作用的争论表明立场。在牛津郡绿树成荫的奇平诺顿区,悄悄地矗立着泛欧咖啡科学信息中心(CoSIC)。它的宗旨是,对围绕咖啡科学引发的争论进行公允的分析。这个中心是由总部设在瑞士的 ISIC(咖啡科学信息研究所)于 1990 年在英国创建的、看起来虚设的组织,与在巴黎的国际咖啡研究会共用一个秘书处。根据为雀巢公司工作同时担任国际咖啡研究会董事会秘书、财务主管和会议组织人的莫里斯·布兰克的说法,ISIC 是咖啡业在 1990 年为应对国际癌症研究协会(IRAC)可能提出来的问题而设立的,尤其关注咖啡因和膀胱癌的关系问题。它是由雀巢、拉瓦萨(Lavazza)、卡夫、保利

希（Paulig）、奇宝（Tchibo）和多伊·埃格伯特等公司联合成立的，它们全是欧洲咖啡产业的重量级企业。ISIC成立后不久便认识到，它需要有信息支柱，所以筹资成立了CoSIC。又因为需要有一支科学研究队伍，所以收购并资助了一个先前就存在的学术小组，名为"咖啡对生理影响研究小组"（PEC）。根据泛欧咖啡科学信息中心的宣传材料："泛欧咖啡科学信息中心的宗旨是为全欧洲关注咖啡、咖啡因和健康问题的读者提供充分、准确、公允的信息。它的首要任务是使有关咖啡和健康关系的辩论公允合理。"

泛欧咖啡科学信息中心的宣传材料中隐藏了一个事实，这就是，它是通过ISIC，由咖啡企业投资建立的。这也许可以解释，为什么在泛欧咖啡科学信息中心网站上公布的3条最新研究结果，让咖啡饮用者听起来都是好消息。该网站公布说，有研究表明，咖啡因并不会导致脱水（2002年6月21日公布）；高半胱氨酸不会引发心脏病（2000年3月1日公布）；喝咖啡可以降低患胆结石的风险（1999年6月9日公布）。泛欧咖啡科学信息中心的科学顾问是尤安·保罗（Euan Paul）博士，他是咖啡业中的一位资深人士。泛欧咖啡科学信息中心可能想要知道它是否还有资格声称它是和独立的科学家合作的，因为保罗博士也是新成立的不列颠咖啡协会的执行董事。不列颠咖啡协会的成员是英国主要的咖啡公司，包括卡夫和雀巢。这个协会的角色是"为咖啡行业做涉及咖啡问题的发言人"，并"在相关法律和技术问题上代表咖啡行业的观点"。当牛津饥荒救济委员会建议用一美元一磅的价格来收购咖啡种植园主的咖啡从而解决严重的国际咖啡危机时，不列颠咖啡协会驳回了这个建议，认为它"过于短视"。保罗博士显然相信这场危机可以用更简单的方法解决，"只要全世界每个消费者多喝一杯咖啡"就行了。作为泛欧咖啡科学信息中心的科学顾问，保罗坚持认为，"适量"摄入咖啡因是无害的，但他没有界定出什么是"适量"。有一些研究认为，适度的咖啡因摄入量应该是每天 300 毫克，即不多于 4 罐"红牛"，每罐红牛饮料中的咖啡因含量为 80 毫克；每杯香浓咖啡含 90 毫克咖啡因，故也不应多于 3 杯香浓咖啡；每杯茶的咖啡因含量为 60 毫克，所以也不应多于 5 杯茶。这样一来，保罗博士好像在说，第三世界咖啡种植园主的问题可以解决，但是要冒敦促第一世界的咖啡消费者过度摄入咖啡因的风险来做到这一点。这就是下海的科学家们所遭遇的困境。

有适度怀疑精神的非科学家越来越难以相信这些报告的科学性了。几年前的一项研究宣称，绿茶具有抗氧化性，茶叶行业一下子兴旺起来。瞧！2001 年的一项新的研究似乎又表明咖啡突然之间也具有了抗氧化性，而且强度是茶的四倍！这可能是真的——只有科学家敢否认这个研究结论，但是对外行人来说，这带有机会主义的味道。现在极度缺乏有关食物与健康关系真正客观的信息。科学为产业服务的日益盛行所导致的问题之一是，这种客观的信息很难被找到，而且通常是那些产业机构资助的科学研究发出的声音最大、持续时间最久。这并不是说咖啡行业的科学研究一定带有偏见或不准确。但是，当科学信息表述开始带有协调营销活动的特点时，科学的可信度必然会遭到质疑。

与此同时，在公众领域，咖啡因对健康究竟产生什么影响仍然

是一个问题,并没有被简单地搁置。1997年,与华盛顿的公共利益科学中心(the Center for Science in the Public Interest)有关的美国著名科学家和医生联合上书美国食品药品监督管理局,要求在所有含咖啡因的食物和饮料上明显地标明其咖啡因含量,并强烈要求美国食品药品监督管理局就咖啡因对健康的影响进行一次权威性的研究。2000年,澳大利亚和新西兰的食品管理部门发布了一份关于咖啡因对饮食影响的报告,特别涉及诸如"红牛"之类进口的含有大量咖啡因的所谓"能量"饮料。杰克·詹姆斯(Jack James)教授当时是该工作小组的一员,现在是爱尔兰国立高威大学心理学系的系主任。他是一位受人尊敬的学者,致力于为他所称的"咖啡因工业"带来科学的公允意见,在这个方面已经出版了两本书和大量论文。他理所当然应该受到国际咖啡科学协会和泛欧咖啡科学信息中心这类组织的充分重视,但是他的研究成果却被他们完全忽略。他认为,咖啡行业已经成功地将单个科学家研究的注意力吸引到对咖啡行业有利的课题上来。科学家越来越难以确定什么是客观的研究,什么不是客观的研究,至于公众就更是一头雾水了。詹姆斯教授指出,有两种长期流行的关于咖啡因的神话是有人故意建构并且无视实际存在的反面证据的低劣研究结果。一种神话是说咖啡因可以提高行为能力,另一种是说有规律地饮用咖啡因可以增强对药物引起的高血压的承受力。他认为,这两种神话都是被咖啡行业故意维持的。但是泛欧咖啡科学信息中心的尤安·保罗博士却持与詹姆斯教授截然对立的看法。保罗博士声称:"在过去的10到15年里,关于咖啡因的古老神话和谬论已经很大程度上沉寂下来；有大量科学研究表明，喝咖啡和其他任何事物一样，只要适度就没有任何风险。"

詹姆斯教授认为，大学里的学术研究机构面临的寻找行业投资的压力越来越大，因此，这些学术研究机构的研究结果越来越值得商榷。他指出，美国纳什维尔的范德堡大学医学中心最近得到咖啡行业 600 万美元的赞助，用于建立"范德堡咖啡研究所"，目的是专门"研究咖啡对健康的益处"。范德堡大学鼓吹说："一个由咖啡世界的领军人物组成的国际顾问委员会已经成立起来，目的是扶植国际咖啡研究院（I.C.S. Academic）。由于该研究机构所有科学家都是范德堡大学的教职人员，所有在严肃的科学刊物上发表的论文都无须经过赞助商的审查，并且国际咖啡研究院的研究项目经常得到相关领域的重要科学家的评价，所以这个研究所的学术独立得到了保障。"可是，因为国际咖啡研究院的目标以及它获得资助的目的就是去发现咖啡对于健康的益处，它在建立之初就已经放弃了学术独立的原则，其学术独立也将永远无法实现。

詹姆斯教授还坚持说，咖啡因工业采用了一种发现或径直强调咖啡因消费对人的好处的战略。科学研究在向大型企业利益倾斜，政府部门也是如此。因此，詹姆斯教授抱怨说，他越来越多的时间被用来唤起人们对"科研单位腐败可能性"的关注，因而不能专注于他自己的课题研究，连部分地资助了他目前所进行的研究的欧洲委员会（the European Commission）也没能逃过他的批评。他还在名为《瘾》（*Addiction*）的学术杂志上撰文，讨论一个专门研究机构——"国际生命科学研究所"（the International Life Sciences

Institute）的学术尊严受到威胁的问题。1958 年，美国食品药品监督管理局将咖啡列入了"一般公认为安全"的清单。但是在 20 世纪 70 年代，包括公众利益科学中心在内的游说组织，给美国食品药品监督管理局施加压力，要求将咖啡因从该清单中剔除。软饮料行业为了应付这种威胁，出资建立了国际生命科学研究所（ILSI）。到 1980 年，美国食品药品监督管理局提醒孕妇，不要过度食用咖啡因。国际生命科学研究所则为了应付这种局面，出版了一部关于咖啡因影响的著作，在涉及咖啡因潜在的负面影响时，该书有选择地利用了一些支持咖啡因产业的研究成果，来证明咖啡因本质上对健康无害。

　　商业界在科研领域下的赌注非常高，原因主要是人们越来越关注咖啡因对健康的影响，以致美国的咖啡消费量在 1962 年到 1982 年之间下降了 39%。这种状况到 1990 年得以扭转，咖啡业将此归功于他们自己反对科学界有关言论的努力。国际生命科学研究所已经成了一个专门支持那些能开发出"快乐与健康新境界"的研究的机构。它招募了许多知名的科学家参与到其附属研究基金会里，而这个组织本身以及它的财权则稳定地掌握在该组织的大公司成员手中。这些成员的名称读起来像是一份全球食品和饮料业巨头的名单：包括可口可乐、马尔斯（Mars）、雀巢、宝洁和联合利华等。国际生命科学研究所的成员中也有来自化工和药物行业的，比如杜邦（Du Pont）和拜尔。国际生命科学研究所和世界卫生组织的关系也引起了该组织内部的关注——它可能会效仿烟草业应对世界卫生组织调查烟草的有害影响时采取的举动。据詹姆斯教授透露，世界卫生组织的一个工作小组确实把国际生命科学研究所定性为一个获得资助的,"致力于研究关于烟草和健康关系的政治和科学论争的,看上去没有偏见的科学组织"。而事实情况是,国际生命科学研究所当时也在参与欧盟的一个项目——"欧洲食品安全暨食品化学成分风险评估"。这个事实引起了主要涉及它仍在吹嘘的"独立性"的质疑。不论是对一般食品还是对咖啡来说,最关键的问题是,科学研究是否客观求实,以及科学家在孤掌难鸣、客观性受到威胁时,能否克服这种困难。

拉夫堡大学睡眠研究系提出了一份关于"驾驶中入睡现象"的研究报告,反映出研究机构的客观性受到扭曲的过程。英国广播公司苏格兰分部曾报道说:"研究发现,一罐能量饮料可以解决司机'一般困乏'的问题,而两罐就能彻底解决问题……研究中心主任吉姆·霍恩(Jim Horne)教授说:'司机对他们的行程应该有计划,如果觉得很困,就应该停止前行。在一个安全地点停下来之后,喝一罐能量饮料,如果可能的话,再眯上至少 15 分钟。'"英国广播公司指出,"红牛"是该实验所用的能量饮料,但此项研究的经费并不是全部由红牛公司提供。听到这则报道时,我们很可能会得出这样的结论:只要喝两罐"红牛",就可以解决司机驾驶途中的疲劳问题(红牛饮料目前在全球的年销售量为 10 亿罐)。后来,该实验结果的要点突然出现在由道路使用者安全委员会和拉夫堡大学联合发行的宣传册中,该委员会的成员包括英国 4 万名巴士司机和卡车司机。红牛公司看来已经利用这些报告的科学可信性,攫取了可观的商业利润,而这些研究正是他们自己委托并资助的。

咖啡行业用科学来防止他们的产品受到影响健康方面的批评，做这种事情开销不菲，但最终，这种费用是由不得不以极低价格出售咖啡的咖啡种植园主来承担的。某些人认为，解决这种危机的唯一办法就是在第一世界找到一个能够帮助咖啡种植园主提高咖啡"附加值"的咖啡加工企业。于是，对于特殊口味咖啡浓厚的兴趣就成了现在遍及世界的现象。这最初是由咖啡生产商引导的风潮，目的是激发起消费者对更有趣、质量更好的咖啡的潜在需求。想一想美国20世纪70年代流行的标准，就很容易理解这种潜在的需求。现在，因为灾难性的咖啡价格危机，赢得特殊口味咖啡生产的资格可能是咖啡生产商生存的唯一希望。

优质咖啡已经成为一种时尚行业。市场需要革新和新奇，咖啡烘焙商和生产商不遗余力地来满足市场的这种需求，把不知名的咖啡变成与众不同的咖啡品类。由于可用于这种产品的咖啡供给不足，新的种植园建立起来，投资者来自那些似乎和咖啡产业毫不相干的行业，比如旅行机构和休闲娱乐机构等。在斐济，投资者不久前开垦出了一个100英亩的咖啡种植园，有报道说，该种植园已经于1980年向新西兰出口了1140千克咖啡。尼泊尔以前完全没有咖啡产业，现在则已经涌现出了"珠峰"（Mount Everest Supreme）咖啡。在加拉帕哥斯群岛、巴拿马、佛得角群岛、亚速尔群岛……咖啡就像是被交给好莱坞制片人的电影脚本一样，被运送给特殊口味咖啡厂家的市场部门供其选择，"夏威夷的科纳凯（Kona Kai）咖啡和也门的摩卡咖啡摆在了一起，印度的咖啡也可能加入进来"。就像对待独一无二的"圣杯"一样，咖啡烘焙商想独享特殊口味的

第十四章 咖啡、科学、历史

咖啡原料,从而使这种咖啡变成特殊口味咖啡厂家独占的、无人可以挑战的品种。

当现有的咖啡生产商努力提高社会信任度,新兴的咖啡生产商在国外为他们的咖啡种植园寻找适宜地点的时候,咖啡采购员则搜遍全世界,寻找尚未被发现的咖啡极品。咖啡的历史研究像沉船一样,对贸易毫无用处,但在目前的情况下,这本书却会给那些关注咖啡历史的人提供一些此前没有被注意到的潜在宝藏。

特殊口味咖啡现象是西方大公司控制咖啡供应链的必然结果。日常消费的普通咖啡的生产价格以及销售价格都是极低的,但是,现在还必须满足富人消费群体的特色需求。因此,当世界其他咖啡消费者正在饮用巴西和越南的廉价咖啡时,一个很小但很重要的、独具匠心的咖啡市场发展起来了。这个市场的存在反映出,咖啡的实际品质只是行销组合的一个方面。总的说来,只有咖啡消费国的公司才有能力通过咖啡的其他品质来使之"增加价值"。有个别的生产国,如牙买加,已经掌握了他们所生产的咖啡"品牌"——蓝山。在另一些地区,例如危地马拉的安提瓜,也在努力加强其品牌的影响力。然而,和星巴克以及雀巢这样的咖啡公司创造的品牌以及他们通过品牌效应获得的巨额利润相比,那些成功是微小而且偶然的。

新的咖啡品种如果想要进入特殊口味咖啡的殿堂,味道必须香醇,最好能有特色。最低限度,味道不能粗劣,不能有邪味。一些口味很浓的中美洲咖啡中含有一点得到其他成分平衡的金属酸味,令人口感舒适,但在诸如墨西哥咖啡那种很淡的咖啡中,这种金属

酸味没有得到平衡，就变得难以下咽。虽然描述咖啡味道的语言像描述其他事物的语言一样，都是从共享经验得来的，即使是一种新的奇妙感觉也要用描述先前感觉的语言要素来描述，但各种咖啡并不需要喝起来味道一样。

在发达国家的咖啡市场，我们很容易发现咖啡产地意识影响巨大。货架上的咖啡名称：肯尼亚、哥斯达黎加、爪哇等，都是特意设计出来，用于激发顾客的购买兴趣的。这就像一本旅游宣传册，通常还有配套的图片，来激起顾客对该国家的想象。由图片激起的味觉经验的力量是不可低估的。咖啡品尝员就常常有这样的经验：遇到一位刚刚度假回来的人，手里拿着一包多哥的罗巴斯塔咖啡，或是秘鲁的阿拉比卡咖啡，或是牙买加的蓝山咖啡，或是别的什么咖啡。他们认为"味道棒极了"，把咖啡送到专家的手中，满心期待专家会认可他关于这种咖啡奇妙无比的评价。当一个人在多哥聆听着回响在市场各个角落的售货员的叫卖声时，或是在安第斯山上沐浴着可能夹着雪花的微风时，或者是在牙买加看着鹦鹉在兰花丛中飞扑时，这种咖啡可能的确是妙极了。但是被放到咖啡品尝员冰冷的工作台上的咖啡却一般不是质量低劣，就是不够新鲜，更有可能是两种问题都有。旅行者把他们关于这些国家的感觉溶到了咖啡中，那些感觉是极为有效的美化剂。而且，咖啡品尝员知道这种记忆是如何发生作用的，也知道这种记忆会帮助市场营销人员推销他们的产品。这种产地意识在日本消费者喜欢坦桑尼亚咖啡却不喜欢肯尼亚咖啡这种现象中，最充分地显示出来。那部分上可能和两种咖啡的酸度不一样有关，但肯定也是因为乞力马扎罗山和神圣的富

第十四章　咖啡、科学、历史

士山十分相似。日本许多生产坦桑尼亚咖啡的商人都喜欢在包装上印上乞力马扎罗山的形象。

产地意识在咖啡的社会地位提高的过程中变得更为精细，地区识别开始起作用。比如安提瓜和柯纳凯咖啡都是这样，更重要的是种植园的名称。咖啡的产地意识越是具体地附着在咖啡包装上，就越需要以蕴涵历史的叙述形式进行"解释"。在一个消费者的选择无穷无尽的世界里，历史能够赐予咖啡一种谱系和衍生的价值，就像 20 世纪 20 年代的每一位美国女继承人都想嫁给英国公爵一样。敏锐的咖啡消费者都喜欢把自己想象为鉴识咖啡的行家。利用历史来推销咖啡的营销策略来源于某些咖啡的历史事实以及这种事实所承载的、被人认可的声誉。我们知道，20 年前，人们普遍相信英国女王曾经通过外交邮包获得了大量瓦伦福特（Wallenford）蓝山咖啡。这种说法增强了瓦伦福特蓝山咖啡的诱惑力。但是，当时其实根本不可能买到真正的瓦伦福特蓝山咖啡，那时它已经多年无货。然而这段所谓的"历史"对于牙买加蓝山咖啡长期占据咖啡上品地位，却有强大的作用。

这些捕风捉影的历史中当然缺乏关于咖啡豆本身的真实故事。理论上讲，咖啡树的起源应该是可以追溯的，而不应该像哥伦比亚国家咖啡经营者联合会（the Federación Nacional de Cafeteros）那样，毫无根据地声称咖啡树是"在 16 世纪由耶稣传教团传入的"。我们知道，16 世纪的欧洲人根本还没有发现咖啡。加勒比地区的咖啡树可能和加布里埃尔·克利乌带到马提尼克岛的那种咖啡杂交过，这降低了其血统本来就受到高度质疑的加勒比

咖啡的价值。

很不幸，历史上没有关于拿破仑饮用圣赫勒拿岛咖啡的记载。和丘吉尔一样，拿破仑的事迹和遗物是人们搜集整理最多的。如果有人能够确切报道拿破仑在某一时刻喝了咖啡，最好还有他关于咖啡的评论，那将会立即引起世界性的关注。拿破仑很有可能这样做过，而且相关的证据可以为圣赫勒拿岛的咖啡提供一个有趣的历史背景。我们已经发现拿破仑经常喝咖啡，知道拿破仑煮咖啡的水来自哪里，也知道拿破仑在一个短暂时期内曾在花园里种有咖啡树，我们只是还没有找到他喝圣赫勒拿岛咖啡的直接证据。

第十五章　半球之战：古老茶叶帝国面对新兴咖啡帝国

为了方便起见，我们可以将咖啡世界划分为两个半球：美洲和美洲以外的地区。以茶叶为主的原英属殖民地种植园产业之所以不同于以咖啡为主的美洲种植园产业，是因为地缘政治的差异。目前，原英属殖民地国家是他们生产的茶叶的主要消费国；美洲帝国则通过"公司殖民主义"（cooperate colonialism）进行运作，不用占据领土，也避免了由此带来的相关责任，然而经营得很糟糕。通过将咖啡农场主和少数跨国购买者捆绑起来，并利用诸如世界银行等公共机构来建立一种消除对贸易进行任何内部和国家控制的大环境，殖民帝国的公司赚取了巨额利润，而咖啡农场主的收益则从1991年的40%下降到现在的13%。从历史角度看，茶业的情况和咖啡业也不一样。在殖民时代到来之前的中国、日本和亚洲其他一些国家，茶叶的产销量就一直很大，而咖啡的发现和发展则几乎与欧洲殖民势力扩张同步。欧洲对茶日益增长的需求在很长时期内是由中国茶叶生产的扩大来满足的，直到19世纪30年代，东印度公司才做出认真努力,将茶叶种植推广到印度和其他殖民地。东印度公司这样做带来的结果是,今天茶叶生产位居世界前10位的国家中,有4个曾是英属殖民地。在茶叶消费位居世界前10位的国家中,有5个是茶叶生产居世界前10位的国家,还有3个是原英属殖民地,位居第5的则是英国自己。这些数字展现出英帝国的一个有趣的遗产:它在它的一些殖民地开始了茶叶生产,而这些殖民地的人民又成了热情的茶叶消费者。

表1　茶叶的世界生产及消费情况表*

前10名生产国	产量（千吨）	前10名消费国	消费量（千吨）
1. 印度	806	1. 印度	655
2. 中国	676	2. 中国	478
3. 斯里兰卡	284	3. 土耳其	166
4. 肯尼亚	249	4. 俄罗斯	153
5. 土耳其	171	5. 英国	137
6. 印度尼西亚	165	6. 日本	137
7. 日本	89	7. 巴基斯坦	108
8. 伊朗	60	8. 美国	93
9. 阿根廷	50	9. 伊朗	91
10. 孟加拉国	47	10. 埃及	73

* 资料来源:2002年经济学家世界统计报告

第十五章 半球之战：古老茶叶帝国面对新兴咖啡帝国

同样有趣的是，饮茶在原来的奥斯曼帝国范围内即今天的埃及和土耳其，十分流行。这似乎说明，茶叶是没落帝国最流行的饮品。当伊斯兰教已经普遍衰落时，伊朗等伊斯兰国家也采用了被一些人认为更有助于深思而不特别促使人兴奋的茶，他们用这样的方式来配合对昔日荣耀的追忆。

西半球

1808年，法国在拿破仑的率领下入侵伊比利亚半岛，导致西班牙和葡萄牙君主政体土崩瓦解。这次入侵对葡萄牙和西班牙在中美洲和南美洲的殖民地造成了最为深远的影响。咖啡生产成了这些羽翼未丰国家里大多数国家经济、政治生活中非常重要的因素。从神秘的东方传入的咖啡成了后殖民主义西方的重要产品。

正如我们所看到的那样，也门和埃塞俄比亚对咖啡种植的垄断局面在不长的时间里就被打破了。那些殖民列强——最初是荷兰、英国和法国，随后是葡萄牙和西班牙——将一种咖啡种植园体系引进到任何适宜种植咖啡的殖民地。对法国和英国来说，西印度群岛是最适宜引进咖啡的地方，当地殖民体系的效率和进口奴隶的效率高得有点残忍。在荷属殖民地爪哇和苏门答腊，荷兰人必须用比较温和的手段来迫使当地居民为实现他们的肮脏目的而工作，这并不容易，但荷兰人还是决心要做到这一点。当美国实现独立并在很大程度上放弃饮茶时，它开始在自己的"后院"种植咖啡，满足日益增长的咖啡需求。最初，西印度群岛的咖啡产量就能满足美国对咖啡的需求，但随着美洲和欧洲咖啡消费量的增长，新独立的中美洲和南美洲国家也开始生产咖啡。由于奴隶制和这些国家的革命理想冲突，这些国家几乎都废除了奴隶制。但是，中美洲、南美洲在摆脱了西班牙和葡萄牙明目张胆的殖民主义统治之后，又落入大英帝国较为隐蔽的控制中。曾经有这样一种说法："英国人统治着海洋。"它在现代人听来像是侵略者的炫耀，但是在拿破仑被击败之后，却是一个深刻的、全球性的事实。海洋是进行国际贸易和展示军事力量的舞台，英国皇家海军对海上通路的控制权使英国获得了对国际事务无与伦比的掌控权。19世纪20年代，一系列成功的独立运动使中美洲和南美洲的一些殖民国家从西班牙统治下解放出来。1824年，英国外交大臣乔治·坎宁肯定地说："西属美洲获得了自由，如果当时我们没有不幸地举措失当，这个地方就属于英国了。"他的这种把自由等同于英国化的假设，正是英国帝国主义心态的内在特质。

英国那时做出了一件古怪而史无前例的事情：它利用强大的海上力量，推行了这个世界从来没有见过的、体现帝国"慈善心肠"的伟大法令。1808年，英国依赖它的西非舰队，正式废除了奴隶贸易。他们一开始犹豫不决，但是后来废除奴隶制的措施愈来愈坚决。那些在奴隶贸易当中获得的利益不大但对英国的声誉有浓厚兴趣的国家，如丹麦、阿根廷等，迅速加入了废奴运动。另外一些依赖奴隶经济的国家也慢慢加入了这一行列。废奴运动由于种种矛盾而遭遇破坏时，英国和英国的同盟国通过不懈的努力，最终在世界大多数地方铲除了把奴隶制合法化的根源。英国人的确是依赖他们

第十五章 半球之战：古老茶叶帝国面对新兴咖啡帝国

的全球帝国势力来实现其愿望的。该时期与英国竞争的欧洲国家一直在追问英国人这种表面慈善的真正动机究竟是什么，它们认为这不过是英国"攫取权力"的一种手段。为什么在 18 世纪末的奴隶贸易潮流中占据重要地位的英国在 19 世纪初要废除奴隶贸易呢？上帝才知道答案在哪里，或者至少是曾显然赞同用奴隶制来体现神意的上帝忽发奇想，突然认为奴隶制是邪恶、卑鄙的了。无论如何，通过废奴运动及其在英国议会中的主要发言人威廉·威尔伯福斯（William Wilberforce），上帝把他的新旨意传达到了英国社会的各个阶层。一旦在群体良知的沃土上播下怀疑的种子，怀疑就会迅速地生长。英国人对待奴隶制的态度转变之快，比其他任何事情都更容易引起其竞争者的怀疑。

伴随着美国不可阻挡的崛起，英国逐渐失去了在西半球的影响力。美国于 1898 年对古巴的短暂占领，标志着美国帝国主义尝试迈出的第一步，这个国家对它的后院的影响在 20 世纪迅猛增强。

今天，咖啡产量居世界前 10 位的国家中，4 个是中美洲和南美洲国家，印度尼西亚仍旧位居第 5。虽然印度尼西亚现在生产大量罗巴斯塔咖啡，但其毕竟拥有荷兰殖民时代遗留下来的地位。在 10 大咖啡消费国中，除了位居第 2 的巴西和位居第 9 的埃塞俄比亚之外，第 1 是美国，然后是其他西欧国家，再加上位居第 4 的日本。这就是说，与茶叶的情况相反，咖啡产销基本上是从发展中国家流向西方国家的。而且，咖啡生产国的国内咖啡消费市场远不如茶叶消费市场。这样，咖啡至今还是最突出地折射出历史上的殖民主义体系的产品。印度和中国的茶叶生产对它们的国家利益关系重大,但类似的情况并没有出现在生产咖啡的国家,只有巴西有一点例外,它消费了本国生产咖啡的40%。

表2 咖啡的世界生产及消费情况*

世界前10名生产国	产量（单位：千吨）	世界前10名消费国	消费量（单位：千吨）
1. 巴西	1941	1. 美国	1121
2. 越南	676	2. 巴西	765
3. 哥伦比亚	560	3. 德国	567
4. 墨西哥	387	4. 日本	404
5. 印度尼西亚	361	5. 法国	319
6. 科特迪瓦	328	6. 意大利	307
7. 印度	324	7. 西班牙	188
8. 危地马拉	312	8. 英国	138
9. 埃塞俄比亚	210	9. 埃塞俄比亚	98
10. 乌干达	186	10. 荷兰	95

* 资料来源:2002年经济学家世界统计报告

欧洲列强在购买咖啡时曾经明显地坚持对其前殖民地的商业"忠诚"。法国人曾经对生产罗巴斯塔咖啡的非洲西部进行殖民,因而他们形成了对罗巴斯塔咖啡特殊味道的偏爱,这和他们鉴赏其他食品的高超品味形成了鲜明的对比。荷兰人现在仍旧喜欢饮用浓度高而酸度低的印度尼西亚咖啡。曾经拥有肯尼亚殖民地的英国人惊

第十五章　半球之战：古老茶叶帝国面对新兴咖啡帝国

奇地发现，他们拥有世界上最优良的咖啡品种之一，于是欧洲的贵族纷纷涌到肯尼亚建立咖啡种植园。其中，最著名的是凯伦·布里克森（Karen Blixen，伊萨克·迪内森 [Isak Dinesen]），但是她懊恼地发现，自己购买的土地坐落于适合咖啡生产的海拔线以上，于是她只好把时间用来陪着头发蓬松的老伊顿公爵家族的人在肯尼亚逛来逛去。自 20 世纪 70 年代开始的全球化运动以来，从前的贸易模式变得日益模糊了。法国人发现了优良咖啡的好处，停止了多年来喜欢罗巴斯塔咖啡的习惯，逐渐以高品质的阿拉比卡咖啡代替罗巴斯塔咖啡。英国人发现了香浓咖啡和卡布奇诺咖啡，削弱了和东非老搭档之间的联系——肯尼亚生产的咖啡不适合制作香浓咖啡。只有美国一直保持着对它的"后院"的忠诚：它所消费的咖啡的 75% 来自西半球，这是很高的比例。

美　洲

西半球的咖啡产量占世界产量的 2/3，消费量占 1/3。作为消费量约占世界咖啡产量 25% 的世界上最大的咖啡消费国，美国的经济战略老谋深算，它将中美洲国家视为自己的后院，南美洲国家次之。虽然美国正在恢复明目张胆的殖民主义，但直到最近，美国在中美洲和南美洲推行经济霸权的手段一直以很隐蔽的方式进行。美国这样做主要基于两点考虑：一是反击共产主义或者任何与社会主义有关的事物可能带来的威胁，二是维系"同情"美国或者维护美国在当地商业利益的政权——那几乎无例外地都是寡头政权或者

军事政权。后一点为前一点的发展创造了条件，但在战略上带来一个根本性的结构性困境，即那种政策造成的问题只能由更具有压制性的政权来解决。支持美国这种有问题的战略的国家已经并且继续目睹无休止的国家恐怖主义活动，这是美国通过暴力、恐吓、暗杀、赞助游击队和敢死队、非法提供枪支和毒品等途径来干涉这些国家的选举，并在认为必要时直接以武装力量介入所造成的。

直到最近，咖啡产业扮演了一个非常重要的角色——它成为精英分子获得并维系财富的工具，同时也成了引发穷人和被剥削的农民不满的主要原因。随着美洲转型为"现代"经济结构，这种历史性的不均衡状况渗透到了该地区的社会结构和政治结构的根基中。苏联解体之后，美国对该地区的经济束缚却通过 1994 年签订的《北美自由贸易协定》和 2005 年形成的可能取代该协定的"美洲自由贸易区"而不断加强，形将囊括除了古巴之外的整个西半球。

对咖啡生产者说来，这些情况的直接后果是《国际咖啡协议》对美国失去了政治利用价值。1989 年，美国不再支持《国际咖啡协议》，该协议随之瓦解。(经常通过世界银行和国际货币基金组织来实施的)经济制裁的威胁，足以对世界多数国家构成震慑。美国通过向它支持的政权提供设备和技术支持来对付"强硬派"(共产党、工会以及其他反对者)。在这种情况下，美洲的左翼力量很难当选为执政者，即使当选，也很难稳定其政权。由于寡头政权仍旧控制着媒体，也由于世界金融市场是否对候选人有利取决于候选人究竟同情谁，美洲的选举逐渐变成毫无意义的骗局，只是在为美国公众

第十五章　半球之战：古老茶叶帝国面对新兴咖啡帝国

编造他们的国家代表正义和民主的谎言。

当年处于欧洲殖民列强——主要是控制圣多米尼加的法国，其次还有控制牙买加的英国和控制古巴的西班牙——直接统治下的加勒比群岛曾经是全球最重要的咖啡生产地。拿破仑战争摧毁了欧洲大陆对咖啡的需求，大多数加勒比岛屿转向糖作物栽培。恢复正常贸易之后，巴西、委内瑞拉、危地马拉以及哥斯达黎加等地新建的大陆咖啡产业带来的竞争，极大地冲击着残存的加勒比群岛咖啡种植园。奴隶制的废除则带来了最后一击，加勒比群岛的咖啡种植萎缩了，咖啡种植的主要产地转移到了美洲大陆。

关于咖啡的著作通常会带领读者去愉快地领略各个国家不同的咖啡风味。下面，我们也要穿越整个中美洲和南美洲，其间不时会停下脚步，欣赏一下当地的历史和政治。如果我们对一些国家特别感兴趣，也会停下来去考察一些细节。

中美洲

美国霸权和美国支持所有反共活动所造成的腐败和反民主后果，伴随着种种触犯人权、杀人小队和公民贫困现象，在整个中美洲和南美洲随处可见。除了自变成北美廉价工业品主要产地以后经济更为多样化的墨西哥，其他所有中美洲国家现在都是，或者直到最近的咖啡价格崩溃之前曾经是，极大地依赖于咖啡出口的。咖啡维系着这些国家的经济，同时也维系着那些拥有土地的寡头们对咖啡产业的控制，他们由此控制着用来维持现状的国家政治、军事机

器。在历史上，自19世纪末开始种植咖啡以来，中美洲的许多国家沦为了准奴隶制国家。那里的种植园主大多是外国人，如在危地马拉是德国人，他们和政府勾结，强迫相邻山区的劳动力到种植园去。男人们有时会为了得到一些收益而出卖妻子的劳动力，这些女人随后可能遭到强奸或者虐待。种咖啡的土地通常位于肥沃的高海拔地区，这些土地是从当地人手里攫取来的，那些当地人后来成了最早反对政府攫取社区土地政策的游击队员。中美洲国家通常通过强横的政策来限制"土地改革"和"政治自由"，政府这样做实际是在支持盗窃。建立富有而且能为政府提供资助的拥有土地的咖啡种植园主阶层，导致了无休无止的恶性循环：镇压政治抗争和社会舆论，把警察和官僚系统作为制造恐怖的工具，以及替换任何不能满足咖啡寡头需求的政府。在这种情况下，表示反对的唯一形式就是彻底的叛乱。19世纪80年代，萨尔瓦多的印第安人叛乱，他们和政府支持的装备精良的民兵对抗；在尼加拉瓜，印第安人围困了马塔加尔帕，结果有1000多人被政府军队杀害。

到了现在，所有这些国家的左翼运动都被军队或者警察无情地镇压下去了。而这些国家的军官和警察常常是在位于乔治亚州本宁堡的、曾遭到人权主义者长期指责的臭名昭著的美洲学校接受培训的。20世纪60年代，美洲学校培训的许多人卷入了推翻中、南美洲政府的事件中，因而该学校以"政变学校"闻名于拉美地区。1996年，五角大楼在社会压力下公布了该学校一直使用到1991年的用西班牙语写的培训手册。《纽约时报》的编者按评论说："现在，美国人可以亲眼看到美国军队于20世纪80年代在美洲学校用

第十五章 半球之战：古老茶叶帝国面对新兴咖啡帝国

来培训成千拉丁美洲军官和警察的有害教材了。"这份培训手册上推荐使用诸如拷打、处死、讹诈以及逮捕嫌疑人亲属这样一些审讯技巧。其他课程内容则包括暗杀、思想控制和竞选舞弊等。近来，美洲学校已经决定要改变其教学内容，但是，许多国家至今保持着由与咖啡利益相关的美国强权政治所衍生出来的政治经济结构。

墨西哥

咖啡出口占墨西哥出口收入总额的1%，共有12万个咖啡农场，其中10万个面积小于5公顷，直接或间接雇佣的劳动力为400万人，有20万个土著印第安农场的咖啡种植面积不到2公顷。墨西哥咖啡有明显的酸味，并且一般味道不浓郁。墨西哥政治有独裁和腐败的趋势。尤其是最近，墨西哥政府迁就美国倡议的每项经济政策。虽然它尽力为制造业血汗工厂提供免税政策，但却忽略了咖啡农的困境。咖啡的售价过于低廉，以至于咖啡农连采摘费用都负担不起。他们有可能烧毁咖啡树，换种至少可以供家人填饱肚子的玉米。因为咖啡种植园通常位于森林与田地之间，这样做对环境会造成巨大的破坏。

大部分墨西哥咖啡分布在墨西哥南部与危地马拉接壤的契亚帕斯地区。契亚帕斯是墨西哥叛乱最多、最难控制的省份，也是萨帕塔民族解放军革命运动的发源地。墨西哥政府在美国"顾问团"的支持下，无情地镇压了那次运动。20世纪90年代初，由于咖啡价格过低，萨帕塔民族解放军举行了激烈的暴动。后来，从美洲学校毕业的军官控制了契亚帕斯，他们在该地区实行军事管制，到现在仍然时常恐吓当地居民。出现这种情况的主要原因是，萨帕塔民族解放军要求实现自治，而那和文森特·福克斯（Vicente Fox）总统的旨在在契亚帕斯省大面积种植出口农作物的"普韦布洛－巴拿马计划"的目标相冲突。这样一来，加上目前咖啡价格狂跌，该地区的人口大规模迁出，转而造成了城市的混乱。其中的一些人绝望地企图非法进入美国。2001年，在亚利桑那发现14个来自契亚帕斯的咖啡采摘农在偷渡的卡车中因为窒息而死亡。

危地马拉

危地马拉一直生产整个中美地区最好的咖啡，然而危地马拉的政治却是最差的。该国是世界上第8大咖啡生产国，咖啡直接或者间接地供养着其600万人口中的1/3。大约有50个该地最大的庄园被德裔家族掌控着，除此之外，还有6万个小规模的家庭种植单位。即使在今天的市场条件下，咖啡出口收入仍然占危地马拉出口总收入的将近10%。

危地马拉是中美洲腐败政治的典型代表。1821年，中美洲国家联盟公开宣布脱离西班牙而独立。然而，到1838年，中美洲国家联盟就解体了。危地马拉的土著玛雅人被迫离开自己的土地，为了躲避奴隶制而向高原地带迁移。1853年，咖啡种植活跃起来，但是人们发现，最适合种植咖啡的土地位于危地马拉靠近太平洋一侧的安提瓜岛一带，那里的土壤富含火山灰，而不久前离乡背井的玛雅人正占据着该地。标准意义上的自由主义土地改革法令颁行

第十五章 半球之战：古老茶叶帝国面对新兴咖啡帝国

了，这一法令将印第安人失去土地合法化，咖啡也成为该国的主要产业，失去土地的印第安人则被迫成了咖啡产业中的主要劳动力。这些人自然而然地试图逃离农场，结果是政府为防止印第安人逃跑而组织了一支庞大的军队。19世纪末，德国移民浪潮巩固了咖啡人农场的运作。他们的利益以及这个国家的经济，始终以剥削当地印第安人的劳动和依靠强大的军队为基础。

这样，一个由残酷无情的军队支持的、德国咖啡寡头主导的组织严密的政府支配了这个国家。这种局面到第二次世界大战爆发时变得更加触目惊心，很多德国人公开表示同情纳粹分子。反对希特勒的德国人被列在盖世太保的黑名单里，准备在纳粹取得胜利的时候除掉。二战结束之后，危地马拉开始了第一次社会改革的尝试，在民族主义者雅各布·阿本斯兹·古斯曼（Jacobo Arbenz Guzman）的带领下试图将休耕土地国有化。由于其中一部分休耕土地的产权属于美国联合果品公司，而该公司无法忍受土地被收回，认为雅各布·阿本斯兹·古斯曼必须下台，1954年，在美国中情局策划的政变中阿本斯兹下台了。当时中情局新上任的负责人保证，所有土地的所有权都会被恢复到土地改革之前的状况。其实，阿本斯兹并不是共产主义者，他只是想把危地马拉从"半殖民的经济依附国家"改造成经济独立的国家。当然，他的追求中还包括实现摆脱美国霸权控制的独立，因此被推翻了。

美国精心设计了危地马拉一党专制性的政权。在随后的36年里，美国想尽办法维护这个政权及其政策。咖啡精英如鱼得水，他们可以照旧使用廉价的劳动力。这些廉价劳动力是在军队的帮助下获得的——使用的是美洲学校试验过的对付"破坏分子"的那些技巧,所做的事情中包括强奸和拷打美国修女黛安娜·奥蒂斯(Diane Ortiz),她后来说,当时对她行凶的人中有一个是美国人。危地马拉前国防部长赫克托·G. 莫拉莱斯(Hector Gramajo Morales)曾在回忆他的社会政策时解释说:"我们在1982年建立了一项国内政策,该政策为70%的人口提供发展机会,而另外30%的人口要被牺牲掉。在那之前,我们的战略是牺牲100%。"无论真实比例究竟如何,据估计,从那时到1996年,危地马拉约有20万人口死亡。

1999年,比尔·克林顿(Bill Clinton)表示,美国支持危地马拉的专制政权是"不对"的,这种态度一定会给那些在阿本斯兹死后连续36年遭受政府压迫的危地马拉人民带来巨大的安慰。危地马拉内战时达成的一触即碎的休战条约仍然生效,但其约束力大部分只是名义上的,现在仍然有敢死队开枪击毙"破坏分子",美国仍然为危地马拉军队提供大量武器装备和军事训练。咖啡寡头仍然控制着用高墙围起来并有武装士兵看守的大型咖啡庄园。劳工们住在临时搭建的木板房里,他们能否拿到法定的最低日工资2.48美元,能否享受法定的基础教育和健康保险,都不得而知。

萨尔瓦多

现在萨尔瓦多的650万人口中,有10%直接或间接依靠咖啡生存,咖啡业占其国民生产总值的15%,占出口总收入的5%以上。在1936年,咖啡业带来出口总收入的96%,在1990年还占

第十五章 半球之战：古老茶叶帝国面对新兴咖啡帝国

50%，现在已经大幅度下降。目前，其出口总收入的 57% 来自服装业。萨尔瓦多一些富有的咖啡农场主是德国人，没有什么特色的高产量咖啡主要出口到德国，一直到最近价格危机爆发为止。由于价格危机，4 万个工作岗位被削减，70% 的小型咖啡农场关闭，那些地方用不着工人去做清洗、修剪和施肥之类的事情了。

2002 年 7 月，设在佛罗里达州西部棕榈海滩的一个联邦法庭判定两位从萨尔瓦多退休的将军向 3 名 20 年前遭到安全部队拷打的萨尔瓦多公民赔偿 5460 万美元。这两位将军，一位是萨尔瓦多前国防部长，另一位是前国民自卫队首领。在接受这项判罚之前，他们一直受到美国的尊重并在佛罗里达过着一种体面的退休生活。他们曾被指控共谋杀害 3 名美国修女，但被无罪开释。当时的辩护律师声称：他们维护民主的英勇行为可以同托马斯·杰斐逊以及约翰·亚当斯相媲美。这和里根（Ronald Reagan）总统将尼加拉瓜反政府武装描绘成国家开创时期的自由斗士的恶劣做法如出一辙。滥用历史与滥用民主一样，都是美国国家政治中的军国主义成分。在他们被判有罪的案件中，有大量证据表明他们曾对原告严刑拷打，铁证如山，无可辩驳。该事件还透露了萨尔瓦多政府军队是如何打击同情游击队的"嫌疑分子"的：他们把尸体随意丢弃在街道上，对乡村展开大屠杀。萨尔瓦多的经济相当大程度上依赖咖啡出口，过去和现在都是如此。因此，美国支持的强权者主要就是咖啡精英。在莫索特（El Mozote）事件中，共有 1000 名老人、妇女、儿童被残忍地杀害，在后来被以屠杀罪控诉的 12 名军人中，有 10 名曾经在美洲学校学习。

萨尔瓦多的政府一直是"污秽、凶残和短命"的,通常是军人政府,而且在第二次世界大战之后一般是由在美洲学校受过培训的人组成的。在20世纪80年代,遭到人民极度憎恶的总统里奥斯·蒙特(Rios Montt)保证,在他统治时期内,不仅要彻底铲除被看作是左翼分子的人,而且要除掉土著玛雅印第安人,原因是他们居住的高地最适合种植咖啡。据估计,在他任职期间,有10万多土著人被杀害。事实上,这只不过是19世纪以来形成的萨尔瓦多传统的延续,当时的自由土地改革剥夺了土著人的土地,用于种植咖啡,并使14个大家族集中控制了土地。印第安人的反叛在整个19世纪80年代绵延不绝,但最终都被装备精良的政府军队残暴镇压了。

洪都拉斯

洪都拉斯现在的咖啡产值占其出口总额的10%,比5年前下降了1/3以上。它的300万人口中,有60万以咖啡种植为生。全国有大约4.5万个农场,一些农场组成了合作社。在一般情况下,洪都拉斯咖啡,尤其是产于该国海拔最高地区的咖啡,品质精纯、价格合理,是用于精细咖啡勾兑的品种。自第二次世界大战结束之后,洪都拉斯的政治处境十分糟糕,该国出产大量香蕉,其政治模式也被称作"香蕉共和国"模式。[1]

在美国的庇护下,包括军事独裁、暗杀、严刑拷打和美国中情

---

[1] "香蕉共和国"指以出口水果为经济命脉的、不稳定的依附性小国。——译者注

第十五章　半球之战：古老茶叶帝国面对新兴咖啡帝国

局协助策划的镇压叛乱行动等在内的各种现象都出现在洪都拉斯。尤其是在 20 世纪 80 年代，里根政府出资支持的反政府武装非常活跃，这个武装力量是由贫困人口组成的被叫作"自由战士"的半雇佣军，其使命是把尼加拉瓜桑地诺解放阵线（Sandinistas）从洪都拉斯驱逐出去。当时，桑地诺解放阵线建立的政权有可能在社会正义的名义下控制洪都拉斯。众所周知，牛津饥荒救济委员会当时曾经评论说，桑地诺解放阵线的"执政能力是极其罕见的……它改善了人民的生活状况，并鼓励人民积极参与到建设和发展的进程中去"。这样的一个桑地诺解放阵线当然也得下台。反政府武装被集结起来，从洪都拉斯开始行动。这时的唯一问题是，如何在不引起美国国会猜疑的前提下为洪都拉斯反政府武装筹集到资金。事后，美国参议院的凯瑞委员会（Kerry Committee）通过为期 3 年的调查发现了真相，该委员会报告说："有大量证据表明，在洪都拉斯战区，有大量的反政府武装个人、武器供给商、飞行员、雇佣军人，以及反政府武装支持者进行着毒品走私……在所有案件中，美国政府特工都曾在事情发生的当时或者事后获得有关的情报……美国高层决策者完全知晓，通过走私毒品获得资金是解决资助反政府武装问题的完美途径。"

美国政府暗中采纳了奥立佛·诺斯（Oliver North）上校的建议，通过经营毒品来资助反政府武装。这种观念似乎日益成熟起来，成为美国政府亚文化的一部分，并在抵制哥伦比亚政变的动荡中大显神通。

尼加拉瓜

尼加拉瓜的咖啡收入约占其全部出口收入的15%,大约有17000个农场。据估计,约有30万依靠咖啡维持生计的人因为咖啡危机而失业。尼加拉瓜咖啡味道清淡或浓度平平,含有一些金属性酸味,只有其中品质最好的味道才更香一些。不过,尼加拉瓜咖啡虽然不是中美洲最好的咖啡,但作为一种"单一起源"咖啡,还是值得品尝的。然而,这个国家的政治却是山姆大叔在中美洲施加有害影响的最令人压抑的案例之一。

20世纪30年代,臭名昭著的安纳斯塔西奥·索摩查·加西亚(Anastasio Somoza García)开始掌权。他和他的家族拥有43个全国最大的咖啡庄园,并实行铁腕统治,任何反对政府的迹象都会被无情地压制下去。直到1978年,桑地诺解放阵线(因为民族主义政党领袖奥古斯托·塞萨尔·桑地诺[Augusto César Sandino]而得名)夺取统治权,废除了古老的暴君统治,并依托进步社会思想推行改革计划,包括建立起学校和医院。最初,美国的吉米·卡特(Jimmy Carter)政府通过常规外交手段和经济渠道,使这个可能成为"另一个古巴"的政权受到削弱。1980年,罗纳德·里根当选总统,并组建了尼加拉瓜反政府武装。这支反政府武装烧毁了那些学校和医院,强奸、抢劫的恐怖场景出现在那里,而这一切都由美国政府出资支持,它还趁此机会,卷入该地区的非法矿业开发中。

桑地诺解放阵线勉力支撑10年之后,最终还是在1990年的选举中失败。人民不是不满他们的统治,而是被维持他们的统治

第十五章　半球之战：古老茶叶帝国面对新兴咖啡帝国

必须面对的麻烦搞得疲惫不堪。桑地诺解放阵线社会改革计划的一些内容，特别是土地改革，保留了下来，尼加拉瓜仍是一个合作社运动蓬勃发展的国家，在咖啡产业中尤其如此。例如，1993年成立的旨在为其成员提供筹集资金、生产、销售建议的名为"PROODECOOP"的合作性组织，有45个合作社参加，维持着2500个家庭的生存，每个家庭约有10英亩土地。PROODECOOP也参与学校和诊所的建设，为其成员提供法律咨询服务。PROODECOOP还与总部设在旧金山的倡导咖啡公平贸易的"全球交易中心"（Global Exchange）一同发起了一个创新性的项目，根据这个项目，利益相关者被邀请自费到尼加拉瓜采购咖啡，停留至少两个星期，其间费用自付。这表明，尼加拉瓜在20世纪80年代经历的困难引起了西方消费者的共鸣，尼加拉瓜还保持着一些社会公平色彩。

这类做法显然是令人鼓舞的，而且在整个中美洲和南美洲，到处都可以看见一些公平贸易的举动。但是很显然，这些自发形成的更为公平的社会成分，已经在由北美自由贸易区及其衍生物所代表的全球化宏观经济环境中被边缘化了。

尼加拉瓜政府被认为是腐败无能的，它和国际货币基金组织签署了协议，以维持其国际货币储备的最低限额，这意味着，原来用咖啡种植园主所出资金建立的、用于在类似现在这样较差年份里扶助咖啡种植园主的基金实际上被冻结。2001年，尼加拉瓜国民大会全票通过，把咖啡农的抵押品赎取权延长至300天。但后来，尼加拉瓜总统在国际货币基金组织和美洲银行的压力之下，将该提案

否决了。美洲银行曾经威胁要中止对尼加拉瓜的一项数额为 5000 万美元的贷款。这样,从桑地诺解放阵线推行的土地改革中获得了 10 英亩小份土地股权的农民发现,他们的股权被国际金融组织攫取去了,这些组织实际控制着那些向它们借款的国家的政府。

哥斯达黎加

哥斯达黎加拥有 250 万居民,30 万人以从事咖啡业为生,许多是参加合作社的小咖啡农,这些合作组织又是一个负责加工和出口咖啡的同盟的成员。哥斯达黎加咖啡品质优良,闻名遐迩,尤其是哥斯达黎加靠近太平洋一侧地区生产的咖啡,具有中美洲咖啡的所有优点。这个国家从美国特殊口味咖啡的繁荣中获取了巨大利益。

哥斯达黎加作为"中美洲的瑞士",民主、稳定、相对繁荣,它在其充满混乱和贫困的邻国之间存在,简直就是个奇迹。这可能是出于偶然,但有一个因素值得注意,它是在殖民和后殖民时代对土著居民剥夺得最少的国家。这不一定是更仁慈的社会政策的结果,而是由于那里没有多少印第安人。无论如何,这片土地没有过多地沾染被迫流离失所的土著人的鲜血,而且由此得到了一种回报,这就是,它现在的居民拥有最好的咖啡和基本没有什么麻烦的政治环境。

巴拿马

巴拿马横跨中美洲南部地峡,共有 200 万居民,种的咖啡不多,但日益成为美国制作新的特殊口味咖啡的主要原料产地之一。

第十五章　半球之战：古老茶叶帝国面对新兴咖啡帝国

人们提到巴拿马时，总是要想到巴拿马运河，但这个国家的大多数地区其实是山脉连绵起伏的。

巴拿马于 1903 年从哥伦比亚分离出来，但其最重要的运河仍然处于美国的控制之下，直到 1999 年为止。1989 年，美国入侵巴拿马，表面上是为了逮捕巴拿马的总统曼努埃尔·诺利加（Manuel Noriega）将军，实际上是为了对巴拿马运河未来的监护人及巴拿马的邻国发出警告信号。曼努埃尔·诺利加将军被指控走私毒品，美国在这样做的时候完全不顾及他曾经是自己的一个有用的联盟者。在那次行动中，成千无辜百姓被杀害或受伤。诺利加逃到梵蒂冈大使馆寻求庇护，但最终美国人在对他铺天盖地的指控宣传声中逮捕了他。

南美洲

南美洲的咖啡生产国包括哥伦比亚、玻利维亚、厄瓜多尔、秘鲁，当然还有巴西。巴拉圭和阿根廷也有小部分咖啡业。在这块咖啡大陆上，只有乌拉圭和智利没有完整的咖啡产业。同时，南美洲也是盛产其他重要物资的大陆，其中包括石油、铜、煤、锡、糖、大豆、铁矿石等，还有含量不大但经常被提起的黄金，以及制造业和其他产业。从总体上看，南美洲国家对咖啡的依赖性远远小于中美洲国家，而且咖啡贸易对南美洲经济和政治的影响也远远小于中美洲国家。像我们看到的那样，咖啡在 19 世纪时曾经主导着巴西的经济，而今天的巴西虽然仍然是世界第一咖啡生产大国，但它的

经济已经高度多元化了。

然而，在这本书撰写之时，正在与越南争夺世界第二咖啡生产大国的南美洲国家哥伦比亚的社会状况动荡不安。深入观察该国的情况，有助于了解当今世界咖啡生产的情况。

哥伦比亚

哥伦比亚在2002年的咖啡出口价值总额为8.66亿美元，而在那5年之前，它的年咖啡出口价值总额曾高达17亿美元。这相当于石油以及其他相关产品出口价值总额的1/6，与煤的出口价值额相当。该国共有大约30万个咖啡农场，其中的40%土地面积不到1公顷。哥伦比亚共有4000万人口，其中50万人直接或间接地依靠咖啡业生活。优质的哥伦比亚咖啡浓度适中，无杂质，酸度适当。与带有明显水果酸味的肯尼亚咖啡不同，哥伦比亚咖啡的酸味中带有一种坚果味道。特级哥伦比亚咖啡则在这些特点之上还带着一种甜味。

一直到最近，控制着哥伦比亚咖啡产业的非官方组织——咖啡生产者联合会（FNC）体现着良好的秩序，并且是世界其他咖啡出口国羡慕的对象。但由于战争、恐怖主义以及灾难性的咖啡低价的破坏，咖啡生产者联合会面临内部混乱和资金短缺，这对于已经每况愈下的哥伦比亚个体咖啡农来说，意味着彻底的破产。通过实行大幅裁员和体制改革，咖啡生产者联合会从政府那里求得了一项帮助减轻压力的资助，并预测在2005年会出现咖啡市场的好转。但只有大胆的赌徒才会把他的咖啡农场的命运押在这样一

第十五章　半球之战：古老茶叶帝国面对新兴咖啡帝国

个预测的实现上。

在越南登上咖啡业的世界舞台之前，哥伦比亚一直是仅次于巴西的第二大咖啡生产国。在一般的年份里，它生产100万吨咖啡。哥伦比亚咖啡的质量明显高于其最大的竞争者巴西。这部分上是由于哥伦比亚种植咖啡的地区海拔较高——属于安第斯山脉的三条支脉在哥伦比亚的领土范围高高隆起——而且，哥伦比亚咖啡全都经过水冲洗，巴西咖啡却不加冲洗。哥伦比亚的大多数咖啡通过咖啡生产者联合会进行销售，该组织从小咖啡农手中买入原料咖啡，将其磨成粉状，分成不同的等级，并且负责安排咖啡分销的途径和整个销售过程。很多国家的小咖啡农是国际市场变化时的最先受害者，或者要被迫等待数月之后才能拿到销售咖啡的收入。与此不同，哥伦比亚咖啡生产者联合会与加入该组织的咖啡种植者之间有一种长期的诚信关系。例如，在最近咖啡价格陷于大幅度低落时，咖啡生产者联合会用在咖啡贸易繁盛时期筹集起来的基金对小咖啡农进行了有效的价格补贴。

大量哥伦比亚咖啡被销往美国，出现在遍布美国的可以反复填充的早餐咖啡壶里，这种咖啡壶里的咖啡味道很淡，基本没有什么咖啡味，而且无论什么品质的咖啡都会被加进去的炼乳搞得变了味道。欧洲市场对咖啡的需求要更为讲究，因而需要用更精细的方法筛选出来，这种咖啡被叫作"欧洲品级"咖啡。对于一个调制咖啡的厂家来说，哥伦比亚咖啡的最大特点是它能在和其他品种调和之后还保持原来的味道特征，这使它保持了高水准咖啡的地位。这种特性部分上是由于哥伦比亚咖啡产业管理有方，但也可能是由于

在所有生产咖啡的国家中,唯独哥伦比亚的咖啡树不受季节影响,四季都可以收获。总之,哥伦比亚咖啡是用来调制咖啡的一个理想的、供给充足而且非常稳定的咖啡品种。

这些情况给人们留下这样一种印象:哥伦比亚的咖啡业在其政治体系的掌控下运行良好,该国经济相对稳定,咖啡生产者联合会能够在不受外部干涉的情况下解决各种困难。然而,这一切最近都面临着威胁。美国竭力维护它的石油利益,致使哥伦比亚的国内战争不断升级,世界银行的讨债使哥伦比亚的失业人数在过去的 10 年里增加了 1 倍,国民收入则实际下降了 30%。曾经是国家支柱产业的农业急速衰退,有 200 万英亩耕地闲置,而食品进口却在迅猛上涨。咖啡生产者联合会这种已经实行了很久的、体现统一有计划合作的组织,很难阻挡自由贸易和全球化的浪潮。咖啡种植区的咖啡农抛弃了先前枝叶茂盛的咖啡园,转向古柯和罂粟种植,以增加收入。在到处生长着古柯和罂粟的哥伦比亚南部,美国人派飞机从空中喷洒孟山都(Monsanto)公司生产的名为"荡涤剂"(Roundup)或"强力荡涤剂"(Roundup-Ultra)的含有剧毒的农药,杀死古柯和罂粟,但在这样做的同时把撒药地区的其他农作物也一起杀死了,污染了河流,进而带来大范围的健康问题。他们还在过去的 5 年中,在 100 万英亩的土地上随意排放废物。一次演示喷洒准确性的演习使反对向哥伦比亚提供军事援助的美国民主党参议员保罗·韦尔斯顿(Paul Wellstone)深受刺激,他和他的助手无意中被那些荡涤剂液体淋湿。在还没有能够最终判定这次事件对他的身体产生了什么伤害之前,韦尔斯顿在 2002 年参议院竞选的旅行中

第十五章 半球之战：古老茶叶帝国面对新兴咖啡帝国

途死于空难。这位激烈反对当时可能会爆发的伊拉克战争的民主党人在其批评最为严厉的当口突然死亡，被一些人认为是一种可怕的"巧合"，这些人暗示，美国当局曾经细致研究过拜占庭的历史，而不是像人们最初认为的那样只是略有所知而已。

孟山都公司是越南战争时期美国化学武器的供应商之一，它提供的武器中包括臭名昭彰的橙剂（Agent Orange）。这个已经在130个国家开辟了产品市场的公司承认，应该谨慎地使用"荡涤剂"和"强力荡涤剂"，以避免伤害人类、动物和其他植物。长期以来，人们一直怀疑这家公司并没有充分研究它所生产的那些药剂对人类究竟有何潜在的影响。而且显然，美国政府在没有告知哥伦比亚政府的情况下就在该国使用了这类产品。美国发动的"反毒品战"对哥伦比亚生态系统造成的破坏令人毛骨悚然，如果在咖啡种植地带不断出现古柯和罂粟，那么整个世界不久都会感受到喷洒那些药物对人类健康的恶劣影响。在美国，孟山都公司一再保证他们所经营的产品是安全的。但很可惜，这种保证没有起作用：美国阿拉巴马州的一个法庭最近判定：孟山都公司的行为"如此肆无忌惮，超过了适当行为的所有底线，因而应该被看作是文明社会完全不能接受的狂暴行为"。该案件具体涉及的是该公司对安尼斯顿（Anniston）地区贫穷居民的长期毒害和全面掩盖这种毒物污染的行径。孟山都公司为此被处以高额罚款。但是显然，对于这家公司来说，他们通过罪恶行径赚取的利益远远超过他们为补偿伦理道德所支付的费用。

令人不安的是，接下来发生的事情更为糟糕。美国政府正在考虑使用一种通过遗传工程发明的病原真菌除草剂，这是美国农业部设在马里兰州的贝斯特维尔试验基地提出的方案,由美国政府资助的 Ag/Bio 公司在设于蒙大拿州勃兹曼的私人实验室进行生产,在塔什干地区的苏联化工厂中也有生产。这些药剂中的尖孢镰刀菌可用于杀死大麻和古柯植物,罂粟叶炫菌可用于杀死罂粟。但是,使用这些化学药剂对人类身体健康以及对其他植物物种会造成什么后果都尚不明确。哥伦比亚热带雨林是地球上生物多样性保持最好的雨林之一,如果从空中播撒真菌除草剂,不可避免地会引发生态破坏和人类大灾难。与此相比,当初在越南发生的事情反而显得微不足道了。不过,在破坏森林植被之后,采矿、砍伐原木和开采石油就会变得十分方便。美国曾经因为在越南战争期间使用毒剂而遭到全世界的谴责,因此,联合国于 1976 年通过了《禁止在军事和任何其他敌对行动中使用导致环境变化的技术协定》(ENMOD),美国是签署国之一。秘鲁和厄瓜多尔都征引该协定中的条款以及《禁止生物战争协定》中的不扩散生化武器条款来反对美国的上述计划。这些国家的反对鲜明地反衬出了哥伦比亚屈从于他者的准殖民地地位,它很有可能被迫接受"哥伦比亚计划"中的条款,这些条款得到美国国会的批准之后,大批美国援助和武器就会被赠送给哥伦比亚政府,用于针对哥伦比亚反政府武装的战争,条件是,哥伦比亚的农民同意在他们的土地上使用化学除草剂。就这样,哥伦比亚乡村的人民、环境以及咖啡产业,面临着被自己的政府所毁灭的威胁。真菌除草剂对咖啡作物可能产生什么影响仍然有待于观察,但我们没有理由假定咖啡树对这些除草剂有免疫功能,也不能假定除草剂毒液不可能通过无数杯咖啡进入人类的食物链中。

第十五章　半球之战：古老茶叶帝国面对新兴咖啡帝国

咖啡传入哥伦比亚是西班牙殖民扩张的结果。西班牙人于16世纪20年代建造了圣玛塔（Santa Marta）和喀他赫纳（Cartagena）等海滨城市，此后又建造了包括哥伦比亚首都波哥大在内的内陆城市，他们在没有遇到多少反抗的情况下同化了印第安土著部落。喀他赫纳成了西班牙帝国的主要贸易港和军港，该城市以曾经遭到弗朗西斯·德雷克的抢劫而闻名于世。[1]在很长的一段历史时期，当地的印第安人处于疾病和苦役的折磨之下，而跨种族通婚又泯灭了他们的文化。后来被运送到哥伦比亚的黑人奴隶也落入和印第安人同样受压迫的处境，在矿山和田间充作苦工。哥伦比亚咖啡生产者联合会宣称咖啡是耶稣会传教士于16世纪传入哥伦比亚的，这种说法既没有事实根据，也不可能是真实的。它等于是说，在其他欧洲商人刚刚接触到咖啡的时候，耶稣会士就已经了解了咖啡的性能并且预见到了咖啡作为一种出口作物的经济价值。一般说来，西班牙人在发掘他们帝国统治区内的咖啡种植潜力上动作迟缓，咖啡很有可能是在18世纪末才被传入哥伦比亚的。

18世纪形成了新格林纳达总督统治区，其范围包括今天的哥伦比亚、委内瑞拉、巴拿马和厄瓜多尔。生于南美洲的西班牙人开始在政府和军队中担任要职。他们在对西班牙帝国保持忠诚的同时，也在酝酿着独立。拿破仑对西班牙的入侵引发了西班牙帝国统治下的殖民地人民对西班牙的认同危机，促成了19世纪早期"解

---

[1] 弗朗西斯·德雷克（Francis Drake），约生于1540年，死于1596年，英国航海家，是最早环绕地球航行一周的人之一。——译者注

放者"西蒙·玻利瓦尔（Simón Bolívar）的起义，并以脱离委内瑞拉和厄瓜多尔为代价实现了独立，当时形成的这个国家（大哥伦比亚共和国）有150万居民。在19世纪后半期席卷拉美地区的自由改革运动中，土地改革巩固了富豪的地位，印第安人仅有的少量土地也被剥夺了。这时保守势力试图重新恢复被自由主义者破坏了的与天主教会的关系，哥伦比亚频繁爆发充满血腥的国内战争。到20世纪初，哥伦比亚的咖啡产量占世界咖啡总产量的3%。20年之后，占到了10%，同时占哥伦比亚出口收入总值的70%。在菲利普·让·比诺－瓦里拉（Philippe Jean Bunall-Varilla）和西奥多·罗斯福（Theodore Roosevelt）策划建设巴拿马运河之后，这些咖啡产业大多落入于1903年脱离出去并处于美国控制下的巴拿马手中。巴拿马人每年得到美国支付的一笔资金，作为交换运河区主权的补偿。哥伦比亚政府根本不想修建运河，而且对其强权邻国的入侵深恶痛绝。1927年，哥伦比亚咖啡农建立了咖啡生产者联合会，直到现在，该组织仍然是非政府组织，而且显示出反潮流的民主倾向。20世纪30年代，洛佩兹总统任职期间，通过了一项法律，允许占有无主农田的人合法拥有土地所有权。第二次世界大战之后，保守主义回潮，造成了直至1964年的政治动乱和暴力现象的高涨。在此期间，大约有200万人失去了生命。在1953年的一次军事政变之后，人民党总统古斯塔夫·罗哈斯·皮尼利亚（Gustavo Rojas Pinilla）将军开始执政，但在1957年全球咖啡价格狂跌时，他的政权也随之垮台。自由党和保守党一起组成了国民阵线，实际上是精英分子之间达成了权力分享协议，轮流行使总统职权。不过，这种

第十五章 半球之战：古老茶叶帝国面对新兴咖啡帝国

方式至少保证了外人无机可乘。

美国在 1961 年建议成立一个旨在发展各地区经济的"进步同盟"，这个同盟显然会加深哥伦比亚对美国的依赖性。哥伦比亚国立大学社会学院前任院长奥兰多·法尔·博尔达（Orlando Fals Borda）这样评论美国的倡议："这样做，实际上是用整个国家做抵押去挽救一个只会将我们引向灾难的统治阶级。这个倡议可以让一个摇摇欲坠的政权苟延残喘，但那好比是对必然死去的人进行人工呼吸一样无济于事，而且代价相当昂贵。令人悲哀的是，这个统治阶级是不会自己去偿付它所招致的抵押的。那需要我们用鲜血与我们的儿童和工人阶级的汗水来偿还，最后总是无辜的人民来偿付一切。"

通货膨胀、失业和腐败引起了人民大众对国民阵线的质疑。20世纪 60 年代，大学里开始出现马克思主义革命运动，并出现了至今仍是哥伦比亚最重要革命力量的哥伦比亚反政府武装游击队。20世纪 70 年代，美德林（Medellin）和卡利（Cali）两个卡特尔的崛起带来了导致政治混乱的新问题：毒品。最初，哥伦比亚是为美国毒品市场提供大麻的主要产地，随后又成为提供古柯的主要产地。随着国民阵线的崩溃，自由党和保守党重新出现，哥伦比亚回到了一种类似民主的状态。然而，这种民主逐渐地由于经营毒品的卡特尔杀害不合作的法官和政治家而变得支离破碎。哥伦比亚革命武装力量与政府所认可的由土地所有者组成的保安团相互对抗，他们都要靠毒品贸易来筹集基金。在这场大混乱中，美国向哥伦比亚政府军提供了大量援助，通过除越俎代庖以外的各种途径来支援针对左翼反叛的斗争。在冲突中牺牲的人通常是一些政治反对者，包括工联主义者、人权行动主义者和左派政治家，而不是穿梭于丛林之中的游击队员。美国以"反毒品战争"的名义来使自己的所作所为正当化，回避当时的冲突实际卷入了各方面的力量，包括政府、准军事组织、起义者以及美国中央情报局。美国向哥伦比亚政府承诺，要为之提供可以确认反政府军位置的卫星追踪技术。最近当选的哥伦比亚总统则承诺要将警察人数增加两倍，将军事力量增加3倍，全力以赴地去解决游击队问题。然而，这时咖啡产业正濒临崩溃，许多受到严重影响的人迫不得已，加入了游击队。如果美国不是把大量金钱花在带有分裂性和破坏性的军事援助上，而是把这些钱用于维持咖啡的最低价格，问题就可以在一定程度上得到解决了，但是没有人支持这样的想法。依靠土地维持生计的地位卑微的哥伦比亚咖啡农几乎不会出现在全球经济的雷达屏幕上，但他们的国家、土地和同胞们却在遭受着全球经济所带来的苦难。

哥伦比亚咖啡生产者联合会在任何意义上说都不是一个完美的组织。在一个以咖啡为换取外汇的主要产品的机能不良的民主体制中，它永远不可能是完美的。寡头政治深深地渗透到了咖啡业中，咖啡生产者联合会也在一定程度上变成了强化现存的资本家—雇佣工人经济关系的工具。自从1927年建立开始，这个组织长期致力于保障咖啡的品质，但现在这已经不再是事实了。在全球咖啡价格危机的压力下，咖啡生产者联合会解雇了一半员工，召回了派驻世界各地的代表，并开始重新考虑自己的角色。它在兴盛的年代筹集起来的用于在经济萧条年份补贴咖啡种植者的基金已经耗尽，现在

第十五章 半球之战：古老茶叶帝国面对新兴咖啡帝国

只能通过扩大赤字来为农民提供微薄的补偿。反过来，咖啡生产者也无力生产和加工高质量标准的咖啡了，适用于咖啡调配和烘焙的优良咖啡的质量已经严重下降。

人们在把中、南美洲的问题放到其与北方邻国的关系中来回顾的时候，很容易忽略这些国家的大部分人是西班牙殖民者的后裔。西班牙殖民者曾经用故意发动的战争和意外传播的疾病来杀害土著居民，曾经虐待或者在经济上排斥土著居民，然后输入黑奴替他们耕种土地。直到今天，我们在世界很多地方仍然可以看到当年欧洲帝国的创建者们留下的血迹。虽然个别国家的财富可能增加也可能减少，但是欧洲作为一个整体还仍旧牢固地掌握着世界财富总量的绝大部分。

西半球的咖啡生产量占世界咖啡总产量的2/3，而美国支配着西半球，该国3/4的咖啡要从其邻国进口，这使我们很容易陷入理解的误区，即将咖啡产业的重重问题都归咎于美国。这是一种可以理解的本能反应，即当自己不是主导者的时候就会去责怪主导者，现在已经失去昔日主导者地位的欧洲各国就经常这么做。但是毕竟，历史记录表明，在不同时期，葡萄牙、西班牙、法国、英国、德国、荷兰、俄国，甚至包括比利时，都曾经从殖民扩张中攫取了巨大的利益。这些国家的殖民地所生产的咖啡主要是为了满足其本国市场的需要。而且，正如我们所看到的，至少在18世纪和19世纪的大部分时间里，荷兰统治的印度尼西亚、葡萄牙统治的巴西、英国统治的牙买加，都没有显示出会实行在今天备受谴责的殖民体制之外的任何其他制度的迹象。现在的事实是，从前明目张胆的国

家殖民主义演变成了新型的跨国公司殖民主义,所有的西方国家都参与其中,美国则是其中的主导者。

20世纪,社会正义开始成为民族国家政治议程中意义非凡的话题。然而,随着苏联的解体,中美洲地区社会主义发展受阻,这直接导致美国撤销了对于《国际咖啡协议》的支持,随之发生的是在世界范围内把咖啡种植业拖入困境的彻底的自由贸易。西方国家的咖啡消费者可能从低廉的咖啡价格中"受益",但这常常是以咖啡质量的下降为代价的。与此同时,单一国家内部的和国际性的咖啡公司则从大幅度增长的企业效益中获取了巨额利益。这正是跨国公司殖民主义的终极目标。

第十六章　公平贸易

贫穷、暴力、剥削、环境破坏、政治压迫和腐败，显然都不是消费者喜欢的话题，在咖啡贸易中，它们也很少被人提及。然而，由于西方咖啡消费者日益增多，这些负面现象中的任何一个、一些或是全部消失的话，都会形成显著的正面社会效果。于是，我们就看到了一些善因营销的咖啡贴着"公平贸易""增加绿荫""保护鸟类""绿色有机"之类的标签流行起来。尽管消费者购买这些咖啡的动机有所不同，但是这些标签在咖啡杯中造成的效果却是相似的——与那些负面因素相关的苦涩感即便没有消失，也大为淡化了。

山姆大叔"后院"的咖啡农处境不佳。最终卖到消费者手中的90%的"公平贸易"咖啡是产自中美洲、南美洲的，其中30%来自墨西哥，20%来自危地马拉。75%标注着"公平贸易"字样的咖啡是这一地区的产品。然而，美国每年只消费2000吨"公平贸易"咖啡，排在丹麦、荷兰和英国之后，屈尊于购买"公平贸易"咖啡国家中的第4位，尽管它的需求量增长很快。当中美洲和南美洲国家遭受咖啡市场供应过剩的煎熬时，它们庞大的北方邻国直到最近也若无其事。也许，西半球比世界上任何其他地方都更需要一场"公平贸易"运动。

近年来，公平贸易运动越来越受到关注。这场运动是从咖啡贸易中产生的，更确切地说，是因19世纪中叶的荷兰作家爱德华·D. 德克尔（Edward Dowes Dekker）以穆尔塔图利为笔名所写的一本异乎寻常的书——《马克思·哈维拉，或荷兰贸易公司的咖啡拍卖》而兴起的。该书于1860年出版后，立即引起了激烈的争议，荷兰举国震惊，并引发了议会的质询。这部具有多重视角的荷兰经典文学作品是一部对荷兰在爪哇的殖民统治进行深刻批评的著作，也是对所有同类殖民体系及其内在不公平性进行激烈谴责的著作。它吹响了全球公平贸易运动的号角。穆尔塔图利曾是荷兰东印度公司的殖民官员，他用一种局内人的视角来描写这个背弃了他的信仰的体系。[1]令人惊讶的是，这本书至今还和咖啡市场有极大的关联。

《马克思·哈维拉》[2]是一本能带来很大愉悦感的作品，同时也能激起D. H. 劳伦斯（D. H. Lawrence）所说的读者内心那种"深挚而正大的义愤"。书名中的"荷兰贸易公司的咖啡拍卖"是由一个虚构的人物朱格斯托佩尔（Droogstoppel）委托他人所写的书。朱格斯托佩尔是一个成功但极其虚伪的阿姆斯特丹咖啡代理商。他收到一个陷入困境的老校友写的一些材料，在朱格斯托佩尔的示

---

[1] 根据前文，此处的"穆尔塔图利"应指使用此笔名的爱德华·D. 德克尔。下文中有同样情况。——译者注

[2] 此处原文仅写出《马克思·哈维拉》，根据前后文，当是《马克思·哈维拉，或荷兰贸易公司的咖啡拍卖》的简称。——译者注

第十六章 公平贸易

意下,这位老校友将其掌握的关于爪哇贸易的资料借给朱格斯托佩尔使用,自己出局。这些资料中的一个故事是关于马克思·哈维拉的——他是一位荷兰殖民官员,也是地方正义的激烈捍卫者。这个故事被朱格斯托佩尔完整窃取并很快发表了。所以,这个故事关于富人如何盘剥穷人并竭尽全力使这种做法合理化的主题其实是早就建立起来的。这个主题被朱格斯托佩尔与爪哇农民的命运联系起来,从而精致地讲述了宗教在强化殖民心态中的重要性。朱格斯托佩尔在自己的公司获取了极大利润以后这样说道:"难道上帝没有说过'这里有3000万人来回报你的信仰'吗?这不正是使那些浑浑噩噩的劳工行为正当的上帝所指引的道路吗?这难道不是在暗示我们继续沿着这条正确的道路前进么?这难道不是在暗示我们要在那里制造更多的东西并坚信真理么?这难道不就是为什么我们被告知要'工作和祈祷',即'我们'要祈祷而让那些不知道上帝是谁的卑贱的黑人替我们去工作么?"

然后,这本书写到主人公马克思·哈维拉勉强压制的愤慨心声,深刻地分析了荷兰殖民体系的结构性弊端,同时在涉及政治架构和依附于这种政治架构的个人时做出了明晰的判断和深入的心理解析,堪称杰作。马克思·哈维拉抨击的核心对象是将培育包括大量咖啡在内的出口作物的任务强加到农民身上的"文化体制"。尽管爪哇土地富饶,但这种体制造成了爪哇频繁的灾荒。"政府强迫农民在自己的土地上种植政府需求的作物、接受政府制定的价格……最终,整个产业必须赢利,而赢利只有通过支付爪哇农民维持基本温饱的报酬才能实现,这样做又会降低这个国家的总体生产

能力。"这本书用戏剧性的方式,在主线索中推出了哈维拉的故事。哈维拉试图说服他的上司暂停一位滥用特权的地方酋长的职务,结果则是哈维拉被迫辞职而不是那位酋长受到处罚。其实,有关哈维拉的故事的所有情节都是穆尔塔图利本人所经历的事情,这本书也正是他作为一个遭受不公正对待的人试图恢复在荷兰东印度公司管理机构地位的一项努力。但是,尽管这本书立即取得了成功,他的职位却始终没有恢复。穆尔塔图利在一个短暂的时期内备受关注,但却过着贫穷抑郁的生活,他后来对他自己在书中所倡导的文化体制改革也嗤之以鼻了。他在该书的1875年版的说明中指出:"然而,政府必须做出改革的切实举动,人民愤怒得在发抖,他们得到的是不断投过来的骨头,这些骨头不是为了满足他们对改革的迫切要求,而是为了堵住他们的嘴,而他们要看到行动,哪怕只是获知关于经济和政治方面究竟通过了哪些文件的消息。"他可能从反对奴隶贸易斗争时期的首相谢尔本(Shelburne)爵士那里看到过这样的话:"我们需要花费大量的气力去使公众和个人睁开眼睛,实现了这一点的时候,事情就完成了1/3以上。真正的困难是如何让人民将他们认可并完全信奉的原则付诸实践。那时,私人利益和个人义愤就会汇聚成喷涌的泉水。"

正如劳伦斯所说的那样,《马克思·哈维拉》是"一本有目的的书……它受到盎格鲁-撒克逊人的追捧显然是有理由的。不过,人们也常常在很短的时间里就彻底地忘却任何怀有某种目的的书。这种书有执着的诉求,因而令人生厌"。但是,穆尔塔图利的书至今也没有被忘记,它的强烈愤慨在今天还和它刚出版时一样震撼人

第十六章 公平贸易

心,而且,它的主题和现实也有更大的关联性。作为关于经济和政治体制在面临其应该为之服务的人们的压力时无动于衷的反面教训,马克思·哈维拉的故事对于关注全球正义者来说是必读的。如果咖啡真的是一种革命性的饮料的话,《马克思·哈维拉》就是革命的宣言书。

公平贸易运动最初的火花在19世纪晚期英国的合作运动中就迸发了出来,但是,直到20世纪60年代英国牛津饥荒救济委员会提出尝试性的贸易体制改革时,它才通过定位于扶助政治和经济上被边缘化的人群而得到了清晰的定义。20世纪80年代,无论在美国还是全世界,支持尼加拉瓜桑地诺解放阵线的涉及咖啡的各种运动,都是扶助政治和经济上被边缘化的人群的显著努力。当时,参与这种努力的咖啡烘焙商绕过了里根总统抵制桑地诺解放阵线的禁令,甘布尔家族的后裔一起抵制宝洁公司生产的福尔杰(Folger)咖啡,当时位于伦敦的大伦敦议会决定只购买尼加拉瓜的咖啡。随着以政治联盟为动机的咖啡采购让位于更为复杂的以扶持咖啡种植者和"发展型贸易"为原则的采购的兴起,1988年,在荷兰兴起了一场提倡用"马克思·哈维拉"来标注咖啡商品的活动。这使得公平贸易有了切实的内涵,有了清楚的规则和质量标准,并为消费者提供了一种他们觉得可以接受的保障,他们不再简单地被商品的标签牵着走了。

"公平贸易"的核心是,不论咖啡市场价格如何降低,咖啡农都以固定的价格(目前为每磅1.26美元)出售他们生产的咖啡。此外还涉及许多其他因素,包括在中美洲被形象地叫作"山狗"

（Coyotes）的中间商的缺席，咖啡生产者的教育、福利、健康保障问题。对加入"公平贸易"的咖啡生产者的案例分析显示出与咖啡行业萧条的故事相反的令人振奋的情况。当然，还有一些标准受到争议，大的咖啡庄园永远不想去满足那些条件，从而使它们的工人被排除在上述社会保障之外，而这些工人实际上和独立的小咖啡农一样容易遭到剥削，甚至是遭到更严重的剥削。制定这一政策是为了将"公平贸易"标签的重心先放在世界上拥有少于 5 公顷土地的 85% 的咖啡农户身上，随着时间的推移，以后再将范围扩大到大的庄园。另一个引起争论的问题是，早些时候做出的一项决策允许咖啡烘焙商在他们用传统方式生产的咖啡的包装上加贴"马克思·哈维拉"标签。把遵循公平贸易原则生产因而价格较高的咖啡和普通咖啡并排放置在超市的货架上会使人产生疑惑：如果其中一种是公平贸易的产品，那么另一种就是不公平贸易的产品，为什么要生产那种不公平贸易的产品呢？然而，利用"与魔鬼共进晚餐"的策略，贴有"马克思·哈维拉"标签的咖啡产品在主流零售商中占据了重要的地位。可以这么说，《国际咖啡协议》在其被打破之前是一种积极的力量，为咖啡生产者不会受到传统咖啡市场中价格跌宕起伏的负面影响提供了保障。与尼加拉瓜桑地诺解放运动相关的从政治角度出发的咖啡采购动机逐渐转变成一种普遍的进行公平贸易的愿望，进而导致了 1994 年"公平贸易"标签的创立和使用。当时，美国中央情报局刚刚遭受挫折，而桑地诺阵线也在 1990 年的大选中失利——这和美国的介入大有关系。在这段时期，桑地诺阵线是中南美洲一个可能取代美国在该地区霸权的力量。随着桑地诺阵线

第十六章 公平贸易

的消失，追求社会正义的力量不得不在新的体系中寻找立足之地。现在，不是"公平贸易"国家——古巴也最后加入了这些国家——在功能上提供了新自由资本主义的替代物，而是另一个与此并行的"公平贸易"体系在以"自由贸易"的名义运作，该体系只触及咖啡贸易问题的很小一部分。遵循"公平贸易"原则生产的咖啡有一定理由声称，它可以解决一些地方性的社会问题，但它不能解决咖啡生产者面临的全球性不公正、政治压迫和环境恶化等问题。只要全球范围内的整个咖啡业在结构上存在弊端，"公平贸易"就只是在整体上值得称赞却不能完全止住伤口流血的处方。要解决咖啡产业中的弊端，就必须对当前世界流行的政治和经济意识形态做出全面的重新评估；换句话说，需要创造出一个"公平贸易"的世界。

当前，毫无疑问存在着一些大规模的政治运动，尤其是反全球化运动，它们与"公平贸易"运动之间有着强烈的共鸣，但创造一个"公平贸易"的世界的设想还不大可能实现。咖啡产业集中体现出当代新自由主义主张的新殖民主义本质，因而它是反全球化主义者特别喜欢讨论的话题。仅在 2001 年，英国"公平贸易"产品的销售量就提高了 40%。消费者发动了揭露昂贵的时尚商品和奢侈品与制造这些商品的工人的悲惨境况之间的惊人差距，联合抵制血汗工厂的运动。但是，这场抵制运动因为触及了其他一些问题而变得复杂化了，比如品牌问题、西方的就业问题，以及现代消费主义中的情感因素问题等。到目前为止，"公平贸易"运动看来主要还只是应对了农业产品如咖啡、茶叶、橘汁、香蕉、可可、蜂蜜和芒果等所涉及的问题，并且计划将产品的范围扩大到水稻、干果、果仁、辣椒和谷物。但是这种表面上的简单更容易使人上当,用一根香蕉就可以勾勒出一幅生动的图画:这根香蕉以 30 美分出售给消费者,生产香蕉的人得到的仅仅是香蕉顶端的 1 便士,而零售商吞食了香蕉中间部位的 15 便士,并且那些曾经使得出口加工区(EPZ)迅速扩张的跨国公司和政府力量也涉足农业领域中。

出口加工区的血汗工厂以"剥削"闻名于世,它们一般建立在生产成本最低、劳工保障最为缺乏的国家。一旦该国家或者地区出现部分由于那些工厂的存在而导致的繁荣或者需要改善劳动条件的迹象时,这些工厂就会转移到劳动成本更廉价、劳动保障更缺乏的地方去。与美国接壤的墨西哥马魁拉(Maquilla)地区最近就出现了大量工厂倒闭、大量工人被解雇,以及伴随而生的社会贫困现象,而几年前,马魁拉还被看作是血汗工厂模式成功的典型。如果将来中国作为一个低成本咖啡生产商在市场上打败越南,那么越南目前的小农咖啡产业也就不再是一个"成功的案例"了。那时将会有太多的咖啡树和太多的咖啡生产工人,环境也会因之受到很大影响。咖啡业中的这种新的出口加工区模式竞争是政府和机构为了满足大公司获利需求而有意促成的,西方消费者最后得到的则是品种有限的低价和低质量咖啡。咖啡贸易领域在未来几年大致会出现这样的局面:越南和巴西将控制大多数咖啡市场(目前关于中国会在咖啡市场异军突起的说法只是谣言)。高咖啡因、低品质的垃圾咖啡会以极具竞争力的价格出售给已经吸食了过量咖啡因的大众,而传统的高品质咖啡生产者会收拾行李流入城市。这是一场规模空前的全行业失业,不是上千人、上万人、十万人,也不是上百万人,

第十六章　公平贸易

而是几千万人可能会失去现在的工作。

甘地曾经号召印度人民避开西方的现代化模式，因为世界无法应付3亿人民失去工作的局面，当时的印度有3亿人口。现在的咖啡行业迎来了动荡的年代，在土地上耕作也变成了和缝纫业一样不稳定的职业。中国加入世界贸易组织以及中国亏损国有企业大量人员的下岗导致了大量廉价劳动力的形成。如果中国这个向来对全世界供应茶叶的国家也去大力拓展其目前规模还不大的咖啡产业，世界上的其他咖啡生产者就会颤抖了。由贸易自由化导致的"终极竞争"已经开始。

在这样的年代，"公平贸易"能与国际化的咖啡市场共同存在吗？答案是，它们能够共存，但却举步维艰。"公平贸易"还没有把足够多的消费者吸引到支撑其咖啡供应链的行列中来，而只有这样的一种供应链才能在世界市场上独立地运作。注册加入"公平贸易"体系的咖啡种植者每年大致能够提供75000吨咖啡，而2001年世界对这种咖啡的需求量只有15000吨。每销售1袋生产者得到"公平贸易"保护的咖啡，就会有4袋同样的咖啡在讨价还价的地下交易场所被人低价买去。这种局面在超级市场的货架上也表现出来，那里每有1袋"公平贸易"咖啡，就有10袋普通咖啡。这种情况和穆尔塔图利在《马克思·哈维拉，或荷兰贸易公司的咖啡拍卖》中描述的故事背景不同，但是由于《国际咖啡协议》的解除、世界银行和国际货币基金组织等机构的影响，以及跨国公司在咖啡市场上的势力，西方世界消费的咖啡比起那本书中怀着愤慨描述的那种"文化体制"所生产的咖啡还要糟糕得多。现在不是一个单一的政

府强迫农民种植有固定价格而且仅能避免饥饿的咖啡——那种方式会使生产力完全丧失,而是由许多政府、机构和跨国公司共同构筑了一种体系来规避当初的荷兰殖民政府曾力图逃避的那种不使土著人陷于饥饿的责任。哥伦比亚的农夫、印度的咖啡采摘者和新几内亚高地上的部落人口,甚至连拥有一个残忍的殖民政府来接受或者回避这类责任的运气都没有。

目前正在成型的世界咖啡贸易结构正在导致大规模的社会、经济、生态和政治失衡,这种失衡对上千万人的生活造成了灾难性的后果。与此同时,西方咖啡公司获得的利润却在不停地刷新纪录,咖啡馆市场也正在全球范围疯狂地扩张。

伯特·贝克曼(Bert Beeckman)是曾经在20世纪80年代后期首倡使用"马克思·哈维拉"标签的人。如果他今天不得不就是否允许一个咖啡烘焙厂家在同一品牌标志下既经营"公平贸易"咖啡,也经营非公平贸易咖啡做出决定,他的实用主义策略还会是同样的吗?这里的问题在于,体制性的不公平已经如此明显,以至于与对手勾结虽然不是人们追求的,也不被看作是卑鄙的。这在今天越来越像是在纵容一种准奴隶制。

下面这幅虚构的景象可能是值得深思的。

亚哈咖啡馆的老板雇用了男女服务员共10名。这些服务员及其家人住在该店简陋狭窄的地下室中。他们共用一个煤气炉来做饭,有简单的清洗设施,睡在跳蚤出没的床垫上。他们的孩子们没法上学,健康保险费用昂贵,使他们望而却步。服务员每月的工资仅能填饱肚子,他们如果被认为犯了任何错误,就会被扣发工

第十六章 公平贸易

资,他们不受任何雇佣劳动法的保护,没有合同或职位安全保障。咖啡馆的顾客注意到了员工的处境,他们向咖啡馆的老板提出抗议。老板承认这里的待遇确实不好,却说他也无能为力,因为,如果他用提高咖啡价格的办法来提高员工的待遇的话,他所有的顾客就会跑到邻近的咖啡馆去,那时他的员工就会失业,比现在的处境还糟糕。尽管如此,老板知道顾客是真心关心服务员的境遇,于是承诺:他将雇用一名女服务员,支付给她的工资将足够使她租赁一个公寓和家人一起居住,并与她签订长期合同,规定合理的工作时间,有病假补贴、假日和退休补助。这个女服务员的名字就叫作"公平贸易",她开始在亚哈咖啡馆工作了。她不像其他服务员那样面色憔悴、垂头丧气,并且带来了实际的转变。亚哈咖啡馆的老板发现,她的神采飞扬吸引了一大群新的顾客,他们喜欢听她讲述她的孩子上学的事情,讲她如何买了一台新电视机,她的丈夫是如何接受腰疼病治疗的。"公平贸易"开朗的性格和具有感染力的生活情趣使这家咖啡馆生意红火,于是店主买了一艘新游艇,每个人都很开心——除了其他服务员。那些服务员的境遇并没得到一点改善,而实际上变得更糟,因为,这家咖啡馆的门庭若市迫使他们必须更加卖力地去工作。

可以从不同的角度去思考这个比喻。如果优待员工有利于生意发展,为什么亚哈咖啡馆的老板不尽量满足他的员工呢?如果他每周往教堂的募捐箱里投几个硬币来为那些低工资的人奉献出一点力量,你会怎么想呢?如果那个叫"公平贸易"的女服务员决定和其他服务员分享她的工资和福利又会如何?如果店主决定解雇"公

平贸易"之外的所有其他员工而雇佣像她一样的人,并给予同等待遇,又会怎样呢?如果店主以对待她的标准来对待所有的员工,会发生怎样的情况呢?反映咖啡行业现实的诸如商标、慈善资助、合作等问题很多,但是最根本的问题是,当我们坐在咖啡店接受食不果腹的服务员的服务,而"公平贸易"服务员正在给靠门的顾客欣赏她度假的照片时,我们究竟应该怎样想?因为,这是我们每次光临一家同时经营"公平贸易"咖啡和非公平贸易咖啡的咖啡店,或者在超级市场并列摆放着两类咖啡的货架上购买一袋"公平贸易"咖啡时所做的事情。我们实际是在纵容那种隐藏在背后的不公平。

虚构出亚哈咖啡馆的故事并不是为了贬低"公平贸易"所取得的成就,这个例子只是强调,我们所做的仍然不够。在由贸易主导的人类事务中,不论是慈善的、政府的或者是国际性的事务,"公平贸易"咖啡的地位变得越来越重要。尤其是当人们日益强烈地意识到,发达国家并不是在解决第三世界的贫困问题,而是在通过设置世贸组织、世界银行和国际货币基金组织构成的三联体系,来创造一种制度化的跨国公司版的殖民主义,就更是如此了。

许多咖啡生产商,尤其是中小型生产商,对全球咖啡市场的恶劣情势深感焦虑。当大公司从全球咖啡价格暴跌中攫取巨大利润,其后只说些冠冕堂皇的话而不采取实际行动时,那些中小公司又要担负起责任。然而,虽然他们的动机善良,但却常常独立运作,不想通过加入"公平贸易"来建立起大的销售链。他们真诚地谈到,他们的采购员如何和咖啡生产商建立了合作关系,如何支付了合理

第十六章 公平贸易

的价格,如何支持教育和健康的标准,等等。但是,没有一个独立的组织来监督这些依靠自我约束的"公平贸易"准则是如何界定和落实的,公众永远也不会真正知道实际情况究竟如何。此外,独立使用标签的做法也会导致利用标签来诱惑消费者的行为,使肆无忌惮的生产商能够轻而易举地利用"公平贸易"的名义。

几乎所有利用标签来进行善因营销的做法都尽量凸显出"可持续性"的概念。但是这个概念的内涵很难明确地加以界定,相关的做法也关系混杂。比如,国际有机食物监管机构(IFOAM)把社会正义问题纳入有机食物的标准中,主张"尊重土著居民的权利"。"保护鸟类"的标签常与"有机"的标签一起使用。"公平贸易"身份的认定在许多方面和环保措施有关。"公平贸易"和"可持续性"标签很相似,它在一定程度上可以满足所有人的要求,同时又可以减少标签繁多带来的困扰。英国石油公司主席和强硬的生态保护主义者都经常谈论"可持续性",然而其内涵却又完全不同。前者关心的是如何在不造成社会内部分裂的情况下实现经济增长,后者关心的则是我们认为理所当然的绝大多数全球经济活动正在破坏地球的再生能力。

我们这个时代最大的两个问题可能就是全球经济和全球生态问题,那些聪明的人往往能在两者之间纵横捭阖。这就会产生一些难以言说的矛盾:英国牛津饥荒救济委员会的高级政策咨询师称赞越南个体农业的发展是一种消除农村贫困的途径,但同时,和这一发展相关的越南咖啡业却在威胁着其他地方数百万人的生计;在全球化的世界中,农业血汗工厂成为成本最低的模式,在其竞争中,

一个国家的暂时成功常以另一国家陷入贫穷为代价。人们在进行经济方面的争论时还应该注意到,几乎所有的人类活动都损害生态环境。即使是以与自然浑然一体而受到当今人类崇敬的美洲土著人的祖先,其实也在公元前 12000 年的冰河时代穿越亚洲来到美洲大陆时,疯狂地对各地的大型哺乳动物进行过灭绝性的捕杀,包括大象、美洲豹、骆驼和树懒等。

咖啡贸易实际是殖民体系的遗产。咖啡由贫穷的热带国家人口生产,并被富有的温带国家消费。人们关于"公平贸易""绿色有机"和"保护鸟类"咖啡的观念,其实是基于咖啡贸易会永远存在下去的假定而提出的,其要点是使咖啡贸易显得更为公正和环保。这种观念忽略的是,在整个咖啡的供给消费链中,即使是"公平贸易"的咖啡也是装载在喷着烟雾的柴油卡车上被运到热带地区的码头,然后被运往千里之外的大洋彼岸,在西方国家的高速公路上蜿蜒徘徊之后,最终被摆放在建在镇外绿地上的超市的货架上,供周边城镇和乡村的顾客驾驶着汽车来选购。这种生产和生活方式本身,很难是可持续性的。

第十七章　香浓咖啡：咖啡世界语

"Espresso"是调制好咖啡的一种奇妙方法，但绝不是缔造一种奇妙咖啡品种的好方法。[1]这个听去有些古怪的说法需要加以解释，因为大多数想找好咖啡的人都会去最近的香浓咖啡店。

像意大利的汽车、足球、时装、美食和电影明星一样，香浓咖啡也带有意大利专属的魅力。精密的机械工艺、奢华的烹制程序、完美无缺的风格和优雅的烹制举止，使得调制咖啡的过程展现着浑然一体的咖啡文化。难怪我们这些生活在北方潮湿地区的人们会被香浓咖啡诱惑得意乱情迷，一再想把它移植到我们的文化中。20世纪50年代，香浓咖啡吧在英国大量兴起，成为年轻人反叛性的象征：黑人青年和愤世嫉俗的诗人聚集在那里吞云吐雾，排遣深藏于心中的生存焦虑。这种近似疯狂的潮流造成仅仅伦敦一个城市就出现400多家咖啡吧的局面。这样的疯狂不久就成为过去，但香浓咖啡普及了起来。20世纪80年代，家内使用的香浓咖啡机成了一种

---

[1] Espresso是一种用高压蒸汽快速制作出味道香浓的咖啡的方法，其具体原理见本章后面的内容。用这种方法制作出来的咖啡亦称为Espresso，本书将之译为'香浓咖啡'，即市场通常所称的'意式浓缩咖啡'。——译者注

时尚用品,而且成了一位试图表达雅皮士[1]风格的广告艺术家灵感的源泉。香浓咖啡近年取得的巨大成功,使它无可救药地汇合到掠夺其他文化中具有市场价值成分的潮流中,和基里姆地毯、卡津烹调[2]和探戈舞一样,成了整个地球村的宠儿,成了咖啡世界语。为了便于现代国际社会的大品牌消费者接受,意大利的香浓咖啡被重新包装,从而推进了其与现代营销文化的融合。这种融合的主要产物就是星巴克公司。星巴克试图使它的顾客相信,即使是仿意大利咖啡的代用咖啡也是真正的咖啡。

意大利人在香浓咖啡文化中居于首屈一指的地位,但令人惊讶的是,英国人和法国人也都声称自己是发明香浓咖啡机的先行者。法国根据的是,贝尔纳·拉邦(Bernard Rabaut)于1822年发明的一部咖啡机,后来经过爱德华·卢瓦塞尔(Eduard Loysel)的改进,又在1855年的巴黎博览会上获得了巨大成功。一些纯化论者,其中大多是英国人,对这个机器不以为然,认为它不过是一个大的煮水器上面安装了一个使水进入咖啡的蒸汽喷头。1841年,英国人沃德·安德鲁斯(Ward Andrews)获取了一种咖啡机的专利,这种机器首次尝试利用活塞迫使一定量的水滤过咖啡。1902年发明意大利香浓咖啡机前身的荣耀被归于路易吉·贝泽拉(Luigi Bezzera)。1945年,阿希尔·加贾(Achille Gaggia)设计了一种手拉式弹簧活

---

[1] 雅皮士(Yuppie),是Young Urban Professonial的缩写,指年轻的都市中上层专业人士。——译者注

[2] 卡津(Cajun),指一种多香料混合的饮食风味,源自美国路易斯安那州的法国移民后裔。——译者注

第十七章 香浓咖啡：咖啡世界语

塞装置，使咖啡烹制的方式大放异彩。现代咖啡机就是在该装置的基础上逐步改进而来的。今天理想的香浓咖啡机的原理是：利用弹簧、水压或气压所造成的 9 个大气压的压力，迫使 90—96 摄氏度的水在 20—30 秒时间内注入并通过研磨好的咖啡粉，从而制作出香浓咖啡。

调制香浓咖啡的飞快速度、声音和蒸汽效果，很容易使人想起大西部铁路全盛时期的景象，这可能就是人们普遍在英语中把它错误地拼写成"expresso"的原因。奇怪的是，《牛津英语词典》和许多其他辞典都将"caffè espresso"的字面意思解释为"蒸汽加压煮出的咖啡"，而一些语言学家则认为，这个词的词源来自法语的"exprès"，意思是"迅速地，为了唯一目标地"。这样看来，香浓咖啡机和用来描述香浓咖啡调制方法的那个单词都不一定起源于意大利。

不管这个词的词源是什么，意大利人声称，香浓咖啡烹制方法的要义是提取出"咖啡的心"，从而把香浓咖啡弄成了他们独得其妙的东西。这种充满激情的表述有一定的根据。和咖啡的其他形态一样，香浓咖啡是由多种因素高度综合的结果。餐馆或咖啡馆所使用的专业咖啡机要把水温保持在 92—94 摄氏度之间，并不需要人们想象的更高的温度。沸水会破坏咖啡中容易挥发的香味和香气，温水冲泡则有利于保持构成咖啡浓郁香味的咖啡油成分。除此之外，用压力迫使水蒸气滤过咖啡可以使咖啡油更好地乳化，而咖啡油并不能被水溶解。

这样做出来的香浓咖啡香味和香气更为浓郁，口感更好，堪

称咖啡的典范。意大利的咖啡专家使我们相信,香浓咖啡中悬浮的二氧化碳能抑制咖啡的苦味,而咖啡表层的泡沫又能保持咖啡的浓香。咖啡油的黏性越高,表层压力越低,咖啡的香气就越能深入你的味觉。融合气体、咖啡油、水、咖啡细沫的"泡沫多胶质系统",能使你在享受一杯香浓咖啡20分钟后,仍然口有余香,回味无穷。由于调制香浓咖啡的速度比较快,每份同量咖啡中咖啡因的含量比其他方法做出来的咖啡低30%到40%。如果这些优点还不够,那么还有,即每份香浓咖啡所用的咖啡豆为55个,而贝多芬用非香浓咖啡调制法所做的理想咖啡所用的咖啡豆是60个,两者非常接近。结论:香浓咖啡是制作好咖啡的奇妙方法。

香浓咖啡行业的杰出代表是埃内斯托·伊利博士,他现在继承了他父亲1933年创建的伊利咖啡公司(illycaffè)。埃内斯托·伊利在化学和分子生物学方面资历颇深,并有两个儿子做他的得力助手,其中的一个是专业摄影师,并自诩为"形象经理"。凭借这些优势埃内斯托·伊利在把意大利香浓咖啡推向世界方面做了最多的事情。与此同时,伊利咖啡在国际市场上也取得了非凡的成就。埃内斯托·伊利的成功建立在无可挑剔的产品质量和良好的科学设施的坚实基础上,他的公司拥有自己的实验室,并且处于相关领域的研究前沿。权威杂志《美国科学》在2002年6月刊载了伊利博士撰写的题为"咖啡的复杂性"的论文。在文中,作者对香浓咖啡进行了权威性的论述。该杂志可能出于编辑平衡方面的考虑,在同期另外一个版块上选刊了其他作者描述其他咖啡的文章。伊利带着香浓咖啡宣传者惯常会有的官方权威口吻写道:"专家一致认定,真

第十七章 香浓咖啡：咖啡世界语

正经典的咖啡就是香浓咖啡。"他接下来利用化学分析表、显微照片、平面比例分析图和各种表格，来科学地论证他的观点。凭借着这种期刊论文的名望、伊利公司的科学声誉、市场信誉以及优越的产品质量，伊利咖啡公司将香浓咖啡变成了咖啡消费者社交共用的语言。服务优良的伊利咖啡公司在同行业中没有真正的竞争对手。但是，一个劝说别人改变习惯或信仰的人总是容易做得过度，伊利也是这样，他还写道："香浓咖啡有利于意志力的培养。因为，香浓咖啡制作过程实际上是凝聚了众多咖啡制作技巧的精髓，包括土耳其方法与其他各种浸泡和过滤方法。了解香浓咖啡就等于了解了所有的咖啡。"照他的这种说法，我们可以把所有咖啡过滤机，比如法式咖啡壶和土耳其咖啡壶等都丢掉，仅仅在厨房里安装一个意大利香浓咖啡机就万事俱备了。可是，如果我们从橱柜中取一种我们最喜欢的单一起源地纯品咖啡，比如以果酸味闻名的肯尼亚双A品级咖啡，并把它放入我们新添置的意大利香浓咖啡机中，调制出来的咖啡就会味道贫乏而且过酸，没有肯尼亚双A咖啡独特的水果味，从而丧失那种咖啡的精华。

实际上，香浓咖啡制作法不利于展现大多数咖啡品种相互之间的细微差别和各自独特的品质。制作好的香浓咖啡的关键点是完美无缺的调配，即把不同种类的咖啡混合，来达到各种要素的均衡，实现烹制咖啡的最佳效果。无论是伊利咖啡公司还是其他竞争公司，都不曾成功地在市场上推销用一种单一起源地咖啡制作的香浓咖啡，香浓咖啡的声誉实际上依赖于它们的调剂质量。换句话说，香浓咖啡制作法并没有"做"出一个奇妙的咖啡品种，而是把许多种不同咖啡混合起来去制作出一种好喝的咖啡。

我们应该记住，迟至20世纪20年代，意大利还是欧洲最贫穷的国家之一，其咖啡消费量仅是英国的一半，况且当时英国还是一个加工羊绒的饮茶民族。在19世纪移民巴西的浪潮中，意大利人和生产不冲洗的阿拉比卡咖啡的生产商建立了良好的关系，而且通过在20世纪30年代对阿比尼西亚（现在的埃塞俄比亚）的短期殖民，接触到了那里的不冲洗咖啡。不冲洗咖啡指咖啡果肉被除去之前先用阳光把咖啡果通体晒干的咖啡，它被认为是优质香浓咖啡的必要成分，而非香浓咖啡市场则一般把这类咖啡看成咖啡的毛料。同样，香浓咖啡的一贯优点是它能除掉廉价的罗巴斯塔咖啡的糙味。最近，人们普遍认为一定量的罗巴斯塔咖啡是制作香浓咖啡必不可少的成分，原因是罗巴斯塔咖啡有助于产生泡沫。伊利曾告诉我们说，这种泡沫中带有使人回味无穷的咖啡香味。伊利咖啡公司悄悄地使一种纯种阿拉比卡香浓咖啡成为他们的主打品种，这恰好是消费者更敏锐地注意到阿拉比卡咖啡和罗巴斯塔咖啡的差异的时候。这种强化的差别意识并不是由于出现了香浓咖啡，而是由于人们在品尝用其他方法调制的咖啡时，罗巴斯塔咖啡的糙味自然地突显出来。伊利咖啡公司一直羞于承认他们曾经使用过罗巴斯塔咖啡，而宁愿让人们相信他们一直在使用纯正的阿拉比卡咖啡，以此来保持他们的高品质形象。

20世纪早期，香浓咖啡烹制法作为一种使用相对低质的原料烹制出相对高质量咖啡的方法在意大利获得了巨大成功。但随着消费者自我意识的加强，人们开始对昂贵但具有独特口感的单一起源

第十七章 香浓咖啡：咖啡世界语

地咖啡产生了浓厚的兴趣。为了扭转消费者的取向，咖啡商迅速地将香浓咖啡调制法说成是烹制咖啡的独一无二的最好方法。但是，当他们这样来掩盖劣质咖啡的缺陷时，优良咖啡的品质也就无法得到彰显了。

香浓咖啡确定无疑地带给消费者的一个好处是，当你点了一杯现场烹制的香浓咖啡时，你会清楚地看到它被当场烹制出来。没有什么比把做好的咖啡放在一个热盘或加热转盘上更能摧残咖啡了。咖啡烹制好以后，半小时内就会基本失去咖啡味，一小时后就不能喝了，浓度尽失，而且出现一种苦涩的金属味。香浓咖啡烹制方法不适合用于人多的酒店和体育盛事，它一次一杯现场烹制的方法使之无法满足大量快速的需求。有意思的是，那些推崇香浓咖啡的国家也发明了"慢餐"活动，这种活动倡导一切和食品作物生长、食品烹制和食品消费相关的耐心做法。

星巴克首席全球战略家霍华德·舒尔茨在第一次亲临意大利香浓咖啡吧时就意识到，这种咖啡吧正是全世界消费者一直期待的东西，就应该去做以香浓咖啡为龙头的饮品生意。舒尔茨可能是在西雅图的派克商场看到了最初的星巴克咖啡店，并且喜欢上了它。那家特别的星巴克只是一个销售经过专业分类的咖啡豆的零售店，而不是一个香浓咖啡馆。根据王尔德原则（Wildean principle），我们总是毁掉我们喜爱的事物——舒尔茨买下了这家商店，然后把它改造成了他梦想中的仿意大利式的咖啡吧。在现在新建的星巴克咖啡吧中，已经很难看到从前派克商场里那个咖啡零售店的影子了。不过，当现在的星巴克公司每天新增一个连锁店时，最初星巴克在市

场营销中创造的那种令人感到温馨的"老爸老妈"情调的零售店形象对公司的发展大有助益,给公司带来了一种"小即是美"的光环。我们已经讲到真空包装和速溶咖啡的发明是如何使咖啡像其他大众消费品一样被包装、建立品牌和分销的。但直到最近,特殊口味咖啡零售商仍然坚决抵制这种现代公司的模式。独立的咖啡店或者小型的咖啡连锁店常常在自己的店里烘焙咖啡,并将生产其产品的专门知识和能力视为最重要的财富。在调制咖啡适应了大众市场的需求之后,那些独立的专门化咖啡零售商就不可避免地成了大公司下一步兼并的对象。这些专门化的零售店开始被克隆、包装和出售。星巴克公司最主要的魔法是使我们相信,尽管它有全球野心,但它依然是一家富有人情味的特殊口味咖啡零售店。派克商场的咖啡零售店仍然是这一神话的核心,它通过星巴克宣传手册所使用的绿色和深黄色、店面随意而温馨的布置,以及店里播放的爵士乐或世界各地的音乐,难以察觉地展现着自己。这种效果在标准培训手册所描述的经营标准程序中也得到了体现。星巴克的《仪表指南》中,规定了标准化的形象风格、标准化的问候和标准化的投诉处理方式。所有这一切的目的都是为了向星巴克的顾客们保证,他们永远不会在星巴克遇到不符合标准的产品、产品介绍或者员工行为。只有这样,顾客们才会自动地前往最近的星巴克店,不论是在堪萨斯还是吉隆坡。亲近孕育着满意,星巴克远远不像它对待其咖啡或者它外表所展现的那样推崇事物的多样化,它玩的是世界范围内品牌时尚的受害者和信从者都会有的不安全感。

西雅图最初的咖啡零售店只是为舒尔茨提供了一个他进入香浓

第十七章　香浓咖啡：咖啡世界语

咖啡市场和友好营销模式时所用的名称，计划在全球建设 2 万家分店的星巴克公司和西雅图那家星巴克咖啡店的模式并非一致。它声称已经成功地实现了"一次做一杯，一次建一店"的目标，而"一次建一店"也可以说是"一天建一店"，这很难说是没什么野心的咖啡公司的所做所为。应该注意到，星巴克的单一起源地咖啡是用普通过滤咖啡机烹制的，这表明，尽管舒尔茨对香浓咖啡情有独钟，但他也想到了那难以启齿的事情：香浓咖啡是烹制好咖啡的一种坏方法。

咖啡吧取得成功的一个原因是在家里制作香浓咖啡并不容易，而且成本太高。星巴克之类的公司把他们的咖啡店塑造成了一种"第三环境"，既不同于家庭又不同于办公室，而是像家里一样温馨，同时又聚集着许多"朋友"的场所。他们这样做，实际上是在展示这样一个事实：最容易得到一杯真正香浓咖啡的地方绝不是在自己的家里。这一事实极大地肯定了咖啡店里咖啡的售价。如果顾客在家里能制作出和咖啡店里一样好且成本更低的咖啡，他就很有可能不接受咖啡店的价格。关注潮流的人一直预期，当咖啡吧文化势头逐渐衰弱下来时，茶吧文化的新浪潮就能够到来了。然而，这里的关键问题是，消费者普遍认为在家里泡出的茶比外面茶吧里的更好喝，这样的心理对茶吧潜在的市场行情和价位结构造成了负面影响。

星巴克选择香浓咖啡作为星巴克体验的核心，这是个明智的策略。这样做最大的好处是，香浓咖啡属于美国人一向喜爱的甜味含乳饮品。顾客不用品尝颜色浓黑、苦甜相杂的真正咖啡，就能体验

意大利式调配咖啡带来的绝妙感觉。有人说,咖啡吧的实质就是在以咖啡为主题的令人愉悦的环境中分售甜味含乳饮品。

星巴克公司的加乳咖啡产品使该公司卷入了美国关于公共健康问题的争论,原因是,星巴克公司使用的牛奶是从注射了牛生长激素(rBST)的奶牛身上获取的。牛生长激素是孟山都公司的创新性产品,它能刺激奶牛的荷尔蒙分泌,从而增加牛奶产量,并可以将奶牛的产乳期延长15%。美国食品药品监督管理局很快批准牛生长激素为合格产品,但这种产品却在加拿大遭遇了一系列问题。越来越多的加拿大人认为,牛生长激素会引起牛的乳腺肿块,这使对奶牛注射抗生素成为必需,这样一来就会对人类健康造成危害。更严重的是,越来越多的证据表明,牛生长激素会刺激动物体内胰岛素分泌过多,进而在人身上引发结肠癌和乳腺癌等疾病。公众指责引发了对加拿大卫生部门信誉的严肃质疑。但后来美国参议院重新审查有关案件,揭露了孟山都公司操纵局面的真相,接着要求美国食品药品监督管理局重新考虑其为牛生长激素颁发的合格证。实际上,这个案件也反映出,美国食品药品监督管理局在牛生长激素问题上违反了审批的程序标准。许多人认为,美国食品药品监督管理局已经不再是公众健康的护卫者,而是"制药公司的附属机构"。许多卷入牛生长激素案件的美国食品药品监督管理局职员曾经为孟山都公司工作,而该公司又是克林顿总统竞选基金会的主要赞助者之一。

尽管该事件引起轩然大波,但美国食品药品监督管理局仍然声称使用牛生长激素是安全的。而且,美国的商品标签条例不利于想

第十七章 香浓咖啡：咖啡世界语

要标注出自己销售的牛奶中不含牛生长激素的厂家，两个企图这样做的零售商就被孟山都公司告上了法庭。这样，要想购买不含牛生长激素的牛奶，唯一办法就是购买有机奶。星巴克推出了一款有机奶产品，供顾客选择。但是，该公司拒绝卷入相关问题的科学争论中，更愿简单地把这种做法说成是照顾顾客的偏好。考虑到星巴克公司是美国最大的奶产品分销者之一，人们认为，星巴克这种在公众健康问题上保持中立的做法很虚伪，认为星巴克保持中立是由于受到诸如卡夫和百事可乐之类跨国公司所带来的压力。星巴克公司对此予以否认。这不是一个很快就会得到解决的问题。虽然欧盟不顾美国的强大压力，反对将牛生长激素合法化，但是牛生长激素问题很快就会延伸到欧洲。如果欧盟被迫通过了标签条例，那么它就迎合了跨国企业的策略，意味着以后不用特别说明牛奶中含不含牛生长激素了。其实，星巴克做出的貌似真正关注消费者健康而不是表面取悦消费者的姿态，会把一场由政府、立法者和跨国公司的说客在幕后所做的丑事大大突显出来。结果，美国关注食物链中的生物技术产品的环境保护主义者极力到星巴克去游说。星巴克市场领导者的地位及其在公众中的知名度，使一些利益集团急于到它那里去分一杯羹。

西雅图地方的商会可能会感到疑惑，为什么这个波音、微软、星巴克之类资本主义企业的重镇会成为反全球化者的精神家园呢？星巴克也是在西雅图发生的反世贸组织游行示威中备受抨击的对象，在所有跨国品牌中似乎遭到了最多的责骂，而这恰好是由它把自己打扮成关心消费者利益的样子造成的。星巴克使许多人对它由

爱生恨，它反对工会、偏爱兼职的雇佣策略，掠夺式的兼并手段，以及竭力维护的自我感觉良好的品牌形象，都使人看出了它伪装之下的铁腕。更重要的是，星巴克公司的主打产品身上集中体现出了第一和第三世界之间不断扩大的差距。咖啡可以被品尝并被身体吸收，而波音747和微软视窗都做不到这一点。咖啡可以实实在在地被消费，随之而来的就是缺乏良知地消费社会的种种弊端。

咖啡业体现着营造出来的形象与真实之间的巨大差异。咖啡烘焙企业和大营销商力图使我们看到这样的画面：阳光透过香蕉叶洒落在地面，小鸡心满意足地啄食着玉米，小孩子在泥土上涂画着刚学会的字母，经过一天诚实的劳作而感到疲惫的咖啡农和家人共进着简朴但健康的饭食。他们希望描绘出哥斯达黎加、危地马拉、肯尼亚或爪哇咖啡的独特品质，以及他们的采购者是如何关注和欣赏这些咖啡之间的差异的，因此也不得不对每个国家咖啡的特殊品质和至少某些方面给予关注。去访问一个特殊口味咖啡零售店时，了解中美洲和南美洲的地理情况是有意义的。事实上，每个咖啡烘焙商都有一份带有咖啡生产国分布地图的传单，无论他们的产品在多大程度上和这些国家有关都是如此。咖啡天生地会展现一种全球视野，而消费者们喜欢这种全球范围的差异性。然而，在过去10年左右的时间里，咖啡生产地的后殖民时代商人已经变得越来越敏感了。当世界被咖啡唤醒时，它也唤醒了地缘政治。

星巴克和东帝汶的情况充分说明了这一点。星巴克公司发现，东帝汶产有优质的有机咖啡。到1999年，该公司购买的咖啡超过了东帝汶咖啡年总产量的1/3。将不太出名的咖啡推上世界舞台看

第十七章 香浓咖啡：咖啡世界语

上去自然是一件了不起的事情，东帝汶咖啡是有机的这一事实也是一个有利可图的优势，然而，星巴克并不致力于宣传为什么东帝汶的咖啡是有机的。1975 年出访印尼的福特总统和基辛格默许了印尼入侵东帝汶。在此后印尼残酷、非法占领东帝汶的 20 年间，戴诺克（Denok）公司获得了销售东帝汶咖啡的垄断权，而该公司恰好被印尼武装力量的前任首脑控制着。入侵东帝汶之后，戴诺克公司成了东帝汶最大的咖啡庄园主，农民被迫以最低价格把咖啡卖给这家公司。戴诺克公司并不采取任何行动鼓励种植者为咖啡树施用农家肥或其他肥料。这种做法无意识中导致了东帝汶的咖啡从一开始就是不使用化肥的。1995 年，在美国外交压力大为减轻的情况下，戴诺克公司的咖啡垄断权被终止。此后，咖啡农可以自由地向国际市场销售他们的咖啡，并很快意识到他们的产品在"有机"性方面的特殊价值为之获得了书面认定，并实现了很高的出售价格。星巴克早就察觉到了东帝汶咖啡的优良品质，但是它并没有同样迅速地坦然承认，东帝汶曾处于邻国残酷的非法殖民占领之下。这种口感滑润、香气浓郁的有机咖啡其实还暗含着一种别样的苦涩。

在第三世界国家建立血汗工厂生产运动鞋或衬衫的跨国公司，都尽可能地隐瞒其原生产地及其生产状况。虽然有激进分子和记者常常深入实地，揭露事实的真相，但那类产品本身和它们的起源地之间却是分离的。咖啡在这方面则完全不同，这是咖啡产业更容易遭到剥削工人之类严厉批评的原因。无论多少维护形象的努力或者是再生纸印刷的传单，都不能在跨国公司与其咖啡产品的来源地之间造成距离。星巴克越是成功，其知名度越高，这里的问题就越是

显而易见和令人困扰。咖啡馆运作的普遍经济原理突显出了全球化市场的普遍不公平性。

在纽约的咖啡市场上，1磅阿拉比卡咖啡大约能卖到50美分。让我们先夸张地假定，种植这一磅咖啡的农民得到了这50美分的全部。1磅咖啡大概可以做成40杯咖啡。如果慷慨地估计的话，咖啡种植者从亚哈咖啡馆出售的每杯咖啡中得到的是1美分多一点。全世界各地咖啡馆咖啡的平均价格是多少呢？曼谷的是1.44美元，开普敦0.54美元，伊斯坦布尔0.47美元，香港1.45美元，伦敦1.94美元，莫斯科2.00美元，纽约2.00美元，巴黎2.00美元，罗马3.10美元，悉尼1.60美元，东京3.57美元。因此，伦敦的咖啡消费者支付的价格是咖啡农收入的150倍，如果种植者的收入比现在增长10倍（1000%），咖啡馆的咖啡价格按比例会上涨5%。经营咖啡店是相当复杂的，在诸如伦敦这样的城市，尽管做大量广告，仍然极少盈利，它涉及很多费用，包括租金、贷款利率、员工工资、管理费用、资本费用、购买香浓咖啡机的费用等。尽管如此，由于1杯咖啡的实际成本如此之低，还是有许多因素可以使咖啡店把支付给咖啡农的报酬提高到7美分，这并不比顾客喝咖啡留下的小费多。基于这样的分析，让我们假设，如果想以协调的方式矫正咖啡市场的不公平现象，那么就应该从咖啡馆开始：从经济学角度讲这样做十分有意义——以消费者支付的最低成本实现咖啡种植者最大限度地受益——毕竟，历史上最精彩的革命曾经是从咖啡馆开始的。

从历史角度看，咖啡馆应该再次成为引发政治争鸣的温床。而且，是咖啡馆而不是咖啡本身，经常与起义联系在一起。咖啡馆在美国和法国革命的众多事件中曾经发挥了重大作用，北意大利反抗奥地利统治的革命是在威尼斯、帕多瓦、维罗那等地的咖啡馆里酝酿的，马德里革命也是在洛伦佐咖啡馆酝酿的。维也纳的咖啡馆十分宁静，听不见比台球碰撞或翻动报纸更大的声响，就是这样的咖啡馆也在革命中默默地发挥了作用。第一次世界大战期间，一个俄国青年每天晚上都会到维也纳中央咖啡馆去下棋，和别人聊天，一直持续了数年。1917年，奥地利外交大臣在他的办公室里听到他的助手激动地告诉他："俄国爆发革命了。"他对这个消息不以为然，说："俄国是一个不可能爆发革命的地方。有谁能在俄国制造出革命来呢？除非是中央咖啡馆里的托洛茨基！"

第十八章　黑暗的中心

> 咖啡是"慢性毒药"。
>
> ——伏尔泰

越南

20世纪80年代,越南是位居世界第42位的咖啡生产国,前法国殖民地的咖啡庄园里种植着大量优质的罗巴斯塔咖啡。后来新政府将这些咖啡种植园收归国有。越南出口的67000袋咖啡相对于咖啡的世界出口贸易总量来说,微不足道。

2001年,越南咖啡产量达到1500万袋,跃居世界第二。这种大幅增长被认为是全球咖啡价格暴跌的原因。极力否认任何估算错误的世界银行也由于曾为迅猛增加的咖啡种植筹集资金而受到指责。同时还出现了一些无法证实却又持续存在的谣言:咖啡作物可能遭到了二噁英的污染,这是美国在越战期间大面积喷洒橙剂留下的后遗症。[1]咖啡黑暗的历史又重演了,越南就是它的舞台。

1859年,法国攻陷西贡,这标志着越南殖民地化的开始。这

---

[1] 二噁英(dioxin),亦名二氧(杂)芑,俗名戴奥辛。——译者注

次袭击是拿破仑三世时期法兰西帝国侵略成性的资本主义战略的公然宣示。没有一个道貌岸然的欧洲国家不曾卷入在亚洲的殖民行动,法国也不例外。数年之内,法国已经控制了被他们更名为印度支那的整个地区,到1887年,又将今天的越南、老挝和柬埔寨一同置于印度支那联邦的统一管理之下。法国在很短时间内建立了殖民统治的基础设施,包括公路、铁路、运河、港口以及法国人控制的管理机构,从而坐享印度支那的矿物、煤、稻米和橡胶等自然资源和农产品,但其中并不包括咖啡。咖啡虽然在1887年被引进越南,但法国殖民时期种植的咖啡似乎仅仅是为了满足当地的消费。印度支那似乎为法国的制造商提供了一个巨大的市场,但那里的经济并没得到多大的发展,因为法国投资商人只想取得快速的回报,很少将所得利润用于再投资。

法国人和他们的越南走狗侵吞了通过建设灌溉系统开辟出来的稻田。尽管从1880年到1930年,越南的水稻产量增长了3倍,但农民平均水稻消费量却在减少。和穆尔塔图利在《马克思·哈维拉,或荷兰贸易公司的咖啡拍卖》中对贫困的描述一样,无地的农民被迫去做没有报酬的工作来抵偿法国人因为资助越南的基础设施建设而强加给他们的税收,而这些农民根本就没有从这些基础设施中获益。普通民众并没有因为受到殖民压迫而得到教育、公平或卫生保健等方面的补偿,而且越南人民被排除在参与新经济活动之外,因而无法改善自身的生活状况。总而言之,对于欧洲殖民列强的由来已久的种种指控,都可以从法国对待越南的方式中得到证明。

在这种情况下，毫不奇怪，民族主义运动不断兴起，又不断被镇压。直到 1930 年，胡志明成立印度支那共产党之后，民族主义运动才得以持续展开。胡志明早年是一名水手，遍游各地，后来定居在巴黎，并在那里加入了法国共产党，最后回到了越南。尽管共产党最初的几次起义遭到残酷镇压，但到第二次世界大战爆发时，他们的活动还是取得了一些进展，而就在那时，整个印度支那变成了由法国人管理着的日本占领区。作为法国维希政府投降政策的东方翻版，越南的法国人与日本人相互勾结，允许日本人驻军印度支那，将印度支那作为日本扩大"大东亚共荣圈"的跳板。只有胡志明领导的共产党在二战中通过暗中传递情报等方式，协助盟军反抗法国殖民者和日本侵略者。1945 年，日本战败，越南出现权力真空，胡志明趁机在北方掌握了实际权力，而法国殖民者则控制着越南的南部。这种分裂局面奠定了后来越南战争的基础。

美国总统罗斯福在同温斯顿·丘吉尔的战时协商中，曾经坚持认为英国应该放弃他的帝国体制。虽然美国总统声称这是出于道德考虑的要求，但其目的明显是为了给美国的商品开辟新市场。在他建议英国撤出的地区中，当时并不存在真正的共产党掌权的威胁，后来只有马来亚成为一个"例外"。但是，美国并没有期待法国人放弃他们对印度支那的殖民统治，因为，很显然，如果法国人从那里撤出，胡志明就会掌权，并且因为胡志明是一个共产主义者，所以他"没有资格"协助摆脱殖民主义枷锁。此外，胡志明是一张潜在的多米诺骨牌，能引发一系列准备就绪的多米诺骨牌效应，对于美国说来，那完全可以构成开战的理由。法国由此从美国那里得到了援助和武器支持。经过一段充满摩擦的共存时期之后，法国发动了第一次印度支那战争。结果，这次战争造成了越南的正式分裂，北方正式成为越南民主共和国，胡志明成了这个新生国家具有西方化与现代化意识的统治者。他公开称赞美国，并将美国宪法的一些内容纳入自己国家的制度之中。而南越却落入极权统治之下，该政权很大程度上利用北方对它的威胁而向美国乞求援助、赢得好感。尽管在越南，咖啡不是驱动性的经济力量，但曾在战后的中美洲造成巨大灾难的模式也还是出现在了越南。南越对异己力量的无情镇压不可避免地刺激了支持北越的政治力量，各种援助和起义者纷纷从南方流向北方，在那里寻求越南的重新统一。1963年11月1日，肯尼迪（John Kennedy）总统授权发动军事政变，暗杀了南越的吴庭艳总统，继而任命一帮腐败无能的将军执政，并通过越来越多的援助和武器装备来扶持这个政权。只要这个政权能够被用来对付北方，美国对这个政权内部的所作所为一律听之任之。1963年年底，17000名美国军事顾问被派驻到南越，去支援处于外部武装力量和内部的人民民族解放阵线双重压力之下的南越政权。

1965年，林登·约翰逊（Lyndon Johnson）总统下令轰炸北越，当年，有75000名美国陆军进入了越南南部。到1968年上半年，进入越南的美军人数达到了50万。美国国民对此强烈不满，从而改变了此后几十年间美国战略的走势。约翰逊意识到自己无力对付这一局势，于该年5月开始在巴黎举行和谈。那一年是大选年，而且最近才浮出水面的一个事实是，共和党的候选人理查德·尼克松（Richard Nixon）曾经暗中破坏这些和平谈判。尼克松向南越政

权许诺,如果他当选总统的话,他会给南越政权更多的支持。然而尼克松当选后的共和党政府并没有履行承诺。越南战争又持续了3年,损失了3万名美军士兵和不计其数的越南人的生命。从越战爆发到1973年美国颜面尽失地从越南撤军,美国向越南投放的炸弹数量甚至超过了美国在二战中投放的炸弹总数,平均每个男人、女人和孩子都摊到了1枚500磅的炸弹。这场战争夺走了200万越南人的生命,从另一个角度看,十年越战美国耗费了至少2500亿美元。战争代价沉重,却毫无意义。

越战的失败在美国人心头罩上了一层此前美国为建造美利坚帝国而采取的所有干涉行为都不曾造成的浓重阴影。也有人认为越战的失败并不是一个彻底的失败,至少实现了确保越南不再出现一个另类政治体系的战略目标。越南被战争摧残得满目疮痍,直到最近仍被看作是一个经济问题丛生的国家。

战争的阴影不仅困扰着美国人的心灵,许多美国退伍老兵由于接触了橙剂,健康受到了实质性的损害。美国军队决心要阻止北越的共产主义者进入南越,认为越南茂密的丛林和湿地红树林为北越共产主义者提供了掩护。他们几乎不假思索地判定,只要把这些植被清除,就能除掉自己的对手。这就导致了1961年到1973年间发生在南越的综合性化学清除植被事件。这种战略会引起何种后果从来没有被充分考虑。橙剂被随意地洒到丛林和农田上,明知道这会导致平民的痛苦。即使这些药品对平民的影响不是直接的,只是造成平民生计资源的破坏而不是对健康的摧残,难道这种喷洒行为没有违反禁止化学武器条约么?随后有大量证据表明,橙剂对

第十八章 黑暗的中心

人类健康会造成迅速和直接的危害。但问题是，我们竟然说不清在不知情的情况下使用这种化学品究竟是不是违法的。这个问题对于我们当下的时代具有不容忽视的意义。因为，美国发动伊拉克战争就是部分地以它配置有化学武器为理由的，美国在哥伦比亚的所谓"反毒品战争"也一直使用了化学武器（有讽刺意味的是，那次行动再次涉及世界上最出名的化学制剂公司孟山都）。关于美国蓄意使用化学武器并持续这么做的看法，并不仅仅是出于学术兴致而提出的。

橙剂因其包装的圆筒上标有橙色条纹而得名，是由陶氏化学（Dow）、钻石三叶草（Diamond Shamrock）和孟山都等公司生产的。它是二氯苯氧乙酸和三氯苯氧乙酸这两种除草剂的混合物。很久以来，一直有人指责说，在制造橙剂的过程中有一种名为 TCDD 的二噁英污染物浓度严重超标，但孟山都及其他制造公司却不予承认。二噁英是许多和氯有关的工业过程（比如废物焚化、化工生产、纸浆及纸张漂白）所产生的副产品。20 世纪 80 年代早期，有消息披露说，咖啡过滤过程中使用的含氯漂白纸可能被二噁英污染，咖啡产业于是陷于一片混乱之中。世界卫生组织下属的国际癌症研究机构（IARC）从 1997 年开始就认为，效力强大的二噁英（2，3，7，8-TCDD）是一级致癌物，即"已知的人类致癌物"。如果接触到二噁英，就会引发严重的生殖和发育问题（这种影响的程度要比它的致癌作用低 100 倍），破坏免疫系统，扰乱荷尔蒙分泌。而且，二噁英极其顽强，在自然环境条件下分解极为缓慢，会对整个食物链造成影响。二噁英是脂溶性生物沉积物，会在鱼类、家禽和牲畜之

类的哺乳动物体内大量累积起来。越南人最喜爱的食物——鸭子，也易受二噁英类生物沉积物的感染。

孟山都公司全力挑战支持二噁英有毒这一判断的科学证据的可靠性。有报道说，有一场关于橙剂的针对包括孟山都在内的7家公司的诉讼，最后以这些公司向原告赔偿1.8亿美元和解。这些公司先前曾经否认使用橙剂会导致健康问题。美国有许多组织致力于调查有关橙剂的信息，并为那些证明接触橙剂与引发疾病之间有直接关系的病例提供帮助。根据前面提到的那项和解的标准，美国退伍士兵每个月可以获得2000美元到5000美元的补偿金，而与此形成鲜明对比的是，越南政府每月给受害士兵的补偿为7美元。然而，美国军事主管部门仍然尽力压制关于接触过橙剂的退伍老兵的人数的消息。更重要的是，他们否认橙剂曾经对越南人民造成了或者正在继续造成任何健康问题。为了两国关系的正常化，橙剂是两国外交谈判中的一个禁忌。有人曾推测，在20世纪80年代末举行的两国之间的首次对话中，如果有人提到有关橙剂的问题，美国会立刻退出谈判。饱受战争蹂躏的越南人民现在终于发现，为了重建经济秩序之类的目标，自己和他们的先烈们陷入了一个无声的阴谋中。橙剂问题对越南人来说是个禁忌，对美国人来说也同样如此。发现其中的原因并不困难，新闻界早就在广泛地暗示：越南正在拼命重建国家经济，因而极大地依赖于向世界市场出售本国的农产品和水生有壳动物。如果证明了这些出口产品中含有二噁英，越南就很可能再次遭受重创。

据估计，越战期间约有5700吨或者说1200万加仑橙剂被喷洒

第十八章 黑暗的中心

到南越地区，摧毁了那里 14% 的森林及 50% 的湿地红树林，红树林曾是价值颇高的木材来源。有 450 多万英亩的植物遭到毁灭，给野生动物和生态环境带来了灾难，更不必说那些被喷洒到的可怜的越南人了。农场和小块农田也没有逃过厄运，从而引起了大范围的贫困和饥饿问题。喷洒过橙剂的土地至少要 10 年之后才能重新长出植物。至今仍没有一项彻底的调查完整地估算出喷洒橙剂带来的健康代价。不过，加拿大海特菲尔德咨询公司（Hatfield Consultancy Ltd.）的一项深入调查研究表明：在越南喷洒橙剂大约造成了 4 万例死亡和一些严重的病例，还有 50 万越南新生儿具有先天生理缺陷。二噁英通过污染土壤或水源进入食物链，并逐渐在人体组织中积累——这是对某个受到监控的"备受关注地区"进行调查得出的结果。这意味着，橙剂或二噁英导致的问题正在变得越发严重，而不是在逐渐消失。二噁英的诸多有害特性之一，就是它分解得极为缓慢。

二噁英的问题是被悄悄地揭开面纱的，因而毫不奇怪，一直以科学面目而自豪的咖啡业早就已经调查过 20 世纪 90 年代后期以来大量涌入世界市场的越南咖啡中可能残留有二噁英的问题。在 20 世纪 80 年代中期，对氯漂白过的咖啡滤纸中可能残留有二噁英的恐惧曾突然导致咖啡产业陷入瘫痪。二噁英曾对咖啡意识产生过负面的冲击，这使咖啡业的专家对相关信息小心回护，人们难以全面了解有关二噁英的信息，更促成了今天人们疑虑重重的心态。其实，所有证据都表明二噁英不是水溶性的，即植物并不能吸收二噁英，包括咖啡树。但是，咖啡贸易仍对该问题倍感恐慌。2002 年，

一个咖啡科学家组织对该问题进行了研究,并报告说没有发现任何问题。或者更确切地说,他们据传曾经呈交了这样一份报告,因为,"一旦判定没有什么可忧虑的,他们也就没有理由不公开宣布了"。这个报告没有被公布。这种自我防卫心态可能也是由美国一向存在的扰乱民心的现象造成的。根据美国咖啡协会的说法,有一伙不便透露姓名的人,出于无人知道的原因,经常向媒体披露咖啡里含二噁英的消息。有一段时间,他们甚至散布完全虚假的谣言,说美国食品药品监督管理局已经开始对越南咖啡进行抵制。不论这个神秘组织的目的何在,有一点可以肯定:如果存在一个解决当前咖啡生产者所面临的问题的方法,那么这个方法一定会是把整个越南的咖啡产业踢出咖啡市场。一旦这样,咖啡价格就会迅速飙升。因此,这些神秘人物的存在是商业恐怖主义的迹象。它带来的疑问是:遭受低价格冲击的咖啡生产国会孤注一掷去捉弄市场吗?或者,是某个胡作非为的财团想要趁机在纽约咖啡市场上大捞一把么?

美国本可以在使用橙剂造成的后果中汲取教训,但是它却再次重复了它所犯的这种错误,这令人难以理解。正如我们所见,在哥伦比亚的所谓"反毒品战争"中,除草剂的使用日益增加,造成了和使用橙剂之后类似的环境和公共健康问题。尽管美国一些科学家和辩论小组大声疾呼,国务院向国会提交的报告(根据法律,这个报告必须在拨款之前提交国会)是片面和不充分的,报告中没有做出"根除哥伦比亚古柯时空撒的化学制剂不会对人类健康安全和环境造成严重破坏"的保证。但是该行动还是实施了。由此造成的结

第十八章 黑暗的中心

果就是,想象中的地缘政治需求凌驾于所有其他考虑之上,而且无论结果如何,最终都由贫困的哥伦比亚农民来承担负面的后果。有迹象显示,一种使用最广泛的除草剂——"荡涤剂"会对咖啡作物造成污染。如果是这样,美国国务院将来就得面对他们自己把毒药从拉丁美洲引进给他们自己的公民的后果。

有趣的是,咖啡产业总是不断重现一种令人沮丧的历史模式。咖啡喜在高原地带生长,而热带高原是原始生态的最后一片净土,那里有茂密的森林、众多野生生物和土著居民。因此,这三者总是咖啡种植面积扩大时的牺牲品。最近,在咖啡生产不断扩大的越南内陆高地定居下来的柬埔寨族人抱怨说,他们不仅被从原来的居住地驱赶出来,而且被从红河、湄公河三角洲地区迁居到此的越南人潮给淹没了。一些人认为这是一种心机很深的政治策略,是故意让他们迁移到柬埔寨边境附近地区来构成阻隔柬埔寨对越南入侵的"安全带"。就像我们在中美洲地区看到的那样,将印第安土著居民从高原居住地驱逐出去的做法和咖啡产业的繁荣紧密相连,而越南似乎正在重复这种可悲的做法。

越南咖啡快速膨胀的生产规模和世界银行有很大关系,尽管世界银行极力否认这种关联并发布措辞激烈的新闻来否定任何指责。和橙剂事件一样,官方的内幕很难被揭开,原因是金融机构和越南政府本身都不愿意承担造成世界咖啡市场价格暴跌的主要责任。假如从政府借款的咖啡小农的处境的确得到了改善,无论贷款是不是从世界银行那里得来的,毕竟还算是一种安慰。然而,正是由于咖啡小农自身的"成功",他们现在正不得不以只相当于生产成

本 60% 的价格出售其产品，并陷入无力偿还贷款的困境。此前，他们对咖啡业前景的盲目乐观确曾刺激他们从政府那里贷款去种植咖啡。曾经一度欣欣向荣的越南咖啡产业正在快速萎缩，咖啡种植者已经意识到，以前认为十拿九稳的发家致富其实是不现实的。种植咖啡对高地脆弱的环境、遭到侵扰的野生动物、被驱逐的土著居民和没有收入但债务累累的低地移出民所造成的摧残，是难以估量的。不出所料，没有人愿意为此承担责难。

越南是"善意"发展计划关注的焦点之一，这个计划的主要内容就是通过发展咖啡产业来促进越南的发展，目的则是改变与美国长期战争带来的混乱和破坏。越南的主要资本是廉价劳动力，而这是越战的直接产物。通过部署廉价劳工并将其纳入发展规划中，越南政府可以吸引世界银行之类的金融机构对之进行投资，而世界银行则为越南预示了一条进入全球贸易体系的切实可行的途径。这是当今时代的殖民主义形式：富裕的债权人为了第一世界消费者的利益，通过投放贷款来榨取其他世界的廉价劳动力。世界银行当然受控于拥有 51% 股份的美国财政部。它和国际货币基金组织和世贸组织一样，都是决定千百万人生计的、未经选举的华盛顿共识三巨头的组成部分。这三个组织都受意识形态的驱使，沉迷于美国式的自由市场资本主义以及它被预期会带来的收益。就越南及其咖啡产业的事例而言，世界银行并没有履行它的责任，从而造成了全球范围千百万人的苦难，而这对于那些在过去十几年中追随过它的指引的人们来说毫不奇怪。1999 年，前任高级经济师约瑟夫·施蒂格利茨（Joseph Stiglitz）曾经大胆地建议世界银行处理事情的手段不

第十八章 黑暗的中心

要过于强硬,结果被撤职。约瑟夫·施蒂格利茨的例子再次表明,对于世界银行的那些最严厉的指责似乎都是真的:它给寻求贷款的国家开出"包治百病"的经济药方;为了西方大公司的利益而去贿赂政府的部长,使其将公共财产低价出售;向外国投资商开放金融市场,从而导致客户信心动摇,当地银行发生挤兑;由此造成的社会动乱又需要用强力手段去压制;帮助当地银行渡过无法偿还西方银行贷款的危机;在坚持给第一世界的农业提供补贴时却不厌其烦地重复自由贸易的咒语,如此种种,不一而足。施蒂格利茨直言不讳地批评了国际货币基金组织,把国际货币基金组织解决某国经济问题的方案比作高空轰炸:一些人"在豪华酒店里冷酷无情地制定解决问题的策略,而任何一个知道这样做等于在毁灭他人生活的人都会在制定这种策略时踌躇不决"。这种轰炸的比喻揭露了全球政治、经济权力的掌控者是如何逃避对其采取的行动承担责任的。在强权政治古怪、迂回的言辞中,对平民的蓄意杀害——在另一种语境中是指战争罪行——被说成是对战略目标进行空袭时必然要带来的完全合法的不幸损失。与此类似,在全球经济运作中,金融机构为了坚持某种意识形态目标而对一个个国家造成的生命和生计毁灭并没有被看作恐怖性行为,而是被说成由轻微的导向错误造成但从根本上说是善意运用正当原则的悲惨结果。

  咖啡产业对这些经济政策的反应是多样的。许多咖啡生产国设有咖啡销售局,负责购买所有农民的产品。虽然这些机构常常是腐败的,而且过于官僚主义,但农民至少知道他们能够卖出他们的咖啡并能拿到钱。20世纪80年代到90年代,国际货币基金组织和

世界银行所实施的结构性调整使许多这类机构解体,从而使市场对私人贸易商开放。结果由于跨国公司通常控制着整个咖啡贸易,咖啡农根本没有机会自主选择买家和商定价格,也无法保证这些买家能够回头来更多地购买他们的咖啡。结构调整带来的这类影响正在蔓延开来。

咖啡业过去虽然有明显的缺陷,但是一个从事咖啡业的人可以认为自己从事的是一种诚实的职业。但是现在,和其他行业的商人一样,咖啡商人不时会觉得自己实际上是在购买被盗窃来的东西,并且成了奴役第三世界的人。良知越是浮现于他们的脑海,他们就越会奇怪,这一切究竟是怎么发生的?大多数咖啡商只好把他们的良知囚禁在黑暗之中。

咖啡期货交易中心大楼对面的世贸中心一号楼的顶层曾有一家名为"世界之窗"(Windows on the World)的饭店,从那里可以欣赏到曼哈顿及其周边的美景。可能会有这样一位历史学家,站在这与奥林匹亚山一样的高度向下凝视,凭借渊博的知识去猜测:1776年8月27日,乔治·华盛顿在长岛被人数众多的英国步兵击败,随后率领他的军队撤退到伊斯特河对面的布鲁克林高地上的要塞里,那些要塞坐落在哪里呢?几天之后,"9000名或者更多的丧失信心的士兵——他们国家最后的希望——陷于进退维谷的境地,身后是大海,前面是耀武扬威的敌军"。世贸大楼顶层的这位坐在扶手椅上浮想联翩的历史学家小口抿着沙布利白葡萄酒,想象着华盛顿如何回避英国驱逐舰的追击,使部队成功有序地撤退到了曼哈顿。这样一个敦刻尔克式的撤退不仅拯救了这个国家,也为他的国家卓越的发展铺平了道路。

现在，就像一幅画面，那家双子塔酒店，以及我们关于历史的令人安慰的幻想都消失了。剩下的，不管你愿不愿意，就是现在这个样子。使我们在看待过去的时候把自己看作是例外主体的现代西方文化传统的大厦垮塌了。那些曾被认为已经永远成为过去的历史要素——帝国、奴隶制、宗教战争、压迫、灾荒和瘟疫——在我们充满惊惧的双眼前又重新展现，使得我们不堪回首。"我们"现在无所遮掩地站在世人面前，显得并不比过去的"他们"更好，不同的只是，面前这个舞台的规模更大了。

尾 声

连岛屿的名字也带有鲜明的帝国色彩。圣赫勒拿（又译为圣海伦娜）原是君士坦丁大帝母亲的名字，她曾在赴耶路撒冷朝圣的路途中发现了圣十字架的残骸。公元306年，君士坦丁在英国北部的约克（York）加冕为帝，纽约（New York）这个城市的名字就来源于此。君士坦丁本人虽然没有皈依基督教，但允许基督教在罗马帝国传播，并将首都迁往君士坦丁堡，命名为"新罗马"。不过这个名称不久就消失了。在1453年被奥斯曼人洗劫之前，君士坦丁堡一直是拜占庭帝国的中心——前罗马帝国的西部惨遭劫掠，拜占庭则成为罗马帝国最后的孑遗。同样，奥斯曼人也把君士坦丁堡当作首都，就在这个地方，喝咖啡开始成为大众的习惯。为了铺设铁轨和建造双行道，博斯普鲁斯海沿岸豪华的咖啡馆早已被拆除，但是一种和传统咖啡馆类似的建筑物却开始复兴。具有讽刺意味的是，复兴的并不是咖啡，而是水烟袋。土耳其水烟袋成了新潮流的中心，成群的男女聚在一起，吸着添加了苹果、桔子、草莓、甜瓜等水果的埃及淡味烟草。老人们更喜欢的是味道浓烈而单纯的土耳其水烟袋，但那被看作是落后于时尚的。一些更喜欢猎奇的烟民开始

尾 声

将牛奶而不是清水放入水烟壶,吸过烟之后就喝掉那些牛奶。由于有一种香味烟草叫"卡布奇诺",所以就有可能在吸完烟之后喝掉烟袋里剩余的带"卡布奇诺"味的牛奶。[1]在这种场合调制土耳其咖啡的方法会让土耳其人的祖先汗颜:精心设计的反复烹煮、用龙涎香调味,或者掺入一点鸦片的仪式都消失了。现在烹制咖啡的方式改为将开水注入盛有咖啡粉和糖块的容器中,搅拌之后,再马马虎虎地煮一下。时尚潮流和快餐文化就这样妨碍了君士坦丁堡咖啡馆的复兴。

在1869年苏伊士运河开通之后,圣赫勒拿岛开始处于不利的地位。现在来往印度的船只不再需要绕行好望角了,圣赫勒拿岛由来已久的重要地位也随之没有了踪影。从那时开始,曾经是圣赫勒拿岛主要价值所在的偏远地理位置,除了作为关押囚犯的好地方之外,反而变成了它的极大弊障。1890年,一位不像拿破仑那样桀骜不驯的统治者——祖鲁的酋长迪尼祖鲁(Dinizulu)被流放于圣赫勒拿岛。这位酋长身边带着数名妻子和一小批扈从。岛上所有看到他的人都对他深深着迷,岛上的主教也对他极感兴趣。在主教的劝说下,他皈依了基督教,但是这个文明的成就马上遇到了问题,因为根据基督教,酋长的诸多妻子中只有一个人能被官方认可为酋长的妻子。1897年,这位酋长返回了祖鲁。他的族人在看到他在钢琴伴奏下用英语唱基督教的赞美诗时,肯定会大为震惊。继祖鲁

---

[1] 卡布奇诺(cappuccino)是现代咖啡厅中供应的一种时髦的特殊口味咖啡。本书作者在这里这样提到卡布奇诺,在暗示现代卡布奇诺咖啡名字的来源。——译者注

人之后被流放到圣赫勒拿岛的是一些布尔战争[1]中的战败者，包括克龙涅（Cronje）将军，流放的总人数达到了6000人，他们为这个岛带来了暂时的繁荣、老鼠以及伤寒病。

假如由于岛屿的特殊性，从也门运到圣赫勒拿岛并种植在那里的咖啡树品种没有受到其他移植品种的竞争，那会是极好的事情。但是在随后的年代里，有许多试验性种植在圣赫勒拿岛的"植物园"及其他地方实行，其中包括许多其他咖啡品种。在圣赫勒拿岛种植的其他咖啡品种都赶不上浆果尖部呈蓝色的波旁咖啡生长得好，这一点解释了为什么后者成了岛上的主要咖啡品种。20世纪50年代，亚麻业有主导岛内经济的迹象，这时人们认为发展咖啡业以备选择是明智的。肯尼亚咖啡研究所的专家琼斯先生提出，"考虑到圣赫勒拿岛风强、降水量少、缺乏阳光"，任何咖啡品种在圣赫勒拿岛都不容易生长，也门咖啡也不大可能在这种条件下存活。他建议先使用一些耐性强的咖啡品种做试验，结果这些品种的咖啡树很快就死掉了，只有比较娇弱的波旁反而神奇地活了下来。当时琼斯的报告并没有起到鼓励人们投资咖啡种植业的作用。1966年，英国政府官员决定不买麻绳而改用橡皮筋，导致圣赫勒拿岛亚麻行业一夜之间陷于崩溃，那也没有促使岛上的人去发展咖啡种植业。

圣赫勒拿岛有一种听天由命的气息笼罩着它的居民和它的历

---

[1] 布尔战争，也称英布战争，指1880年到1902年间两次在非洲南部发生的英国人与荷兰殖民聚落之间发生的战争。布尔（Boers）是对荷兰聚落的称呼。——译者注

尾声

史。土壤流失到海洋里,但从没人想过除掉破坏树木的山羊以保护土壤;桃树饱受果蝇的摧残,种植桃树的人却不采取任何简单的措施去治理它;有时连上帝也把圣赫勒拿岛当作恶意捉弄的对象:1909年,一位富有的慈善家为了这座岛的利益决定修建一座鲭鱼罐头加工厂,并购置了现代化的渔船,在此当口,原本成群结队的鲭鱼却在沿海突然消失了,于是这家工厂在1年之内就关门大吉。圣赫勒拿岛及复活节岛、特里斯坦-达库尼亚群岛(Tristan da Cunha Islands)的经济后来不得不依赖于后殖民地时代作为经济边缘化官方标志的邮票业。

就在这个时候,令所有人意想不到的是,咖啡业开始复苏了。当地一个商店老板投资建了一座小型咖啡烘焙店和研磨坊,就在当地市场销售其产品。虽然清教徒偏爱饮茶(至少那些不饮酒的清教徒是这样),但逐渐有一小部分人开始购买圣赫勒拿岛自己生产的咖啡,而且有几袋包装极为差劲的咖啡竟然被运到了英国。1989年,一位伦敦咖啡代理商从在英格兰休假的农业部官员那里听说了这种咖啡。接下来,这位经纪商把整个圣赫勒拿岛咖啡的购买权给了我——当时我是一家咖啡公司的采购主任,因为当时没有样品,我在从来没看过这些植物的情况下就买下了其专属购买权。想到我将拥有在当时我所知甚少的一个岛屿的所有咖啡产品,我兴奋不已。此前,圣赫勒拿岛当局曾将咖啡种植地租给一个父亲是清教徒的英国人——大卫·亨利(David Henry),这使他得到了进入圣赫勒拿岛的必要许可。他第一次去圣赫勒拿岛本来是为了做一次短期访问,但由于福克兰群岛海战爆发,延长了在那里逗留的时间,于

是就看到了圣赫勒拿岛的咖啡。回到伦敦后,他着手研究圣赫勒拿岛咖啡的起源,并认定,如果能正常发展的话,圣赫勒拿岛咖啡可以成为世界一流品级的咖啡。他向国际咖啡组织申请注册圣赫勒拿岛咖啡为英国产品,这样它就可以自由进入世界市场。但在他把管理、加工质量和分级等所有这些复杂的问题都搞清楚之前,圣赫勒拿岛当局已经不假思索地自行决定把咖啡的购买权卖给了我。

圣赫勒拿岛当局发现它很难调动岛上农民种植咖啡的积极性,因而以圣赫勒拿岛特有的风格把试验性种植的任务包给了大卫·亨利。从那时起,他建立了几个小型咖啡种植园,后来又增建了几个。圣赫勒拿岛出产的咖啡开始向全世界销售,或是将咖啡青豆销售给日本或美国的烘焙商,或是通过网络向好莱坞和檀香山的个人邮寄成包的烘制咖啡。一位访问者把大卫·亨利形容为像"南大西洋长着石南树的峭壁"一样冷酷的人,但他阴郁的外表和他对咖啡质量的严格要求互为表里。就这样,圣赫勒拿岛咖啡成了世界上最昂贵的咖啡。

在大卫·亨利的努力下,岛上的农民开始认识到,至少是在圣赫勒拿咖啡像当前一样昂贵的情况下,种植咖啡有利可图,因此纷纷开始了小规模的咖啡生产。然而,不论圣赫勒拿岛咖啡的口味特点在多大程度上归因于圣赫勒拿岛独特的历史、土壤和气候,加工和调制咖啡口味的过程需要大量的技术和丰富的经验。岛上个体农民都是各自单独生产、加工的,所以他们加工出来的咖啡产品参差不齐,价格也一直没有赶上大卫·亨利的咖啡在国际市场上达到的水平。

尾声

仅仅数年之前,电视机出现在圣赫勒拿岛,这给社会学家提供了一个绝佳的机会去观察电视对该岛居民的影响。由于录像机进入圣赫勒拿岛居民的生活也已经有了一段时间,电视时代带来的影响便在这里展现了出来。每周舞会的流行程度降低了,电影院关门了,人们更多地待在家中看电视。先前曾有研究显示,圣赫勒拿岛的儿童是世界上最乖巧、自我调节能力最强的孩子。几乎每一个人都是"女童子军"或者"男童子军"式的孩子,穿制服的集体游行是社会活动日程中的重要事项。然而,自从有了电视之后,岛上细琐的犯罪事件开始增多,那些原来外出不锁门、和谐轻松的社区也开始更加注重安全防范。圣赫勒拿岛新兴的咖啡产业也同样提供了一个有趣的分析案例:岛民用了250年的时间去开启这一产业,如今一举成功,被定位为世界最昂贵的咖啡,随后一跃成为龙头产业,产量激增,质量控制、市场营销以及产品分配也都发展了起来。

圣赫勒拿岛现任总督继承其前任在过去350年留下的传统,并对岛上唯一成功的故事极为欣赏。18世纪90年代,东印度公司建造的种植园大屋(Plantation House)是圣赫勒拿岛第一任总督的宅邸,这一建筑物被相关研究者称为是女王陛下外交体系中最漂亮的建筑。它坐落在苍翠繁盛的花园中,可以看见远处的大海。它的建筑具有那个时代大英帝国设计师最喜爱的新古典主义的简约风格,门廊洁白典雅,房间布置均衡。草坪上爬动着几只原产于塞舌尔的大海龟。其中,叫作乔纳森的一只海龟举止庄重,遍体沧桑之色,据说已经有220多岁高龄了。它并不像某些人所说的那样曾

经见过拿破仑——因为这位皇帝从来没有来过种植园大屋,但他们毕竟曾经同时呼吸过圣赫勒拿岛上阴湿的空气。历史本身就像乔纳森一样,静静地、无人察觉地弥漫在这里的每个角落。种植园大屋的餐桌上方悬挂着一盏树枝形的吊灯,这盏灯是由两盏拿破仑在朗伍德使用过的灯合成的。餐柜上摆放着一个表面饰有东印度公司纹章的豪华银质钟形玻璃罩。200年来,仆人的住处几乎没有什么变化。用石头装饰的食物储藏室中,有几个宽大的碗柜,上面放着最新的由外交部门设计的标准的外交礼仪瓷器。其中一个碗柜里摆放的东西显示出现任总督对圣赫勒拿岛新兴的特殊口味咖啡业感兴趣的程度,那是两罐速溶咖啡,是他最近去英国旅行时带回来的。

圣赫勒拿岛的天气从来不招人喜欢,现在更是变化多端。前两年,咖啡收获时节下了倾盆大雨,对咖啡作物带来了极其恶劣的影响,并加剧了土壤的流失。这种五百年一遇的事情,造成了岛屿2/3的地表露出了光秃秃的岩石。岛上的人口在逐渐减少,因为,有些居民获得了诸如教师、护士等从业资格后,便试图去其他地方从事更赚钱的工作。如果这种趋势继续发展,那么岛上的常住居民很快就会剩下不到4000人。这个数字低于维持一个自给自足的社区的人口临界数。自1659年起,居民们就一直对圣赫勒拿岛的政府不满,抱怨岛上从未显示出社会改进的迹象,而在城堡装潢精致的市政厅办公的执政精英们,却主张一切率由旧章。新任的副总督是一个曾经长期在英国地方政府服务的、政绩平平的人,他不大像是个曾经在自己的行政工作中鼓励过私人理财计划的人,但这样一

尾　声

个人在经过一些争论之后却被允许和他的合伙人一同在岛上购置地产，他打算退休后就地养老。他的平静并没有被因他的出现而激发的大量风险投资所扰乱。其中一项投资是，打算建造一座飞机场，并且靠"高质量的"房地产开发和建设一个高尔夫冠军赛场地来支付所需要的开支。如果按这一幻想中的计划去做，那么历史悠久的"圣赫勒拿"号皇家邮船将会报废，而且岛民们从此会无休止地为了确保飞机上的座位而苦恼。在为此举行的一次公民投票中，岛民投票赞成实施该计划。在英国政府的支持下，一支由顾问、工程师、调研员、设计师和金融家组成的25人团队计划于2002年春天访问圣赫勒拿岛，与以顽固僵化闻名的圣赫勒拿岛当局进行谈判。圣赫勒拿岛当局最终取消了这次商谈，以便再度和岛民协商。如果想要再次组建这样的团队，至少需要一年多的时间。

圣赫勒拿岛是一个不列颠特色的不合时宜的地方。尽管其政府腐败无能，但仍然保留着大英帝国机器中一个齿轮的气息。无论是怀旧的惆怅、试图保留本岛遗产所遭受的挫折，还是与英国的附属殖民地关系，都使它与英国新劳工主义的格调大异其趣。在这里，看不到创业文化的萌芽，没有计算机网络系统，任何一个试图在该岛进行商业投资的人都不可能在不受干扰的情况下举行商谈。在其他任何地区都会或多或少成为一个受到关注或值得骄傲的事业的咖啡"产业"，在这里和岛上其他有缺陷的事物一样，遭到冷漠的对待。圣赫勒拿岛的旅游业主要靠"圣赫勒拿"号皇家邮船上偶尔出现的几个乘客和旅游船带来的顾客支撑。从旅游船上下来的游客瞠目结舌地进入这个奇特的地方，觉得它似乎就是阿加莎·克里斯

蒂[1]电影里的那些地方，仅有的不同是，这里的乡村商店是合作商店，此外还有漂亮的钢铁结构的领事大酒店的酒吧，里面挤满了嘈杂的顾客，播放着更为嘈杂的乡村音乐和西方音乐。岛上的城堡是权力的所在地，自从东印度公司1659年正式宣告占有该岛之后一直如此。东印度公司的管理记录载于157卷以"咨询文件"为名的手稿中，涵盖了从1678年到1836年间的各项管理内容，如今仍保存在城堡地窖里的开放式书架上。人们可以方便地查看到用一种精准、漠然的英国乡村教会风格语言写下的这样的记载："1817年12月8日，星期一，总督赫德森·洛爵士、威廉·韦伯·多夫顿先生和罗伯特·利奇先生在城堡里召开会议……"

圣赫勒拿岛的偏远及其特定的政治角色使它成了依附性和自我封闭性的奇妙组合。圣赫勒拿岛居民把拇指放在鼻尖上，对殖民者表示蔑视，他们用一种自以为是的方式向殖民者乞求，但又不是自以为是到了不去乞求的地步。英国曾经占据了圣赫勒拿岛，圣赫勒拿岛也曾为英国的帝国权力做出重要的贡献。现在，当英国试图将自己变成一个全面现代化的国家的时候，圣赫勒拿岛就成了一个使它觉得尴尬的存在，成了一个在圣诞节喝多了雪利酒来敲门的不受欢迎的老亲戚。不过，圣赫勒拿岛与世隔绝的地理位置使得它极少感受到什么民族意识——就连2002年该岛举行庆祝其被发现500周年的庆典，也没有引起英国媒体的任何关注。

---

[1] 阿加莎·克里斯蒂（Agatha Christie，1890—1976），英国女侦探作家，代表作有《东方快车谋杀案》《尼罗河上的惨案》等。——译者注

尾　声

　　圣赫勒拿岛，这块大英帝国微小而疲惫的孑遗，还带有拿破仑帝国末期的痕迹，朗伍德门前飘扬的三色旗就象征着法国昔日的辉煌。英国和法国这两个被海峡和古老的仇恨隔开的国家在一场自欺欺人的阴谋中相遇于圣赫勒拿岛，他们都向自己和对方否认自己的辉煌时代已经过去，否认自己已经是不合时宜的帝国。

附录：库什的考古发现

在阿拉伯联合酋长国库什地区的一次考古挖掘中，人们发现了两粒碳化咖啡豆。它们的出现也许会引起人们对咖啡早期历史的质疑。13世纪末之前的1000年间，库什一直都是海岸贸易港口，它临近波斯湾入口的战略位置吸引了所有从东方来的贸易商人。那里的陶瓷碎片提供了过去各种贸易的证据，包括4世纪与印度的贸易，10世纪与中国的贸易，还有与波斯以及当地其他阿拉伯商人持续不断的商业往来。

1996年，英国考古学家在一个考古地层中发现了一批可以确切地将年代断定为12世纪早期的中国宋朝的陶瓷。更重要的是，同一个考古层中还埋藏着同一时期也门的黄陶碎片。也就是说，在该时期，库什也同也门进行贸易，此前并未发现这样的证据。在这些碎屑之中，有两粒碳化咖啡豆。它们之所以能够被保留下来，是因为它们掉进了火中，烧成了碳，不再含有致使咖啡豆腐烂的有机物质。考古学家利用新型的古植物浮选机将该碳化物从挖掘现场的土壤中分离出来，并鉴定为阿拉比卡咖啡豆。负责该考古挖掘的达拉谟大学考古学家德里克·肯尼特（Derek Kennet）博士认为，这些咖啡豆几乎肯定不是后来"侵入"该地层的东西，只是还没有采用 AMS 碳 –14 来测定咖啡豆的年代。

如果这个发现是真实的，那么咖啡的历史将会得到重大改写。这次发现提供了饮用咖啡在 12 世纪早期就已存在的第一个具体证据，比证明咖啡首次被用于苏菲派仪式的第一块海斯伊陶片早了 350 年，而且由于咖啡豆是碳化的，很容易与火联系起来，即意味着这些咖啡豆可能在食用之前用火烘焙过了。也门陶片表明咖啡来自也门，因为库什当地的土壤十分干燥，不适合种植咖啡，这转而要求重新断定也门咖啡种植业的年代。更重要的是，咖啡豆保留下来这件事情本身意味着那个时代的咖啡贸易规模已经相当大，足以有机会创造出留下证据的"非常事件"。由于在当地考古挖掘中并没有使用很多能够鉴定咖啡豆的新技术，也许还有大量的类似证据等待着被发现。

这里有两个问题可能会破坏上述考古发现的可靠性。一个问题是，如果碳 –14 测年法测出了不同的年代，那么那里的咖啡豆就是后"侵入"的了。另一个是，把碳化咖啡豆确认为阿拉比卡咖啡的说法可能还会受到争议。如果不出现这两个问题，我们就有了证明咖啡贸易比历史学家通常所认定的年代早 3 个世纪以上的考古证据。那样的话，雷泽斯和阿维森纳的作品中所描述的那些性质不明的东西就更可能是咖啡，从而使那些相关的描述从 9 世纪和 10 世纪的尘封中脱颖而出，成为咖啡历史的更接近实际的组成部分。

参考读物

Baigent, Christopher & Leigh, Richard, *The Temple and the Lodge.* London: Jonathan Cape, 1989.

Battestin, Martin C., *Henry Feilding: A Life.* London: Routledge, 1989.

Ball, Daniella U., ed., *Coffee in the Context of European Drinking Habits.* Zurich: Johann Jacobs Mueseum, 1991.

Barret, David V., *Secret Societies.* London: Blandford, 1997.

Boxhall, "Peter Diary of a Mocha Coffee Agent", in Serjeant, R. and Bidwell, R. eds., *Arabian Studies I.* Cambridge-London, 1974.

Chomsky, Noam, *Rogue States.* London: Pluto Press, 2000.

Diamond, Jared Guns, *Germs and Steel.* London: Vintage, 1998.

Forrest, Denys, *Tea for the British.* London: Chatto & Windus, 1973.

Gosse, Philip, *St Helena:1502-1938.* Oswestry: Anthony Nelson, 1990.

Gribbin, John, *In Search of Schrödinger's Ca: Quantum Physics and Reality.* New York: Bantam, 1984.

Hall, Richard, *Empires of the Monsoon.* London: Harper Collins *Publishers*, 1996.

Hardt, Michael & Negri, *Antonio Empire.* Cambridge, Mass.: Harvard University Press, 2001.

Hunersdorff, Richard von, *Coffee: A Bibliography.* London: Hunersdorff, 2002.

Jacob, Heinrich Eduard, *The Saga of Coffee.* London: George Allen & Unwin, 1935.

James, Jack, "'Third Patty' threats to research integrity in public-private partnerships", *Addiction,* 97, pp. 1251-1255.

Jobin, Philippe, *The Coffees Produced throughout the World.* Le Havre: P. Jobin & Cie, 1982.

Jourdain, John, *The Journal of John Jourdain,* ed. by W. Foster. London: Hakluyt Society, 1905.

Jung, Carl, *Jung on Alchemy,* ed. by Schwarz-Salant, N., London: Routledge, 1995.

Kauffman, Jean-Paul, *The Dark Room at Longwood.* London: The Harvill Press, 1999.

Keay, John, *The Honorable Company.* London: Harpercollins, 1991.

Levathes, Louise, *When China Ruled the Seas.* New York: Simon and Schuster, 1994.

Mackintosh-Smith, Tim, *Yemen: Travels in Dictionary Land.* London: John Murray, 1997.

Martin. S.I., *Britain's Slave Trade.* London: Channel 4 Books, 1999.

Monbiot, George, *Captive State.* London: Pan Books, 2001.

Multatuli, *Max Havelaar* or *the Auctions of the Dutch Trading Company.* London: Penguin Classics, 1987.

Phillipson, David W., *Ancient Ethiopia.* London: British Museum Press, 1998.

Rimbaud, Arthur, *Oevres Completes,* ed. by Antoine Adam. Paris: Gallimard, 1972.

Rushby, Kevin, *Eating the Flowers of Paradise.* London: Flamingo, 1999.

Ukers, William H., *All About Coffee.* New York: The Tea and Coffee Trade Journal Company, 1922.

Said, Edward, *Culture and Imperialism.* London: Vintage, 1994.

Schnyder-v. Waldkirch, Antoinetter, *Wie Europa Den Kaffee Entdeckte.* Zurich: Jacob Suchard Museum, 1988.

Searight, Sarah, *The British in the Middle East.* London: East West Publications, 1979.

Shah, Idries, *The Sufis.* London: The Octagon Press, 1999.

Smith, Charlotte Fell, *John Dee.* London: Constable and Company, 1909.

Stiglitz, Joseph, *Globalisation and its Discontents.* London: East West Publications, 1979.

Thomas, Hugh, *The Slave Trade: The Story of the Atlantic Slave Trade 1440-1870*. London: Picador, 1997.

Tulard, Jean, *Napoléon à Sainte-Hélène*. Paris: Robert Laffont, 1981.

Turner, Anthony, *Le Café*. Paris: Blusson Editeur, 2002.

Tuscher, Michel, ed., *Le Commerce de Café*. Paris: IFAO, 2001.

Vidal, Gore, *Perpetual War for Perpetual Peace*. New York: Thunder's Mouth Press/Nation Books, 2002.

Weinberg, Bennett Alan & Bealer, Bonnie K., *The World of Caffeine*. New York: Routledge, 2001.

Williamson, George, *A Reader's Guide to the Metaphysical Poets*. London: Thames and Hudson, 1968.

译后记

咖啡业是世界上最大的劳动雇佣行业，超过1亿人通过受雇于咖啡产业维持生计；它也是许多第三世界国家的生命线，为其赚取非常宝贵的外汇，同时也把那些国家变成全球资本主义的奴隶。

15世纪，在非洲东部地区最早出现饮用咖啡的情况，具体过程至今扑朔迷离，难以详尽描述。最初，咖啡是宗教信仰活动的一种辅助因素，后来很快成了帝国制度的要素。它产自贫穷的、大多是欧洲列强殖民地的热带国家，而由富裕的温带国家来消费。在资本主义及其相关制度发展的过程中，咖啡曾产生巨大影响。革命在咖啡馆酝酿，商业同盟在咖啡馆组织起来，秘密社会在咖啡馆形成，关于政治与艺术无休止的争论也在咖啡馆里展开。在这本书中，作为咖啡贸易参与者和历史学家的安东尼·怀尔德，条分缕析，抽丝剥茧，揭开了过去500多年间蒙在咖啡之上的由炼金术、人类学、诗歌、政治、科学、奴隶制度等线索错综复杂地编织起来的神秘面纱。

咖啡迄今一直被看作除石油之外最有价值的合法贸易商品。然而，在作者写作本书的时候，世界咖啡价格处于历史最低点，很多生产咖啡的国家陷于危机之中，出现了前所未有的失业、农场废弃、强迫移民和严重的社会分裂等现象。《黑金：咖啡秘史》将咖

啡灰暗的殖民地时代的往事与其在当今世界上充当的发人深省的角色联系起来，使围绕着咖啡业的令人震惊的资本剥削和殖民主义运作的秘密大白于天下。它对于认识与我们的"现代"生活愈来愈密切的咖啡，它的渊源、品类、健康影响、社会投影、时尚含义、经济角色等等，都有参考价值。对于历史专业的学者，则还有一种别具特色的历史审视和撰述方式方面的参考意义。

本书翻译主要是在 2007 年到 2008 年间完成的，其间得到我的一些学生的帮助，详见本书东北师范大学出版社 2008 年译本中的"译后说明"。此次蒙北京大学出版社再度出版，我在原书译稿基础上重新通读，修正了一些错误，增加了若干译者注释。该书 2005 年英文再版改变了书名，由 Coffee: A Dark History，改为 Black Gold: The Dark History of Coffee，中译书名因之重做推敲，如题。书中人名、地名、机构名等的翻译，仍以中国对外翻译出版公司《世界人名翻译大辞典》、商务印书馆《英语姓名译名手册》和《美国地名译名手册》为主要依据，参酌约定俗成情况而定。工具书不列的一些不常见专有名词，尤其是地名、品牌名，另做音译，并将原文用括号标注在该名词第一次出现处，以利需要查找核对的读者之方便。

北京大学出版社李学宜、修毅编辑为本书此次翻译出版做了许多工作，特致谢意。

赵轶峰

2018 年 3 月 30 日